国家出版基金项目
NATIONAL PUBLICATION FOUNDATION

『十三五』国家重点出版物出版规划项目

抗日复台档案选编

第六册

福建省档案馆 编著

北京师范大学出版集团
BEIJING NORMAL UNIVERSITY PUBLISHING GROUP
安徽大学出版社

福州市警察局关于指定闽清会馆为台湾警干班驻扎所与小桥分局等的来往文件

一九四五年九月—十月

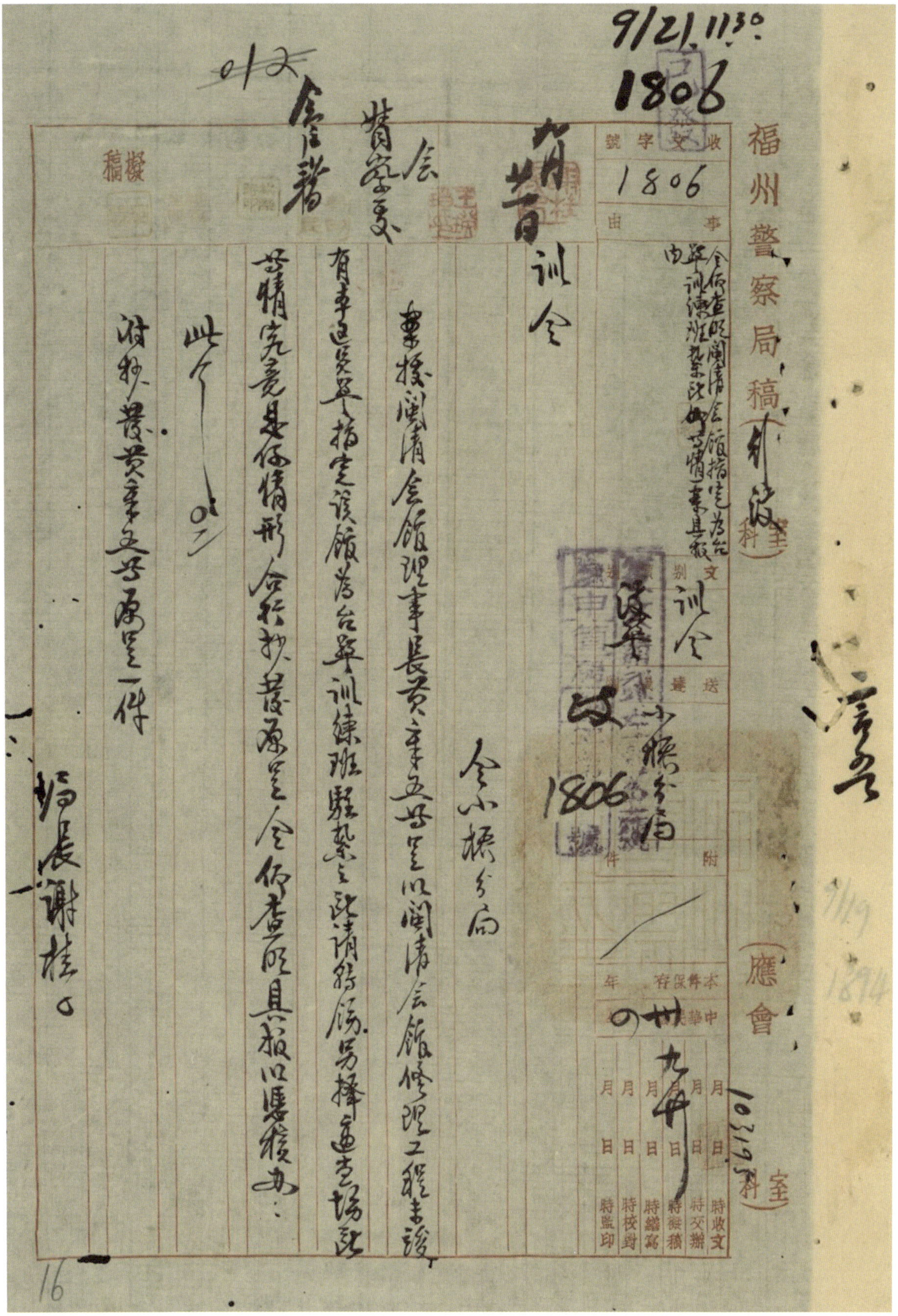
福州警察局稿

收文字號 1806

事由：令仰查明闽清会馆指定为台警训练班驻扎设防情形具报

文别：训令

送达：令小桥分局

训令

令小桥分局

案据闽清会馆理事长黄辛五等呈以闽清会馆修理工程未竣，有事迁就，兹指定该馆为台警训练班驻扎之说，请转饬另择适当场所等情。究竟是何情形，合行抄发原呈，令仰查明具报以凭核办。此令。

附抄发黄辛五等原呈一件

局长谢桂

本件保存年

中华民国卅四年九月

福州市警察局关于查明闽清会馆可否供台警训练班驻扎给小桥分局的训令（附：闽清会馆呈）

一九四五年九月二十一日

013

警务处

事由	擬辦	批示	備考
為閩清會館修理工程未竣且館內租有三商業機構及眷屬更無容足餘地請飭小橋分局另擇台警班駐紮處所由			

附件

呈 字第 號 年 月 日 時刊

收文 字第 1806

34 9 19 7 40

17

竊閩清旅榕同鄉前在本市上杭區后田地方建有會館一所因年久失修牆垣屋宇漸呈傾圮去歲由同鄉集議捐工捐貲興修倡立梅溪小學為旅榕同鄉子弟就學之所未及竣事適榕垣再度淪陷鄉人星散遂告停頓今夏閩海重光鄉人逐漸來榕幾經商議正在繼續辦理土木工人麕集館内從事工作詎本區員警突來指定本館為台警訓練班駐紮之所鄉人聞訊咸深皇駭查台警訓練班借住固亦正當唯本館有上述情形工程未竣碍難中輟且前後進目前尚有同鄉辦理鹽運之榕邵官鹽託運處及榕邵運輸行前榕直運處三機構租設其間並有職員眷屬住内實際更無容足餘地此等事實難瞞

洞察理合瀝情呈請

察核俯准令飭小橋分局另擇適當場所俾供台警班駐紮實為德便

18

014

謹呈

福州市警察局局長謝

具呈人閩清會館理事長黃章五

副理事長劉畏三

黃章五

擔保人榕邵官鹽託運處

住本市后田閩清館新街十七號

19

中華民國卅四年九月十五日

20

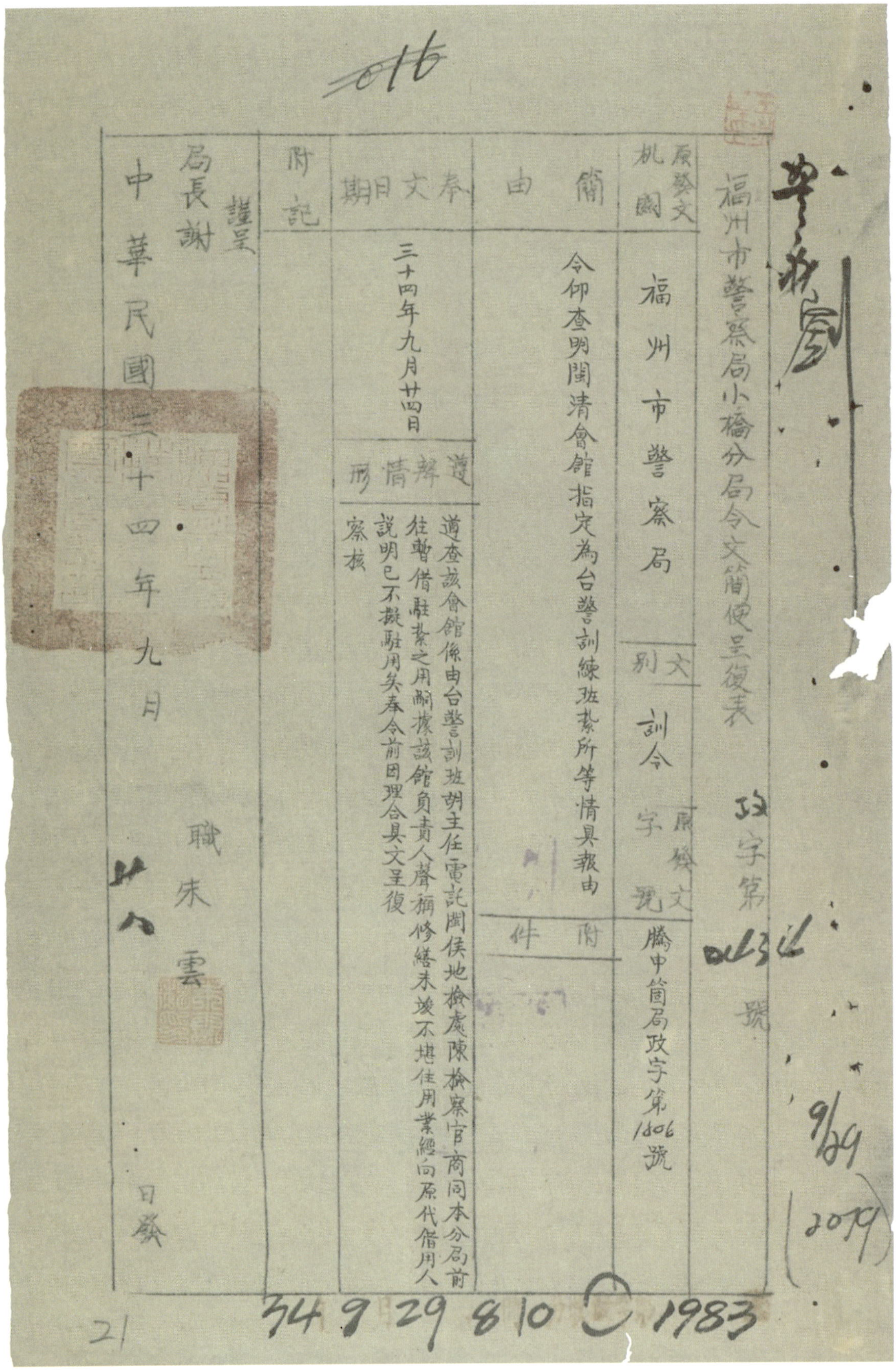

福州市警察局小橋分局令文简便呈復表

政字第[illegible]號

原發文機關	福州市警察局
文別	訓令
原發文字號	騰中简局政字第1806號
簡由	令仰查明閩清會館指定為台警訓練班紮所等情具報由
附件	
奉文日期	三十四年九月廿四日
遵辦情形	遵查該會館係由台警訓班胡主任電託閩侯地檢處陳檢察官商同本分局前往暫借駐紮之用。嗣據該館負責人聲稱，修繕未竣，不堪住用，業經向原代借用人說明，已不擬駐用矣。奉令前因，理合具文呈復察核。
附記	

謹呈

局長謝

職朱雲

中華民國三十四年九月廿八日發

福州市警察局小桥分局关于台湾警察训练班驻扎另择场地给福州市警察局的呈复表

一九四五年九月二十八日

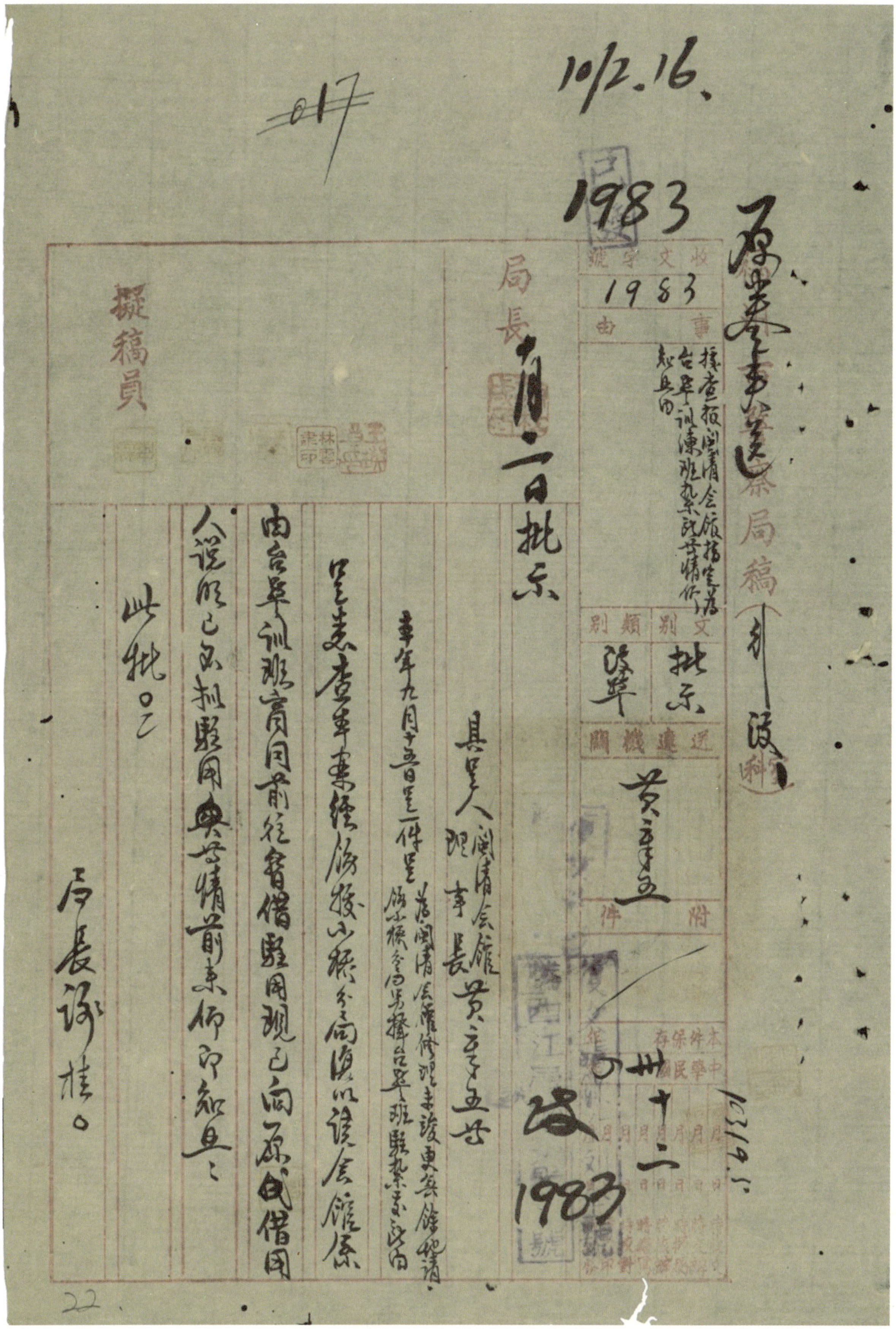
福州市警察局稿

收文字號 1983

事由：據查報閩清會館擬借台警訓練班紮駐毋庸借作

文別：批示

具呈人閩清會館理事長黃□五等

本年九月十五日呈一件，呈為閩清會館修理未竣，東廂餘屋請緩派台警班駐紮由。

呈悉。查本案經飭據鼓東分局復稱：該會館原由台警訓班賓同前往會借駐用，現已向原借用人說明，已不擬駐用，無妨。仰即知照。此批。

局長

十月三日批示

福州市警察局关于台警训练班拟不在会馆驻扎给闽清会馆的批　　一九四五年十月三日

中央警官学校台干班学生队毕业同学录

一九四六年一月

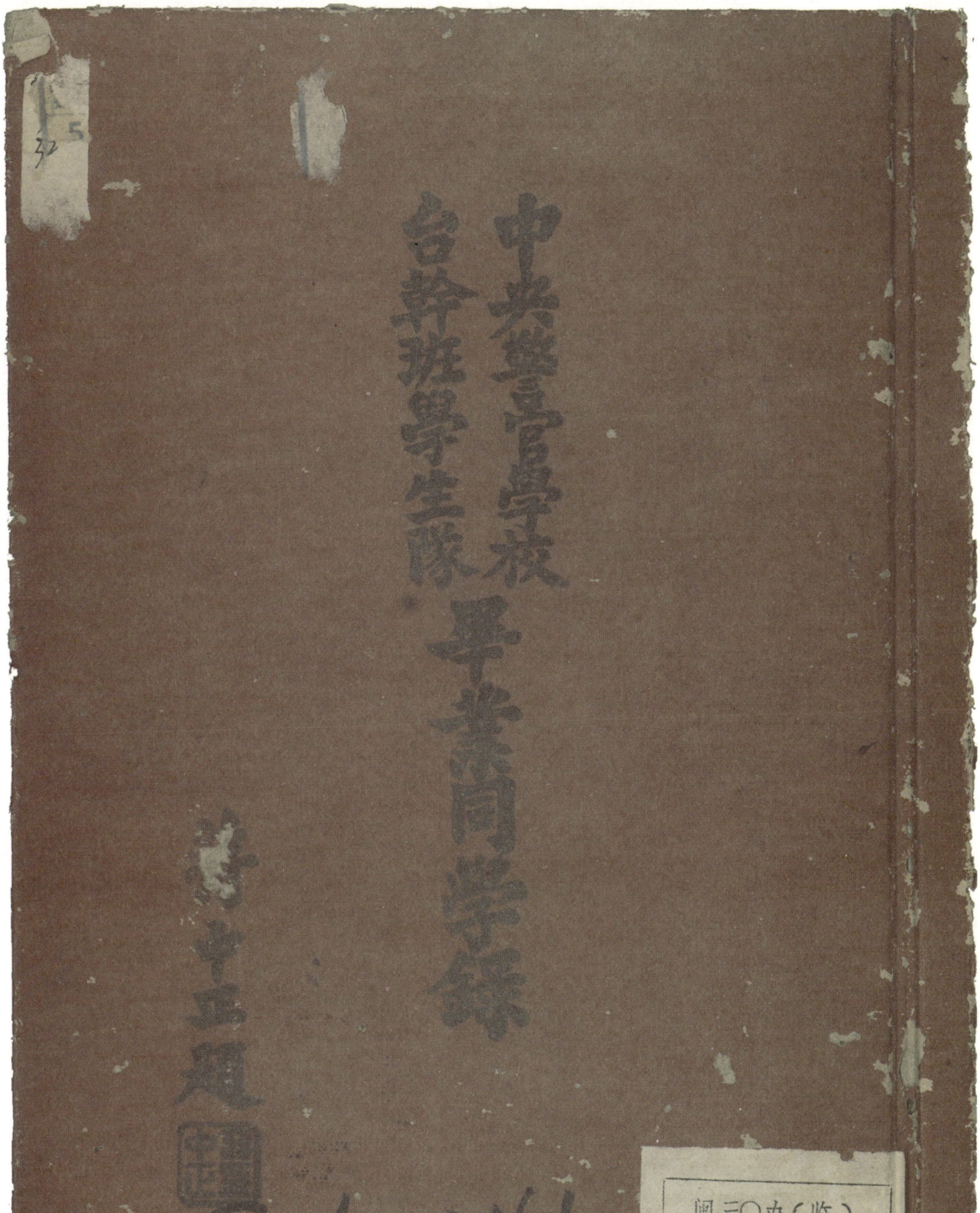

中央警官学校台干班学生队毕业同学录　　一九四六年一月

1945

目錄

卷首

同學錄序

倭夷猖狂　侵我邊疆。生靈塗炭　山河血場。舉國騰沸　撻伐斯張。前仆後繼　始終有常。
忠貞義烈　儼若嚴霜。當此之時　盟邦贊襄。開羅會議　於焉提倡。對敵制裁　釐訂弘章。
七鯤故土　遂入筐牀。中樞機要　日預明堂。軍政黨團　各謀復鄉。顧我臺警　東南整裝。
四方士子　多集梅庠。刻苦奮發　未敢稍戕。精研警學　矯正民風。恪遵主義　發揚國光。
力行校風　薄海倡揚。迨至倭寇　爲時不匡。原子炸彈　迫降海疆。祖國軍警　紛紛渡航。
人人氣慨　個個激昂。天意歸我　海波不揚。久別故老　猶事農桑。偶談往事　涕泗汪汪。
深痛荼毒　刻骨不忘。凡我同學　理當自强。警奸察暴　固不可鬆。善良同胞　尤宜保障。
處處存誠　顚沛何傷。臨兹草錄　百感廻腸。爰綴數語　以誌不忘。

阮傳發　補記於卅五年春

國父遺像

國父遺囑

余致力國民革命，凡四十年，其目的在求中國之自由平等。積四十年之經驗，深知欲達到此目的，必須喚起民衆，及聯合世界上以平等待我之民族，共同奮鬥。

現在革命尚未成功，凡我同志務須依照余所著：建國方略，建國大綱，三民主義，及第一次全國代表大會宣言，繼續努力，以求貫澈。最近主張開國民會議，及廢除不平等條約，尤須於最短期間，促其實現，是所至囑！

7

8

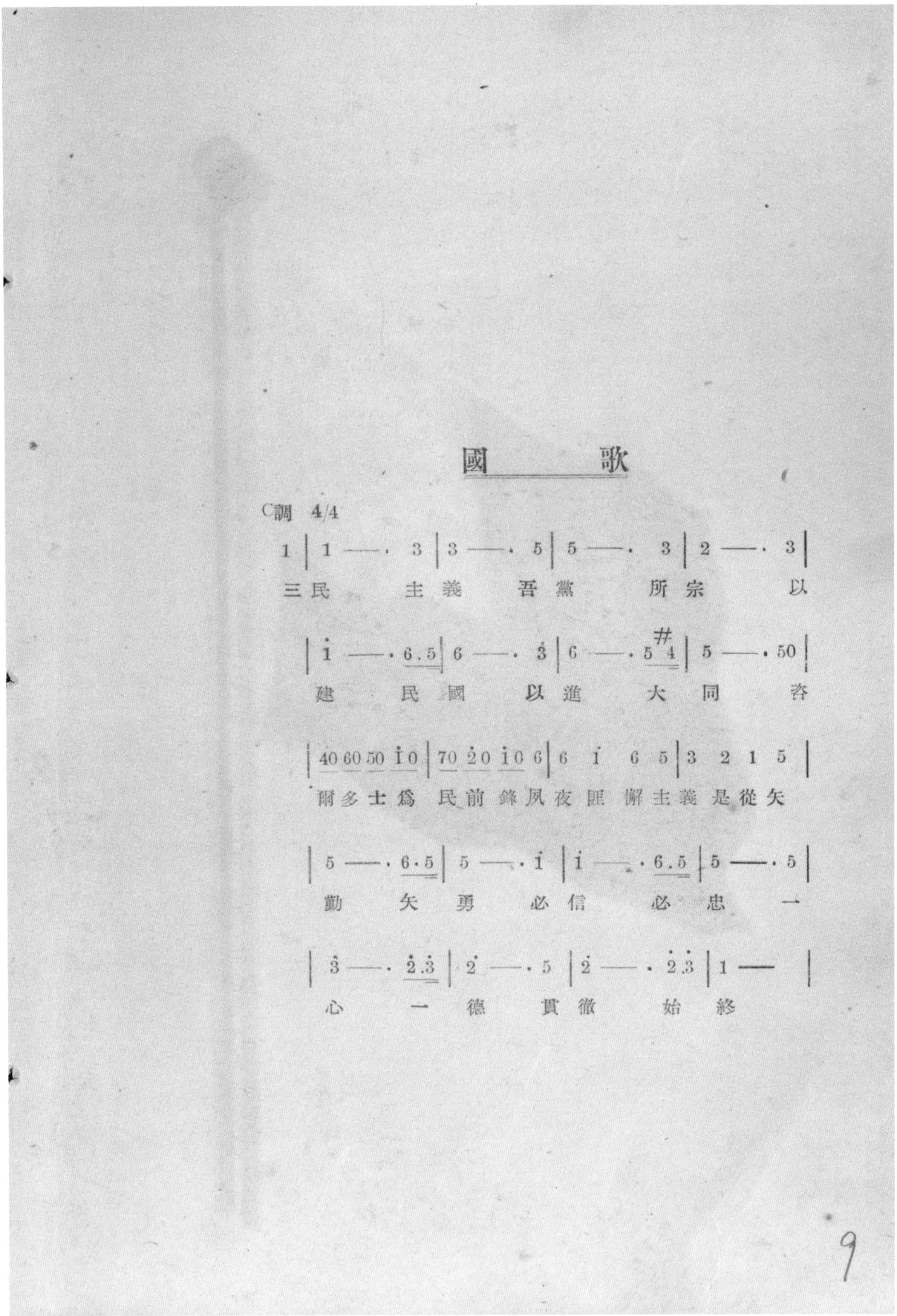
國　歌
C調 4/4
三民主義吾黨所宗以
建民國以進大同咨
爾多士爲民前鋒夙夜匪解主義是從矢
勤矢勇必信必忠一
心一德貫徹始終
9

10

黨員守則

1. 忠勇爲愛國之本，
2. 孝順爲齊家之本，
3. 仁愛爲接物之本，
4. 信義爲立業之本，
5. 和平爲處世之本，
6. 禮節爲治事之本，
7. 服從爲負責之本，
8. 勤儉爲服務之本，
9. 整潔爲治身之本，
10. 助人爲快樂之本，
11. 學問爲濟世之本，
12. 有恆爲成功之本，

警察讀訓

第一條　實行三民主義，捍衛國家，不容有違背怠忽之行爲。

第二條　擁護國民政府，服從長官，不容有虛僞背離之行爲。

第三條　敬愛袍澤，保護人民，不容有倨傲粗暴之行爲。

第四條　盡忠職守，奉行命令，不容有延誤怯懦之行爲。

第五條　嚴守紀律，勇敢果決，不容有廢弛敷衍之行爲。

第六條　團結精神，協同一致，不容有散漫推諉之行爲。

第七條　負責知恥，崇尚武德，不容有污辱貪鄙之行爲。

第八條　刻苦耐勞，節儉撲實，不容有奢侈浮滑之行爲。

第九條　注重禮節，整肅儀容，不容有褻蕩浪漫之行爲。

第十條　誠心修身，篤守信義，不容有卑劣許僞之行爲。

中央警官學校
12

校　　歌 C或F 4/4

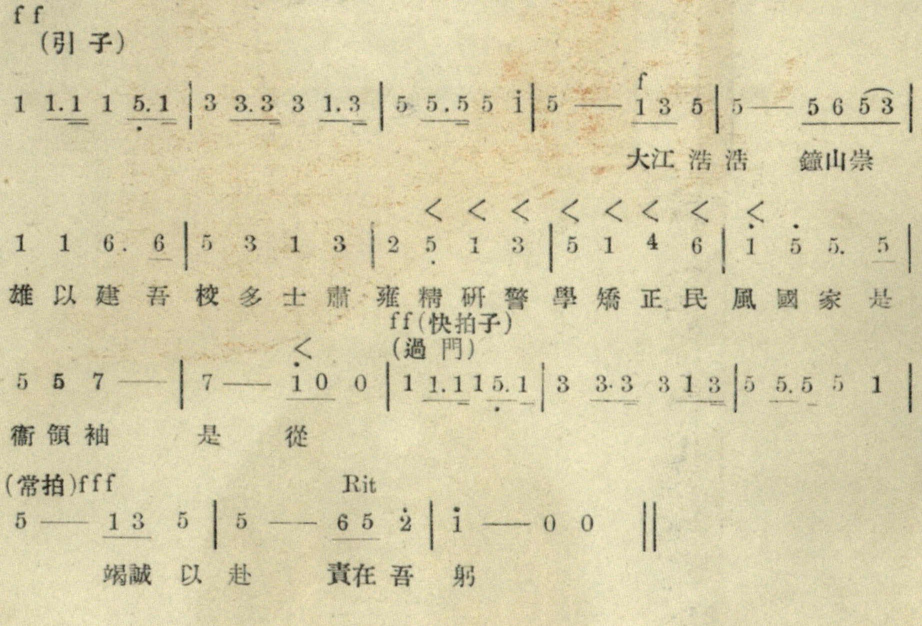
ff
(引子)
f
大江浩浩　鐘山崇
雄以建吾校多士肅雍精研警學矯正民風國家是
ff(快拍子)
(過門)
衛領袖　是　從
(常拍)fff
Rit
竭誠以赴　責在吾躬

13

校訓

誠

李士珍謹書

校徽

14

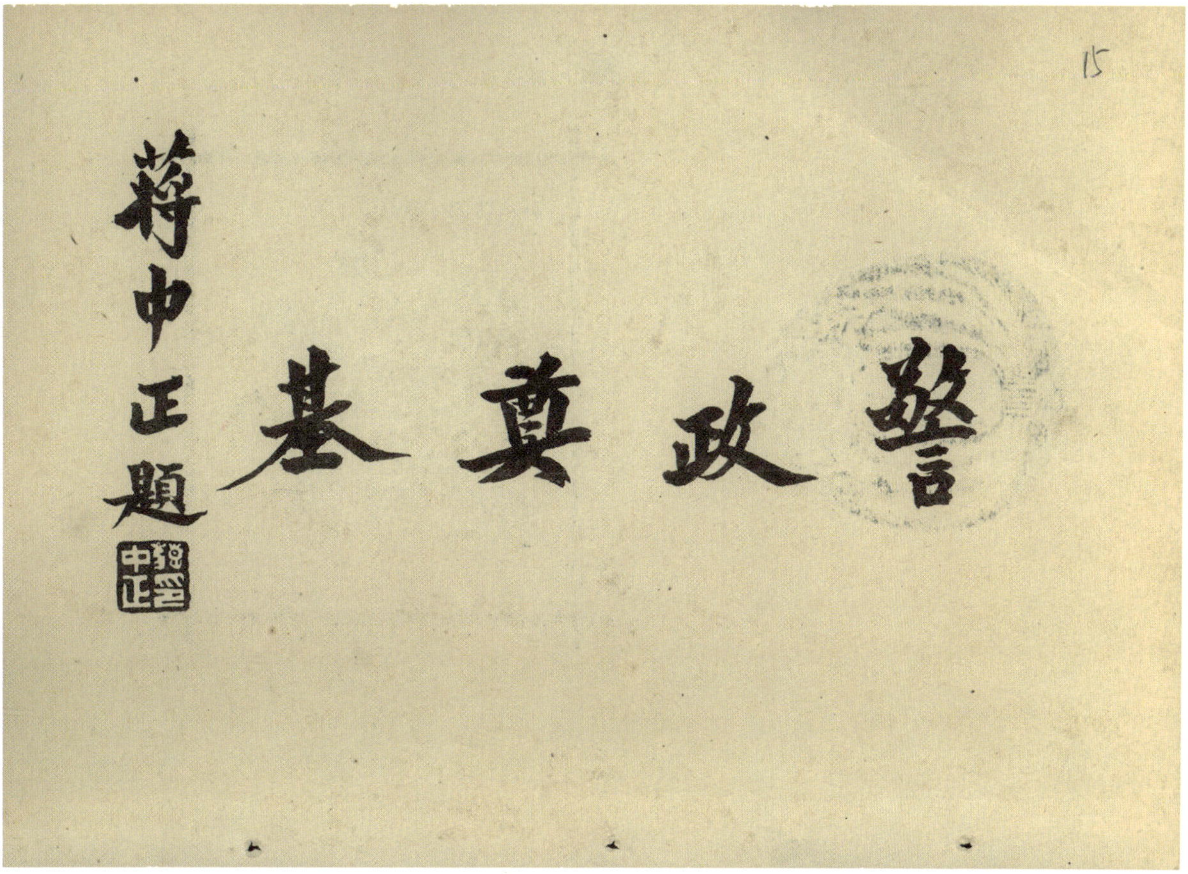
15
警政奠基
蒋中正题

校訓圖解

親愛精誠

誠

三位一體的精神教育

甲、三位的演繹：

一、青天白日是中國國民黨的黨徽、亦即是中國國民黨的精神教育。

二、「親愛精誠」是中央軍官學校的校訓、亦即是中央軍官學校的精神教育。

三、「誠」是本校校訓、亦即是本校的精神教育。

乙、一體的歸納：

一、青天白日——在明明德（禮）正氣　誠之始

二、親愛精誠……在親民（用）德治　誠之中

三、誠——在止於至善（合）有恒　誠之終

——誠

慎獨存誠　青天白日　擇善固執

誠之始

（禮）

在明德

格物　致知　誠意　正心　修身

內聖修養

窮理於事物始生之處　研幾於心意初動之時

存心養性

親愛精誠

誠之中

（用）

在親民

德治

齊家　治國　平天下

外王事業

明禮義　知廉恥　負責任　守紀律

貫民成俗

誠

誠之終

（合）

日新又新　在止於至善　貫徹始終

有恒

生活的目的在增進人類全體的生活

生命的意義在創造宇宙繼續的生命

民國二十七年一月李士珍製於重慶

16

快雄壯行調 4/4

警魂歌

李士珍選詞
勞景賢作曲

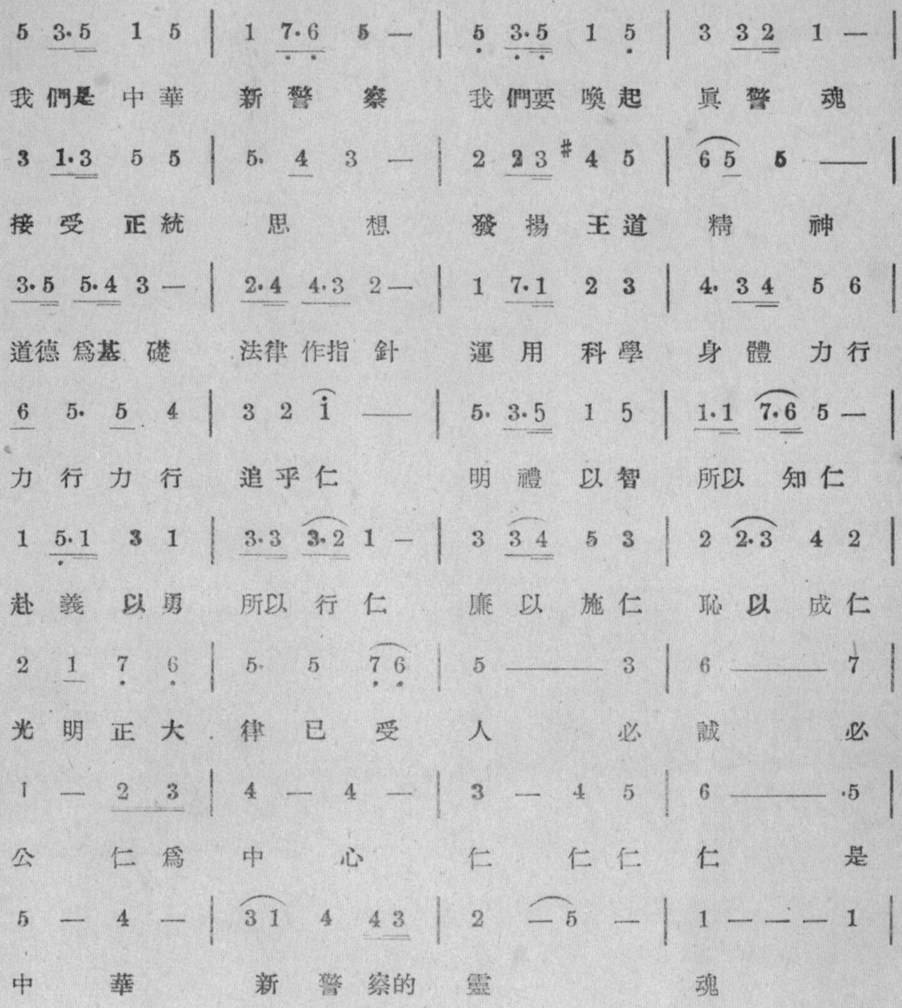

建立警校力行校風

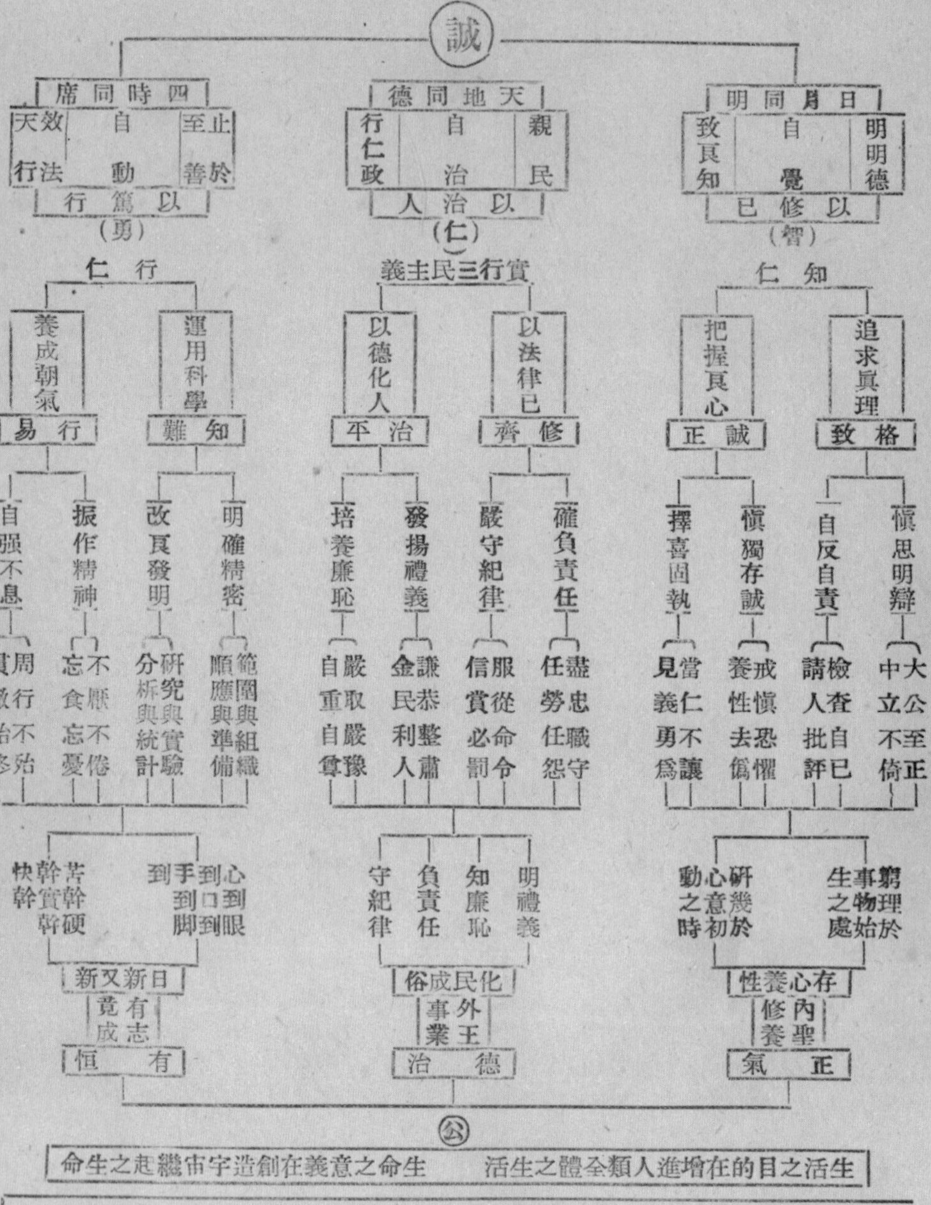

製表說明

總裁訓詞、士珍朝夕恭讀其中尤以(一)革命哲學之重要、(二)自述研究革命哲學經過的階段、(三)大學之道(四)三民主義之體系及其實施程序、(五)行的道理、(六)政治的道理、(七)科學的道理諸篇、讀後感動更深、謹遵總裁所訓示者「誠」爲原動力「仁」爲中心、「公」爲總目標。加以演繹、歸納、製爲力行表解藉以建立警校之校風、彙作警察警魂願我同人、共資策勉。

民國三十年一月

李士珍謹識

18

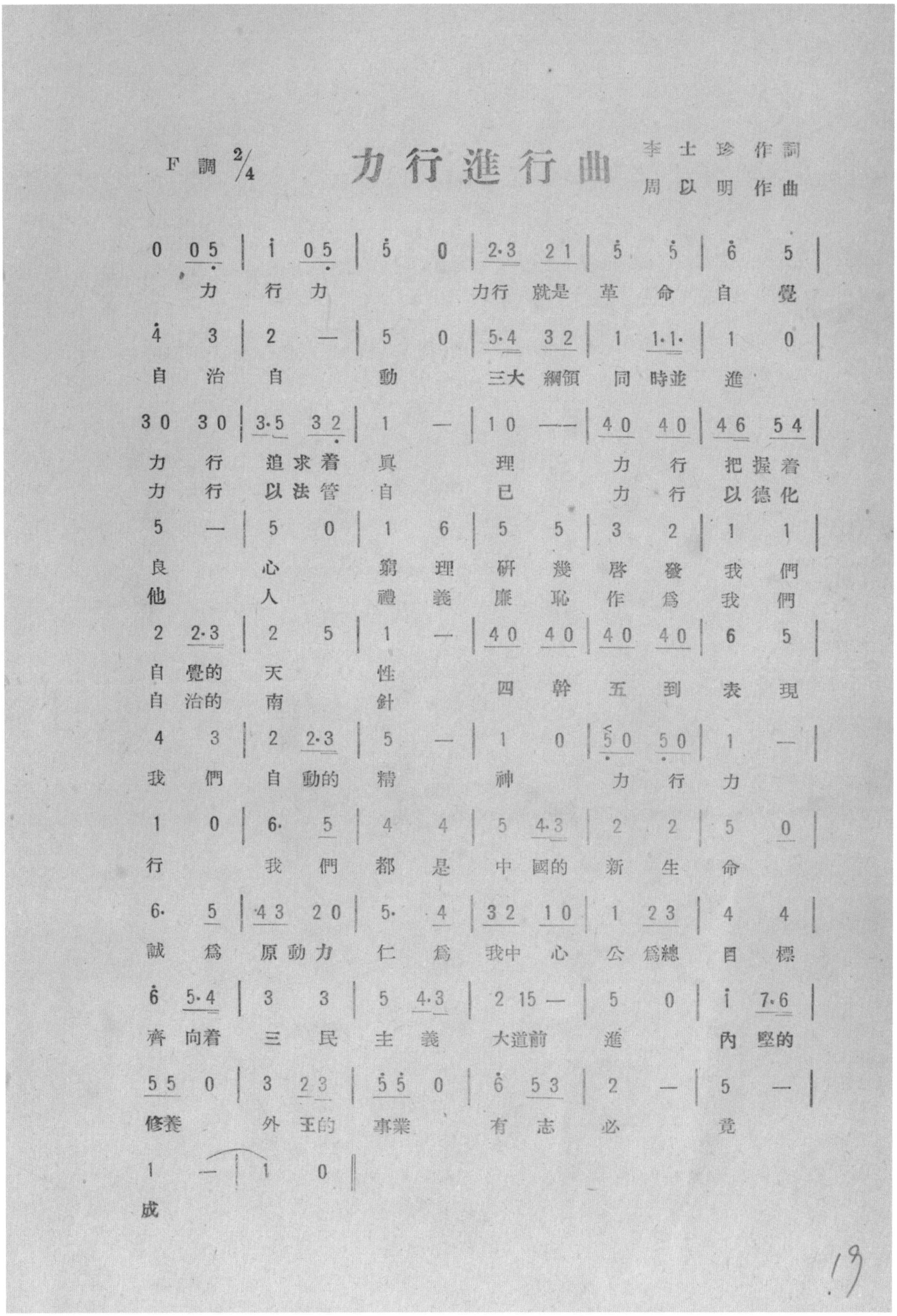
F調 2/4
力行進行曲
李士珍作詞
周以明作曲
力 行 力 力行 就是 革 命 自 覺
自 治 自 動 三大 綱領 同 時並 進
力 行 追求着 眞 理 力 行 把握着
力 行 以法管 自 已 力 行 以德化
良 心 窮 理 研 幾 啓 發 我 們
他 人 禮 義 廉 恥 作 爲 我 們
自 覺的 天 性 四 幹 五 到 表 現
自 治的 南 針
我 們 自 動的 精 神 力 行 力
行 我 們 都 是 中 國的 新 生 命
誠 爲 原動力 仁 爲 我中 心 公 爲總 目 標
齊 向着 三 民 主 義 大道前 進 內 堅的
修養 外 王的 事業 有 志 必 竟
成

中央警官學校現制組織系統表

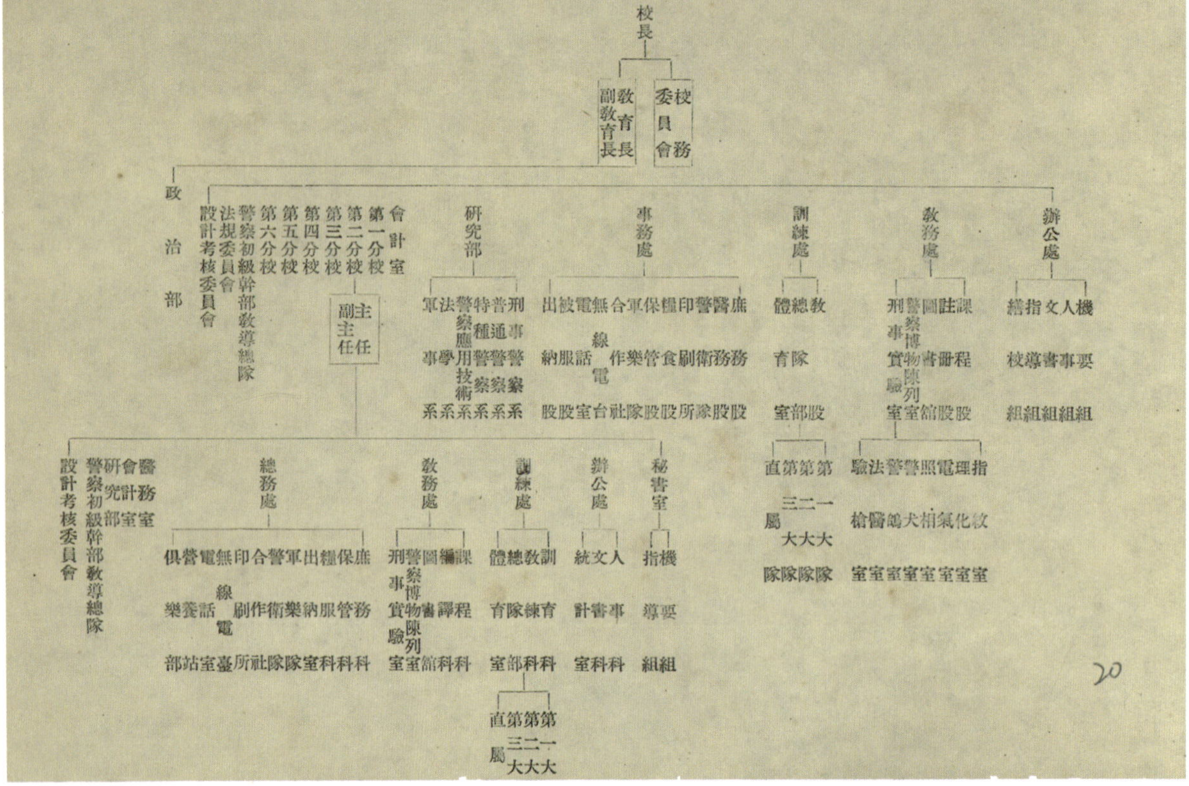

校長訓詞

一、警校的教育，尤其高研班和台幹班的開辦，關係於建警的前途與建國的大業，是非常的重大！因為建國的工作，最主要的靠警察的力量 如果建國不能成功，抗戰就會落空，数百萬將士的血也是白流的。

二、警察的警字之構成，上面是敬字，下面是言字，這意義就是要我們警官警士的一切態度，言語，舉動，都要敬重，所以警察的警字比教訓的訓字還重要。

三、國家設立政府的目的，在保護人民，助長生機 而政府設立警察代表國家，確實排除危害，保護人民的利益。

四、警察應本「仁民愛物」的精神，肩負「除暴安良」的使命，除暴不过是警察消極的工作，而安良才是警察積極的任務。

五、無論警官警士，最重要的必須具有豐富的常識，然後處理事務，才能合理，而無錯誤，能合理的，也就是合乎科學。

六、我們警察是管理民衆的，軍官是治理軍隊的，所以警察之能得民心，同軍官之能得軍心一樣。

七、一個警政高級幹部，將來要領導幾千萬幾百萬的人民，一定要深得民心，才能貫徹政令，而台警幹部，將來派往台湾工作，尤要發揚仁民愛物的精神，使台湾人民感德懷恩，知道我們是愛護他們的革命警察，有此精神建國大業才能告成。

22

校史

（一）

統一全國警官教育 奠定建國建警根基

本校成立於民國二十五年九月一日、由 領袖俯兼校長、以「統一警察教育、培養現代警官」、而為全國警察最高學府、然追溯我們警察之歷史、則由来已久、最初為權操於外人之警務學堂、繼收回自辦之巡警學堂、嗣幾經改為警察學校、地方警察傳習所、及警官高等學校、各省復曾有浙、蘇、豫、魯、遼、吉、陝、贛、粵、滇、鄂、閩等之省警官學校、成材雖多、而施教分歧、中央有見及此、乃于二十五年秋、將警官高等學校改為中央警官學校、並將省辦者停止或併入、自此警官教育始告統一。三十年春以西北各省民政當局之籲請、呈准中央設立西北警官訓練班於西安、同年冬第三次全國内政會議決定、呈經 行政院會議通過、設東南警官訓練班於耒陽、三十三年本校奉命舉辦警政高等研究班、全國警察先進齊集研討、確立警察理論體系、擬定建警實施方案、至三十四年遂擴組西北班為第一分

24

校、東南班為第二分校並在廸化增設第三分校、從茲警察教育益臻充實、建警基礎於焉奠立、惟今後之發揚光大進而完成建國大業、尚賴吾人共同努力、繼往開來！爰誌其梗概如此。

(二)

收拾東南半壁河山
闡揚正統仁愛警魂

本分校原由湖南耒陽、東南警官訓練班擴組、于民國三十三年底、遷閩長汀、嗣因戰事之影响、復遷梅列、惨澹經營、規模乃具。本分校遵循 總裁兼校長暨教育長李梦周先生之教育方針、並配合東南現實之需要、分擔「統一警察教育、培養現代警官」之責任、其造就警察人材之範圍、為閩、浙、蘇、皖、粵、湘、桂、贛等省、京沪等特別市、及收復台灣警察幹部之儲備、陳主任指示我們：「奠定警政基礎、培養革命幹部」。以負起復興民族完成革命、要言之分校為我總校之一環、其使命：(1)統一教育(2)培養革命警官(3)從事建警建國(4)完成國民革命使命。

(三)

教育三项方针 本校成立，除以「誠」為校訓外，並確定教育方針，以道德為本，學術為用，其項目有三：

(1)政治教育：灌輸中國政治智識——思想正統化、
(2)軍事教育：養成革命軍人精神——行動軍事化、
(3)警察教育：充實現代警察學術——學術科學化、

力行三大綱領 三者並重，期以培養模範警官，以完成安內之責。

力行校風：以「自覺」——把握良心，追求真理。「自治」——以法律已以德化人。「自動」——運用科學，養成朝氣，三大綱領同時並進。以「誠」為原動力，「仁」為中心，「公」為總目標，邁向三民主義大道前進。

(四)

千頭萬緒 宜先後輕重 運籌帷幄決定目標進行 本分校初創，規模簡陋，直隸於中央警官學校，設主任，副主任，暨下列處室：

(1)秘書室——設機要、指導兩組。
(2)辦公室——設人事、文書 兩科及統計室。

26

(3)教務處——設課程、編譯兩科。實驗、圖書兩室。教官、助教等。

(4)訓練處——設教練、訓育兩科、及總隊部與體育室。

(5)總務處——設庶務、保管、粮服等三科。另設出納室、警衛、軍樂兩隊。

(6)會計室——設主任、科員。

(7)醫務室——設主任、醫官、司藥、護士等。

以上各處設處長、室設主任、組設組長、組員、科設科長、科員、編譯員、指導員、統計員等。隊設總隊長、總隊附、大隊長、大隊附、隊長、區隊長等、此分校組織之概略。近復籌設刑事實驗室、及圖書館、刑事實驗室、則因所需器材驟難立致、爰依据實際情形、分為四期實施：

第一期——指紋、照相、理化。

第二期——警犬、警鴿、驗槍。

第三期——電氣、塑型

第四期——法醫。

(五)

27

多士肅雅精研警學
矯正民風責在吾躬

本校于民國二十五年九月一日、接收北平高等警官學校迄今先後畢業各期學員生計有、警官高等學校各期二千七百二十九人、正科第一期至第十三期二千八百九十人特科第一期至第七期一千三百七十一人、高級班第一期至第三期一百八十一人、教育班第一期至第三期一百三十八人、交通班一期五十七人、刑事班第一期四十八人、外事班第一期至二期六十二人、總計七千四百七十六人、在訓者尚有特科八期、正科十四、十五、十六、十七等各期、所以總裁在抗戰軍興之後、對于本校範圍、不但沒有縮小、而且諭令、「擴充訓練、加緊培養警才」。凡我警校學子其宜勉哉！

各期學員生、因其任務不同、訓練學術等科與受訓期間亦異、茲簡述如下：正科與外事警官班、學生須高中以上學校畢業者、方可應考、正科訓練期間為二年、外事警官班訓練一年、偏重外事警察之精研、至于特科警官班係調訓各省現任警官訓練一年後、再遣回原保送機關服務、使經驗學理相互發明、為革新東南各省警政之前鋒。

28

教育方針

N W E S

一、充實現代警察學術（智）——

學術科學化（考察實驗精確縝密）

二、灌輸中國政治思想（仁）——

思想正統化（統一意志服從領袖）

三、養成革命軍人精神（勇）——

行動軍事化（迅速確實秘密靜肅）

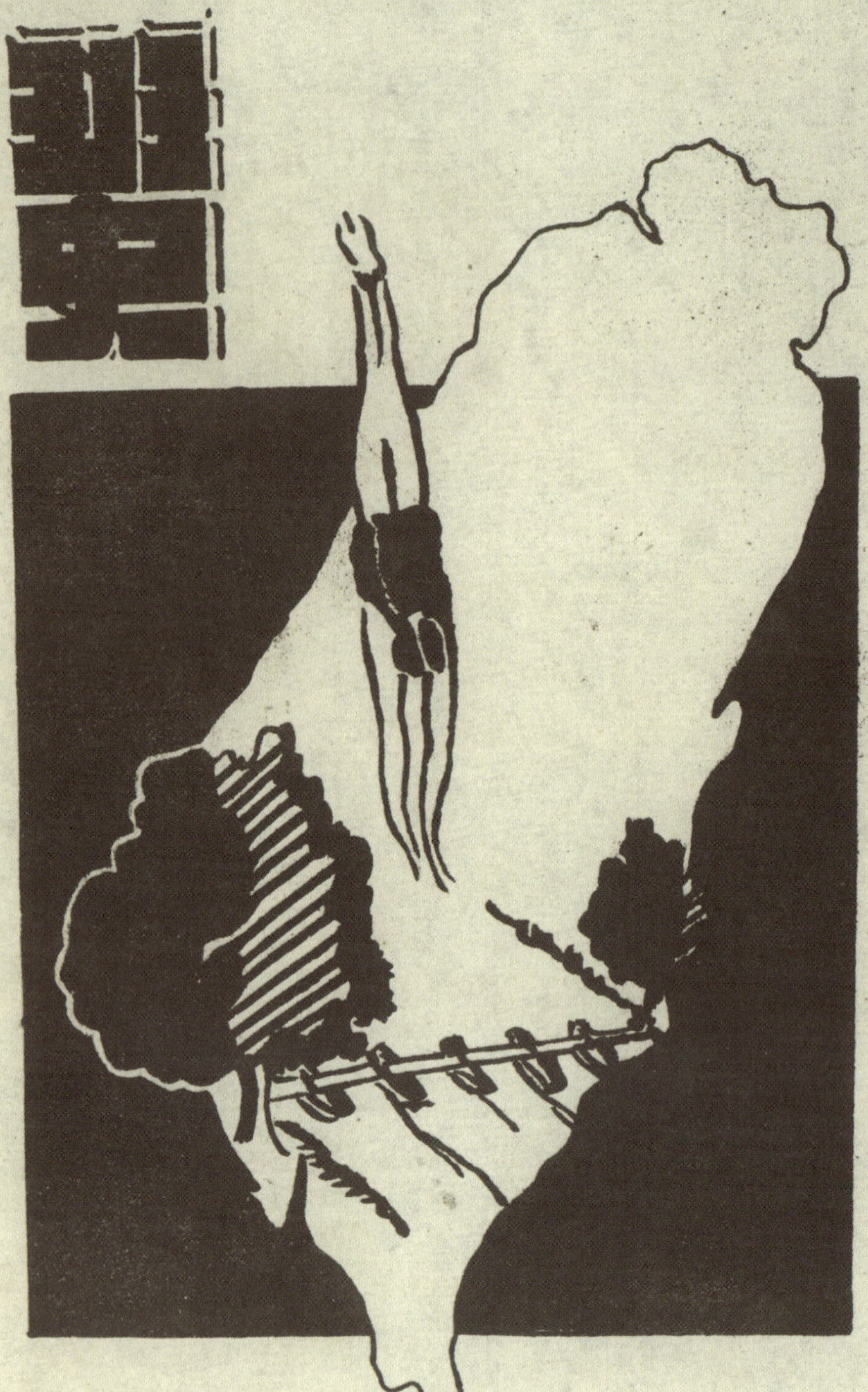

30

臺灣警察幹部訓練班學生隊小史

一、不堪回首話當年

臺灣原屬我國海外故土，明朝末葉，爲西班牙荷蘭等國相繼佔領數十年。迨鄭成功舉義抗清，始率閩南子弟，驅逐異族，開闢草萊，鄭氏三世三十八年間，生齒繁衍，文物制度，次第確立，後爲滿清收入圖籍，二百餘年文化交流，諸般風俗習慣，胥與中原無異；抑且人材輩出，從政於內陸各地，實繁有徒。無若滿清末年，政治腐敗，國勢不振，卒於甲午之役，割讓倭寇，我臺胞慘遭荼毒，任憑蹂躪，置身於水深火熱之中，已達半世紀；其間我臺胞舉義旗謀革命者，雖輒遭困阨，然亦前仆後繼，史不絕書，足徵民族氣節，尚磅礴雲間。

二、聲吞島國三千里

迨「七七」軍興，東亞獅醒，始與暴敵倭寇傾力交鋒，迴旋沙場，持續八年之久，其可歌可泣之史跡，實足以激勸盟國之同情心及正義感。故開羅會議，即佈達「日本所竊取於中國之領土，如東北四省及臺灣澎湖群島等，應交還中國」之宣言；旋以西歐德義相繼敗亡，納粹之陣線崩潰，倭寇已瀕於窮途末日，是以勝利即將來臨，儲備收復失地之人材，實刻不容緩，故「海疆學校」「臺灣警察幹部訓練班」「臺灣高級行政人員訓練班」「臺灣義勇隊」及「臺灣工作團」等相繼奉命設立。

三、濟濟多士集庠序

我臺幹班於卅三年八月設立於重慶，以胡福相，徐勵兩先生爲正副主任，於十月廿八日與第二期警政高級研究班同時開學，畢業者計三十六人。同年十一月九日，本校第一、二、三分校

31

設立，本班奉令隸屬於第二分校繼續舉辦，分校副主任胡福相先生仍兼班主任；而班副主任則由揭錦標先生擔任，分校訓練處長徐勵先生則兼任初級警察幹部教導總隊長，本班經費爲三千萬元。先後開班招訓，海內之士，相率來歸者凡九百二十人：計臺灣警察幹部講習班六十四人，臺灣警察幹部訓練班學員隊七十五人，學生隊二百五十人，初級警察幹部教導總隊五百三十一人，其中講習班，係調訓精通閩南語，客語，英語及日語；且曾受二年警官教育，并服務警官三年以上，加以三個月之講習。學員隊係招收曾受警官教育，現任或曾任警官一年以上，具有高中以上程度，並精通英語，日語，閩南語或客語者，施以六個月之特殊訓練。學生隊係招收高中以上學校畢業；並精通英日語閩南語或客語者，施以一年之訓練。初幹總隊係招收初中以上學校畢業，並能操英日語，閩南語或客語者，施以六個月之嚴格訓練。以上數種幹部人材之招訓，除第一期講習班在重慶總校受訓外，餘均在第二分校。本隊因係特殊性質，課程稍有異於他班，除政治，法律，警察，軍事，戰術，警察應用技術以及各種應用科學外，并增添臺灣警察概要，臺灣史地，臺灣一般概況及日文等。

四、忍看圖畫移顏色

吾人處身於靑山綠水禮樂絃歌之間，枕戈待旦，經一閱春秋，卒於民國卅四年十月間，渡臺收復失地，而與久違故老話談桑麻，於涕淚橫流之餘，不無兄弟舅甥之情，並感民族詩人丘逢甲先生：「捲土重來未可知，江山亦要偉人持，成名豎子知多少，海上誰來建義旗？」之詩句爲可悲憤也。

總編輯　卅五年一月追記　於臺北市

32

題詞

中央警官學校台幹學生班

詰姦禁虣鉏莠保安
學偕時進導民樂康

宋子文題

34

律己公忠納民轍軌
多勵前修獻爲共崎

中央警官學校臺幹學生班
畢業同學錄

孫科題

35

發揚仁愛
警魂

中央警校台幹學生班
畢業紀念

居正題

36

中央警官學校台幹學生班

文會輔仁

朱家驊題

矢勤矢勇
必信必忠

中央警校畢業同學
台幹學生班

吳鐵城

38

中央警校台幹學生班畢業同學

親親仁民

戴笠題贈

笠

39

中央警官學校台幹學生班畢業紀念

治教貴司　警政是崇

莘莘學子　宏濟其功

張治中題

40

推行政令禁暴
緝姦肅正風習
共維治安

中央警官學校台幹學生班
畢業同學錄

白崇禧

41

中央警官學校台幹學生班
畢業紀念

建警衛民

陳誠敬題

42

中央警官學校台幹學生班畢業紀念

爲民楷模

何應欽

43

校長肖像

45

中央警官學校台幹學生班畢業同學錄

永勵忠勤

蔣中正

46

李教育長士珍

台幹班学生班畢業紀念

修己以法律為第一
待人以道德為第一
作事以力行為第一

李士珍

48

陳主任玉輝

中央警察台幹班學生隊畢業紀念

管教嚴衛禮義
廉恥啓尔多士與
民更始

陳玉輝題

陳玉輝

李副主任一民

中央警校台幹班学生隊畢業紀念

毓德儲才

李一民題

52

胡副主任兼班主任福相玉照

諸君來自各方、聚首一堂、朝夕精研警學、在校六月、均能茹苦若甘、切磨琢磋、淬勵振發、深用嘉慰、而今畢業期屆、正值勝利歡騰之際、回顧九年抗戰之艱難、東望臺胞喁々待治之殷切、吾人寬慰欣喜之後、不能不繼以警惕與恐慮。蓋建國時期、吾人職責特爲重大、苟不鼓奮吾人之精神、則恐無以盡吾人之天職。今日絃歌一堂、他日風雨共舟、謹舒數事、以與諸君共勉：

一、生命有限、學問無窮、吾人若以畢業爲滿足、則不久必將爲時代落後者、深願諸君繼續在校研習精神。不斷求進步、須知爲學恰如建築金字塔、要能廣博、要能專一、切忌偏窄、尤忌外騖。諸君宜於工作中求實際之學問、而隨以所得之學問應用於工作、申言之：即應本在校研究之精神、留意社會千變萬化之現象、分折之、歸納之而爲有系統之學問、隨以運用於工作而增進警察之效能、是所期望於諸君者一。

二、蔣主席云『要建立現代化之國家、必先建立現代化之社會、要建設現代化之社會、必須有健全之警察。』建國必先建警昭々明矣、今復員未畢、建設伊始、經緯萬端、諸君爲警政幹部、自應一致把握時機、以抗戰之精神、爭取建國之成功。在建警之際、必須一本科學精神、管理務求嚴密、處事務求合理、吾人必須仁民愛物、革陋俗移風氣、庶國家政治、日益隆盛。是有待諸君勉勵者二。

三、臺灣淪亡五十年、臺胞所遭之苦痛、遠較內地各省爲甚、勝利鐘鳴、五十年之桎梏雖告掙脫、但帝國主義者之餘毒猶未淨盡、蓋瘡痍未復、臺胞期望祖國刷新政治、灌輸三民主義之心彌切、警察爲政治之動力、吾人義應負起澈底推行政令之責、更宜擔當宣揚主義之任。再則、警察既爲社會之導師、民衆之褓姆、而朝夕與民共處、則一舉一動、莫不爲民衆之楷模、如何修身立德、發揮仁愛精神、以宣達中央之德政、是有待於諸君努力者三。

54

揭班副主任錦標

中警校臺幹班學生隊畢業同學
通訊錄留念

心心相印息息相關
通訊善矣

楊錦標

楊錦標印

56

徐訓練處長勵

唯奮鬥始有前途
唯團結始生力量
以仁愛精神為建築先鋒

台籍同學共勉

徐勵

徐勵之印

58

何總務處長思源

陳教務處長千炤

黃總隊附行健

59

郭教官兼總隊附紹文

鄧大隊長榮民

黃大隊附祖耀

60

本校教職員通訊錄

職別	姓名	年齡	籍貫	學歷	簡歷
校長	蔣中正				
教育長	李士珍				
主任	陳玉輝	四一	浙江浦江	黃埔二期工兵科畢業	營團長參謀長本校訓練長兼總隊長教育處長
副主任	李一民	四九	湖南湘鄉	黃埔三期日本陸軍甲種經理學校畢業	縣長專員班主任
副主任兼臺幹班主任	胡福相	三六	浙江寧海	浙警校日本明治大學警察講習所畢業	縣長中央設計局委員
臺幹班副主任	揭錦標	三九	浙江常山	日本內務警官講習所畢業	東南班組長副主任
教官兼秘書	邢世彥	四〇	浙江金華	日本明治大學警察講習所畢業	專員秘書教授教官
教官	汪啓麟	三六	江蘇漂陽	教育班一期	指導員區隊長
教官兼機要組長	吳世玉	三九	浙江浦江	大學文學系畢業	中學主任教員
科員	李菊生	二六	江蘇鎮江	高中肄業	機務員
教官兼指導組長	鄭暉	三三	廣東豐順	正科一期	主任教官局長
教官	李抑非	三二	湖南湘鄉	正科十一期	
助教	夏啓承	三四	浙江富陽	特科三期	隊長政訓員
辦公處長	黃初葵	三九	浙江浦江	美國家西根大學政治學士	主任秘書科長
人事科長	姚啓洪	三四	浙江蘭谿	教育班卒業	薦任主任
助教兼科員	鄭重	三一	湖南衡山	特科七期卒業	科長督察長
文書科長	張明堡	三一	浙江浦江	特科二期卒業	指導員科長

62

收發科員	賴培俊	三九	福建長汀	中學畢業	科長區長
教務處長	陳千炤	四二	廣東順德	警高五期	縣長教授
教官	徐士元	五二	安徽桐城	高級班一期	局長教官
	郭紹文	三七	浙江東陽	警政班畢業	局長軍法官教務組長
	楊春同	三二	江蘇寶應	正科二期	局長育官
	徐心仁	三五	浙江浦江	浙警校正科	局長教官
	李家麟	三四	湖南常德	暨南大學法學院卒業	專員教育長參議
	宋成德	三二	山東	警高十九期	秘書稅務分證所主任
	劉文祥	三三	遼寧復縣	教育班二期	局長教務主任
	鍾幹丞	四五	福建武平	法政專門學校	縣長上校秘書高級教官
	王甦	四二	廣東平遠	黄埔四期	上校副司令
	吳鎭昌	三一	廣東興寧	教育班三期	大隊長局長教官
	呂之亮	三四	山西文水	高級班畢業	警佐局長
	楊可成	三九	福建福州	高級班二期	督察員所長
	宋訪高	三一	廣東五華	正科四期	大隊長局長
	胡志强	三四	浙江樂清	臺幹講習班二期	督察長指導員
	黄銘祥	三八	浙江諸暨	仝右	科長局長
	吳九成	三一	安徽歙縣	仝右	科長局長
	陳羆	三五	福建南安	仝右	視察科長局長

63

	許　珩	二九	江蘇舟徒	仝　右	所長局長
	范　球	四〇	廣東大埔	中央政治學校畢業	專員科長
	黃夔龍	四〇	浙江浦江	上海法政大學卒業高考及格	軍法官秘書
代理教官	張希鴻	三〇	福建平安	臺幹講習班二期	所長股長
	林振中	三一	福建仙遊	仝　右	隊長教官所長
	楊錦楓	三五	福建莆田	仝　右	所長股長督察長
	楊殿雲	三二	福建漳浦	仝　右	所長股長
	葉啓甚	三一	福建晋江	仝　右	所長督察長
	吳　勇	三二	福建思明	暨南大學外文肄業	教員教官
助　教	楊經文	三二	廣東揭陽	外事班二期	督察員司法科長
	卜一鵬	三三	江蘇泰興	特種通信教導隊軍犬科一期	連長主任教官參謀助教
課程科長	趙勛奇	三三	湖南湘鄉	正科五期教育班五期	局長大隊長科長
助　教	李端生	二四	湖南湘鄉	特科六科	巡官科員
	俞錫荃	三一	浙江乘縣	臺幹講習班二期	科員督察員
科　員	梁五雲	三二	廣東新會	國民大學法學士	省府科員股長
	黃克歐	三五	廣東興寧	厦門大學經濟學士	省合作管理處股長
編譯科長	黃洵柳	三三	浙江永康	正科一期	少校科股長秘書教官
教　官	楊伯泉	二九	浙江天台	光華大學	秘書指導員
助　教	周植榆	三一	廣東順德	正科九期	巡官訓練員局員

64

刑事實驗室主任	羅文宗	三三	江西臨川	刑事班卒業	科長教官
助教	譚偉	三一	湖南衡陽	特科四期	科員
訓練處長	徐勵	三八	浙江青田	日本警察講習所及明治本學卒業	市警察局長
科員	王翀文	三一	福建惠安	特科五期	所長司法股長
訓育科長	姚椿	三三	安徽桐城	正科二期	局長總務組長
科員	朱振周	三一	浙江樂清	正科九期	科長中隊長督察長教官
代理教官	陳濠	三一	浙江天台	厦門大學卒業	指導員
	李昌梗	三一	浙江臨江	協和大學卒業	指導員
助教	項義章	三七	浙江黄岩	特科四期卒業	科員所長
	楊松泉	三三	浙江無錫	特科五期	巡官督察員
體育室主任	譚覽時	三三	廣東陽江	正科五期	助教科員視察教育長
代理教官	童君	四三	浙江蘭谿	浙江軍官補習所步科	連營長偵探隊長技術教官
助教	李國民	四二	江蘇泰興	暨華大學卒業	技術教官
總務處長	何思源	四九	浙江樂清	軍事政治學校卒業	團副總務處長
副處長	王昌堉	四九	江西號縣	軍校二期	營團長科長參議
庶務科長	樓蕚	三五	浙江東陽	黄埔步科五期	中校科長參謀
副科長	徐公嚴	三二	浙江青田	浙警校特訓班	局員代局長
教官兼保管科長	張鑑宗	四一	浙江浦江	黄埔軍校五期步科	連營長副團長主任參謀
副科長	劉延鐸	三八	山東濟南	山東省立第二職業學校畢業	兵站站長科員股長

65

科員	劉洪鈞	三四	江西新建	河南兵役管區教育團軍官大隊畢業	辦事員科員
粮服科長	賴閆和	三五	福建長汀	黃埔政治學校卒業	排連營長中校團附諮議科長
副科長	姚景琳	三四	浙江蘭谿	廬山軍訓團卒業	少校教官社會科長
科員	施增欽	三一	福建林森	福建師範學校卒業	辦事員助理員
會計主任	朱澄源	三六	浙江肖山	上海滬江大學卒業	閩省銀行辦事處主任分行襄理 田粮處會計課長組長
科員	鄒公蓀	二七	浙江泰寧	泰寧相陽中學卒業	會計員業務員
	余增相	二七	浙江紹興	中學商科卒業	會計助理員股員
	徐彭	三二	江蘇寶應	江蘇學院會銀系卒業	
醫務室主任	陳宏	四五	福建林森	法國諾耶鱉醫學院卒業	二六師軍醫處々長院長
醫官	曾一飛	三八	仝右	光華醫學院卒業	軍醫主任醫官
	陳廣	三三	仝右	崇德醫學專院卒業	上尉醫官
總隊附	黃行健	四一	四川㸃江	黃埔軍校四期	上校副司令
第一大隊大隊長	龍斐然	三八	江西吉安	黃埔軍校七期	上校教官處長
大隊附	尹熊	三三	廣東崖縣	正科四期	警佐教官
第二大隊大隊長	鄧榮民	三二	湖南湘鄉	正科二期	所長局長大隊長
大隊附	黃祖耀	三一	浙江浦江	台幹講習班二期	股長局長
第三大隊大隊長	何振鏞	三五	湖南醴陵	軍校特訓班二期	中校教官副司令團長
大隊附	洪以榴	三二	浙江浦江	台講習班二期	科員股長

魯隊長廷璧

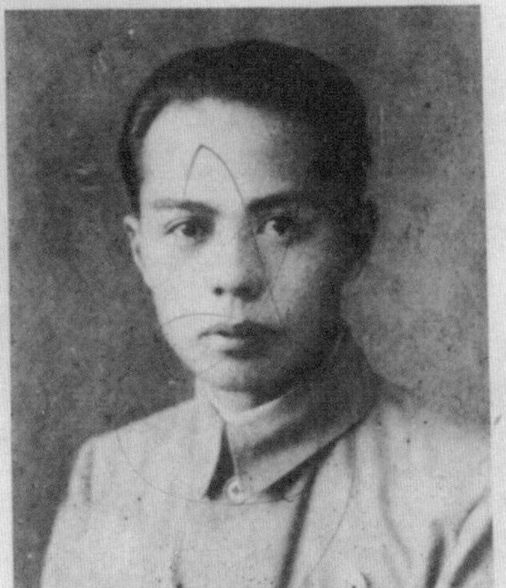

李指導員昌楩

莊指導員番松

68

江隊附秋心

朱區隊長啓洪

林區隊長勝雲

李區隊長石松

69

朱隊長亞擎

張隊長杞康

王指導員啓豐

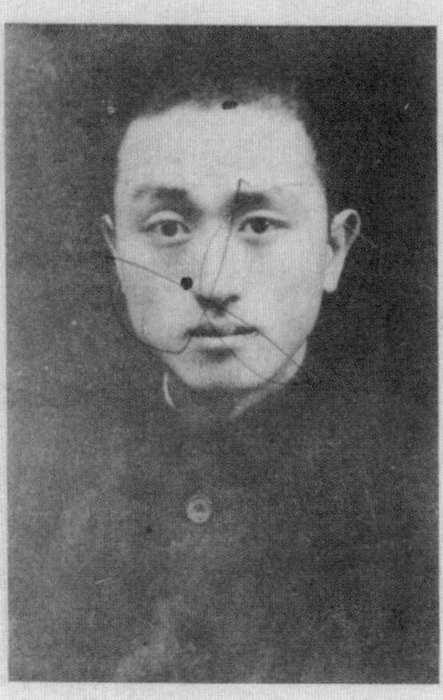

楊指導員伯泉

鄭隊附金虎

余區隊長養通

官區隊長建戒

71

本班學生隊隊上官長一覽表

隊別	職別	姓名	年齡	籍貫	通訊處
第一隊	隊長	魯廷璧	二八	安徽當塗	臺北市警務處秘書室
	指導員	李昌楩	二七	浙江寧海	臺北市警務處統計室
	指導員	莊喬松	三一	福建惠安	基隆市警察局第二分局
	隊附	江秋心	二六	福建福州	花蓮縣政府警務科
	區隊長	李石松	二六	湖南湘鄉	南京市花神廟警察所
	區隊長	王英超	二六	福建福州	南京市中央警官學校
	區隊長	林滕雲	三一	福建福州	臺北縣警察局
	區隊長	朱啓洪	二八	福建莆田	新竹縣警察局
	區隊長	沈國頁	三四	浙江寧波	廣州市中央警官學校第二分校
	區隊長	梅群	二九	浙江三門	臺北市保安警察大隊大隊部
	特務長	彭漢鈞	三三	湖南桃源	臺北市警察訓練所
第二隊	隊長	張杞康	三二	廣東梅縣	廣州市中央警官學校第二分校
	隊長	朱亞擎	三四	江蘇阜寧	臺北市警務處刑事室
	指導員	楊伯泉	二九	浙江天臺	臺北市警務處秘書室
	指導員	王啓豊	二九	廣東梅縣	花蓮縣政府警務科
	隊附	黃寶麟	二八	湖南岳陽	臺中市警察局第二分局
	隊附	鄭金虎	三二	福建永春	臺北縣警察局
	區隊長	官建戎	三〇	福建福州	臺北市警察大隊部
	區隊長	嚴家訓	二八	福建福州	臺北市警察大隊部
	區隊長	洪文瀾	二六	浙江浦江	南京市中央警官學校
	區隊長	程玉章	二六	江蘇溧陽	臺北市警察大隊部

中央警官學校臺幹班學生隊同學錄　二

第二隊

區隊長　余養通　二六　福建福州　基隆市警察局

特務長　黄厚德　二五　湖南長沙　瀋陽市遼寧省政府警務處

73

中央警官學校臺幹班學生隊同學錄

福建莆田
方祖德

福建莆田
方金樹

廣東興寧
刁思博

浙江上虞
王守潛

福建莆田
王金奇

福建惠安
王先佐

福建林森
王君雄

福建長泰
王牧南

福建永春
王良凱

75

福建南安
王家鶴

福建惠安
王琪琨

福建晉江
王雲鵬

福建晉江
王棟樑

福建莆田
王樹德

廣東梅縣
丘均生

福建晉江
朱永大

廣東開平
朱瑞棠

廣東興寧
伍任潘

中央警官學校臺幹班學生隊同學錄

廣東梅縣
余開堯

福建晉江
阮傳發

現任新生社富会計
台灣警訓所教官

江蘇鹽城
邢　翰

福建詔安
沈玉輝

福建龍溪
沈大成

福建莆田
車錦麟

福建晉江
何柄元

福建長汀
何仰湯

福建福清
何可秀

福建晉江
李仲甫

福建永春
李民道

福建永春
李一曙

廣東梅縣
李喜崇

福建詔安
李希文

福建惠安
李治民

福建永春
呂吉經

福建長汀
李璧圭

福建莆田
李國桁

福建仙遊
林德信

福建林森
林培青

福建晉江
林逢辰

浙江寧海
林開治

福建晉江
林勵生

福建晉江
林資美

福建惠安
林根幼

福建莆田
林錦榜

廣東普寧
林澄渭

79

福建惠安
周　道

福建龍溪
周增希

福建永春
周岩松

福建莆田
周慶瑞

福建永泰
周樹榮

福建雲霄
吳仁壽

福建詔安
吳有谷

福建雲霄
吳明竭

福建莆田
吳祥麟

福建南安
呂泰山

福建南安
呂造就

福建南安
呂尚青

福建晉江
林　德

福建永春
呂錦梔

廣東梅縣
呂萬聯

福建永春
林士在

福建惠安
林　鍾

福建惠安
林　銓

福建莆田
林永清

福建莆田
林光輝

福建龍溪
林中溪

福建莆田
林宗新

福建晋江
林存矩

福建惠安
林志雄

廣東梅縣
林唐選

福建詔安
林建銘

福建莆田
林其琳

82

福建晉江
吳登庸

廣東平遠
吳德讓

福建雲霄
吳雲福

福建漳浦
柯炳坤

廣東饒平
岳秉卿

福建安溪
花挺瑞

福建東山
柳李成

浙江寧海
胡石文

福建晉江
施漢鋒

83

福建晋江
洪啓箴

福建晋江
洪榮斌

福建南安
洪文全

廣東梅縣
梁鐸華

廣東梅縣
樑福材

福建南安
梁子玉

福建莆田
翁琰章

浙江餘姚
陸繼瑞

廣東梅縣
徐桂榮

中央警官學校臺幹班學生隊同學錄

福建惠安
陳天賦

福建林森
陳天裕

福建晉江
陳文彬

福建長樂
陳守天

福建福州
陳永輝

這人在五年前轉入南京中央大學讀書

福建永春
陳水源

福建惠安
陳金木

浙江平陽
陳宗雲

福建福清
陳伯廉

85

福建惠安
陳秀金

福建惠安
陳桂泉

福建雲霄
陳雨和

福建潮陽
陳啓智

福建晋江
陳培肇

福建惠安
陳益良

福建晋江
陳義勛

福建莆田
陳德春

福建惠安
陳愛民

廣東梅縣
陳祿賢

浙江寧海
陳盛湖

福建惠安
陳雙清

福建漳平
陳繩基

福建詔安
陳輝福

福建詔安
陳應彭

浙江永嘉
陳斌

浙江瑞安
陳超

福建晋江
陳金生

87

福建同安
陳澤春

浙江平陽
陳圖南

福建林森
陳勤正

廣東梅縣
陳寶森

福建永泰
陳耀章

廣東興寧
陳瑞鵬

福建林森
陳樹銘

福建莆田
陳錦煌

廣東梅縣
陳銀華

中央警官學校臺幹班學生隊同學錄

福建惠安
孫才良

福建晋江
孫烱

福建莆田
俞永亨

福建惠安
郭金貴

福建惠安
孫振義

福建惠安
孫藩聲

福建惠安
莊東明

福建晋江
莊亨岱

福建南安
郭善華

福建晉江
許春秋

福建詔安
許宗喜

湖南岳陽
許志明

福建莆田
許振鏞

福建晉江
許嘉山

福建雲霄
許華彥

浙江平陽
黃仕奎

福建惠安
黃中予

福建永春
黃　煌

90

福建南安
黃金對

福建晋江
黃谷銓

福建南安
黃世强

这人在任高雄警局当巡佐长。

福建南安
黃步月

这人在三年就职往基隆
做生意

福建南安
黃宗儒

基隆市局股长

福建南安
黃伯機

福建安溪
黃秋火

福建惠安
黃英鵬

福建惠安
黃春馥

福建安溪
黃厚忠

福建惠安
黃袁初

廣東梅縣
黃思建

廣東梅縣
黃秉禮

廣東梅縣
黃開亭

福建南安
黃開基

福建莆田
黃國鏞

福建晉江
黃聽琠

福建南安
黃毅奮

92

中央警官學校臺幹班學生隊同學錄

福建惠安
黃騰蛟

福建惠安
黃興中

福建廈門
黃鵠海

廣東梅縣
張孝成

福建仙遊
張元錦

廣東五華
張元科

福建惠安
張毓欽

廣東梅縣
張敏昌

廣東梅縣
張共辰

93

廣東梅縣
張鐵喬

廣東梅縣
張國興

廣東潮陽
張勵仁

福建惠安
程　琛

福建惠安
曾金城

这人在四[illegible]回来
现在厦门做生意

福建雲霄
張鴻溪

福建仙遊
彭玉煇

浙江餘姚
鄔振華

廣東揭陽
鄒致發

廣東梅縣
溫銳良

福建武平
溫昌釗

廣東梅縣
溫占慶

廣東梅縣
楊金星

福建長汀
董建三

福建晉江
董青山

福建廈門
楊德信

廣東梅縣
楊杏元

廣東梅縣
楊廣生

95

福建南安
葉良水

福建晉江
葉永水

福建安溪
葉木興

廣東梅縣
葉疊春

福建安溪
葉貽勇

福建安溪
葉貽守

福建永定
廖美東

福建林森
趙國平

福建南安
雷秋金

中央警官學校臺幹班學生隊同學錄

福建莆田
鄭文杰

福建上杭
鄭健

福建林森
鄭瀚

廣東饒平
鄭臣嚴

福建仙遊
鄭世奇

福建仙遊
鄭尚廉

福建古田
鄭榮順

福建林森
鄭瑞伍

福建永春
鄭金煌

97

福建莆田
鄭慶齡

福建惠安
鄭德才

福建永春
鄭祥和

廣東梅縣
劉金寬

福建晋江
劉仲舟

福建南安
劉文琼

廣東梅縣
劉建安

廣東梅縣
劉桂林

福建晋江
劉菁華

福建惠安
潘義和

廣東梅縣
潘克倫

福建永春
劉漢祥

廣東澄海
蔡崇文

福建同安
潘耘田

廣東梅縣
潘漢元

福建晉江
盧忠鈺

福建晉江
蔡清淵

廣東澄海
蔡鴻興

99

廣東梅縣
鍾玉高

福建惠安
駱清華

廣東梅縣
熊集彝

福建安溪
謝梅丙

福建林森
謝沅銓

福建晉江
謝世禮

福建南安
戴良川

福建南安
戴中流

福建安溪
謝德泉

廣東五華
魏瓊文

福建晉江
魏祖平

福建晉江
魏文溪

福建永春
顏成奎

福建永春
顏金邦

廣東五華
魏駿興

廣東平遠
蕭昭順

福建永春
顏德星

福建晉江
顏貽山

福建晉江
蘇欣榮

福建晉江
蘇天山

福建晉江
蘇水坤

廣東興寧
羅俊元

廣東梅縣
羅育群

福建晉江
蘇根誠

廣東興寧
羅耀初

1037

本校同學通信錄

姓	名	籍貫	年齡	住址
刁	思博	廣東興寧	二〇	廣東興寧力坊蘭記
方	金樹	福建莆田	二二	福建莆田城內青浦里四號
方	祖德	福建莆田	二三	福建莆田南馬路一一九號
王	先佐	福建惠安	二六	福建惠安洛陽橋
王	金奇	福建莆田	二二	福建莆田華亭湖頭郵櫃
王	守濬	浙江上虞	二一	浙江上虞夾塘
王	頁凱	福建永春	二四	福建永春城內合茂醬園轉
王	收南	福建長泰	二六	福建長泰巖溪泰發寶號轉
王	君雄	福建林森	二七	福建福州水部潤埕街十九號
王	家鶴	福建南安	二三	福建南安杏埔郵局轉長福村
王	珙琨	福建惠安	二四	福建安惠東門春生堂藥房轉亭芹鄉
王	雲鵬	福建晉江	二三	福建晉江南門外清濛鄉宮口東厝
王	棟樑	福建晉江	三二	福建安溪參內田底村朱秀三轉
王	樹德	福建莆田	二六	
丘	均生	廣東梅縣	二四	廣東梅縣丙村丘大華
朱	永火	福建晉江	二〇	福建晉江西街四九九號
朱	瑞棠	廣東開平	二二	廣東開平白沙沙洲圩寶源號

二

伍任藩	廣東興寧	二四	廣東興寧城南鄉培英小學
邢翰	江蘇鹽城	二二	鹽城秦西周順茂
阮傳發	福建晉江	二一	福建晉江西門城邊五十六號
余開堯	廣東梅縣	二〇	廣東梅縣松口瑞安堂
車錦麟	福建莆田	二二	福建莆田常泰洋坑
沈大成	福建龍溪	二一	福建漳州大寶市保記號
沈玉輝	福建詔安	二一	福建詔安縣城南関內近居書室
何可秀	福建福清	二五	福建福清縣龍田鎮
何仰湯	福建長汀	二三	福建長汀中正路五十一號
何炳元	福建晉江	二二	福建晉江北門孝悌十六號悌
李一曙	福建永春	三〇	福建永春太平
李民道	福建永春	二五	福建永春大路頭雙連厝
李仲甫	福建晉江	二二	福建晉江新門外浮橋街
李治民	福建惠安	二一	福建惠安洛陽橋橋頭鄉
李希文	福建詔安	二八	福建詔安縣四都厚廣村
李喜崇	廣東梅縣	二一	廣東梅縣元城路李文熙律師事務所
李國桁	福建莆田	二七	福建莆田涵江西天尾下街路春霖藥房
李壁圭	福建長汀	二〇	福建長汀力行路二三號
呂吉經	福建永春	一九	福建永春蓬壺協泰

105

呂尚書	福建南安	二五	福建南安詩山舊門鄉
呂造就	福建南安	二二	福建南安詩山舊門古同山莊
呂泰山	福建南安	二一	福建南安豐州杏埔郵局轉過塘鄉
呂萬聯	廣東梅縣	二三	廣東梅鄉梅南天主堂
呂錦梶	福建永春	二四	福建永春蓬壺新街興發號
林　德	福建晉江	二六	福建晉江浮橋崗山鄉
林　銓	福建惠安	二三	福建惠安螺城鎮前型村
林　鍾	福建惠安	二一	福建惠安峰尾轉奎璧頭
林士在	福建永春	二三	福建永春蓬壺美山永美厝
林中溪	福建龍溪	二三	福建龍溪石碼濟茂城內
林光輝	福建莆田	二一	福建莆田南馬路四十五號
林永清	福建莆田	二五	福建莆田涵江後街協盛
林志雄	福建惠安	二四	福建惠安東園錦水小學
林存矩	福建晉江	二二	福建晉江涂門街八十三號
林宗新	福建莆田	二四	福建莆田坊巷十一號
林其琳	福建莆田	二三	福建莆田县平巷五十號
林建銘	福建詔安	二二	福建詔安三民北路泰祥號
林唐選	廣東梅縣	二四	廣東梅縣白宮林祝記
林逢辰	福建晉江	二二	福建晉城內水門四堡街十四號

三

四

林培青	福建林森	二二	福建福州南嶼上井鄉
林德信	福建仙遊	二一	福建仙遊茅亭街堂記
林賚美	福建晉江	二一	福建晉江東門外東洛鎮黃林鄉
林勵生	福建晉江	二四	福建晉江城內中山東路蔡巷林府
林開治	浙江寧海	一五	浙江寧海方前
林澄渭	廣東普寧	二四	廣東普寧水吼鄉
林錦榜	福建莆田	二三	福建莆田東門外澗口郵櫃轉洋埕
林根幼	福建惠安	二五	福建惠安南埔信櫃轉
周 道	福建惠安	二六	福建惠安北門外塗嶺驛板郵櫃轉
周增希	福建龍溪	二五	福建龍溪西橋街同善堂
周岩松	福建永春	二四	福建永春中山路協泉號轉
周慶瑞	福建莆田	二七	福建莆田城內坊巷十二號
周樹棨	福建永泰	二三	福建永泰縣沖峯山
吳仁壽	福建雲霄	二五	福建雲霄和平路人安轉白塔交
吳有谷	福建詔安	二三	福建詔安縣北門內聖祖街誠齋
吳明竭	福建雲霄	二四	福建雲霄和平路協昌號轉交
吳祥麟	福建莆田	二六	福建莆田東門外新福成香燭店轉西洙村
吳雲福	福建雲霄	二三	福建雲霄中山路合美號
吳德讓	廣東平遠	二二	廣東平遠東石郵局

107

吳登庸	福建晋江	二七	福建晋江河市下井彭殊社
花挺瑞	福建安溪	二〇	福建南安英口墩坂經嶺
岳秉卿	廣東饒平	二六	廣東饒平東異界鳴鄉岳香合號
柯炳坤	福建漳浦	二八	福建漳浦東街深巷
施漢鋒	福建晋江	一八	福建晋江石獅西岑
胡石文	浙江寧海	二一	浙江寧海湖山上塊兎胡家
柳李成	福建東山	二三	福建東山打鐵街老協利
洪文全	福建南安	二三	福建南安碼頭鎮
洪榮斌	福建晋江	二九	福建晋江碧山嶼梅鄉保
洪啓箴	福建晋江	二五	福建晋江城內花橋亭六百零四號
梁子玉	福建南安	二三	福建南安詩山
梁福材	廣東梅縣	二三	廣東梅縣車仔排郵局
梁鋒華	廣東梅縣	十九	廣東梅縣松口博愛醫院
徐桂榮	廣東梅縣	二三	廣東梅縣番坑永茂源
陸纖瑞	浙江餘姚	二一	浙江餘姚北城抑抑堂內
翁琰章	福建莆田	二一	福建莆田廣業漁湖溪郵櫃轉溪東
陳超	浙江瑞安	二三	浙江瑞安塘下郵轉上馬
陳斌	浙江永嘉	二二	浙江永嘉梅呑郵轉
陳文彬	福建晋江	二三	福建晋江東門內草埔尾二號

陳天裕	福建林森	二六	福建福州南門外西營鄉二號
陳天賦	福建惠安	二四	福建惠安洛陽橋北天元布店
陳水源	福建永春	二八	福建永春豐山兜
陳永輝	福建福州	二三	福建福州北平前門天街廖林春茶莊
陳守天	福建長樂	二五	福建長樂縣岐後里
陳伯廉	福建福清	二五	福建福清東張
陳宗雲	浙江平陽	二四	浙江平陽江南蘆浦拓園
陳金木	福建惠安	二六	福建惠安洛陽鎮後房村
陳雨和	福建雲霄	二一	福建雲霄陳岱鄉大安號
陳桂泉	福建惠安	二四	福建惠安居仁郵櫃轉交嶺頂
陳秀金	福建惠安	二十	福建惠安輞川中街茂益號
陳益良	福建惠安	二六	福建惠安居仁郵櫃轉乙舍埔
陳培筆	福建晉江	二四	福建晉江石獅港塘鄉
陳啓智	廣東潮陽	二三	廣東潮陽大亨鄉
陳愛民	福建惠安	二二	福建惠安崇武五陳新塘鄉
陳德春	福建莆田	二六	福建莆田華亭太和藥房轉
陳義助	福建晉江	二三	福建晉江河市
陳雙清	福建惠安	二三	福建惠安西街傘美號轉水帽村
陳盛湖	浙江寧海	二一	浙江寧海白嶠

109

陳祿賢	廣東梅縣	二四	廣東梅縣丙村萬安和
陳應彭	福建詔安	二三	福建詔安東門內承恩堂
陳輝福	福建詔安	二六	福建詔安王公廟後泰裕祠
陳繩基	福建漳平	二一	福建漳平永福里禮拜堂
陳金生	福建晉江	二一	福江晉江南街二百五十八號
陳勤正	福建林森	二三	福建福州驛裡直街十號
陳圖南	浙江平陽	二三	浙江平陽金鄉
陳澤春	福建同安	二三	福建同安讀書巷七號
陳瑞鶚	廣東興寧	二六	廣東興寧草鞋行世昌行
陳耀章	福建永泰	二三	福建永泰嵩口福茂轉
陳賓森	廣東梅縣	二〇	廣東梅縣中華南路合興公司
陳銀華	廣東梅縣	二三	廣東梅縣水車圩濟民堂號
陳錦煌	福建莆田	二一	福建莆田城內中正路四十九號
陳樹銘	福建林森	二四	福建林森伙販街太慎里六號
俞永亨	福建莆田	二七	福建莆田南門外溝頭村
孫烱	福建晉江	二三	福建晉江南門外清濛鄉宮口東厝
孫才頁	福建惠安	二五	福建惠安東園鎮埔塘鄉
孫藩聲	福建惠安	二六	福建惠安東園埔塘鄉
孫振義	福建惠安	二五	福建惠安東園鎮埔塘鄉

110

中央警官學校臺幹班學生隊畢業同學錄

郭金貴	福建惠安	二〇	福建惠安峰尾郭厝
郭善華	福建南安	二〇	福建南安官橋郭厝
莊亨岱	福建晉江	二三	福建晉江鎰山街二十一號
莊東明	福建惠安	一九	福建惠安東園鎮藏蒼鄉
許志明	湖南岳陽	二二	湖南岳陽仒羅鄉
許宗喜	福建詔安	二三	福建詔安北關世德堂後萬成號
許春秋	福建晉江	三〇	福建晉江南門外仙石村
許華彥	福建雲霄	二六	福建雲霄和平路長源號轉交
許嘉山	福建晉江	二三	福建晉江城內花巷四十五號
許振鏞	福建莆田	二二	福建莆田城內文峯宮建順號轉
黄煌	福建永春	二一	福建永春中山路和佳診療所
黄中予	福建惠安	二四	福建惠安東園鎮曾茂村
黄仕奎	浙江平陽	二四	浙江平陽江南䆉艚鄉轉
黄世强	福建南安	一九	福建南安金陶千金廟
黄谷銓	福建晉江	二二	福建晉江南門外柴塔鄉
黄金對	福建南安	二五	福建南安詩山坊前鄉
黄伯機	福建南安	二〇	福建南安洪瀨爐內轉徐內鄉
黄宗儒	福建南安	二五	福建南安詩山山頭前街鄉
黄步月	福建南安	二一	福建南安詩山山頭占奎保

111

黃春馥	福建惠安	二四	福建惠安東園鎮後蔡村
黃英鵬	福建惠安	二七	福建惠安東園鎮東園街珍香號
黃秋火	福建安溪	二五	福建安溪參內大厝兜
黃思建	廣東梅縣	二一	廣東梅縣南口雙魁第
黃袁初	福建惠安	二三	福建惠安東園霞美村
黃厚忠	福建安溪	二六	福建安溪參內大厝兜
黃開基	福建南安	二九	福建南安羅溪鎮荷坂三第厝
黃開亨	廣東梅縣	二一	廣東梅縣凌風東路光耀電灯公司
黃秉禮	廣東梅縣	二〇	廣東梅縣凌風東路金坑鍋廠
黃毅奮	福建南安	二二	福建南安詩山占奎鄉
黃聰璵	福建晉江	二一	福建晉江厚誠街四一號
黃國鏞	福建莆田	二〇	福建莆田城內坊巷十二號
黃篤海	福建厦門	二九	福建泉州安海水頭街合珍號轉
黃興中	福建惠安	二九	福建惠安崇武中街盈厝漁行轉
黃騰蛟	福建惠安	二五	福建惠安東園鎮東園街
張元科	廣東五華	二三	廣東五華縣河唇街張茂興號
張元錦	福建仙遊	二六	福建仙遊五權路二六號
張孝成	廣東梅縣	二三	廣東梅縣虹橋頭九保五甲一號
張其辰	廣東梅縣	二〇	廣東梅縣錦屏信箱交思張宅

張敏昌	廣東梅縣	二四	廣東梅縣大康路太和堂
張鏞欽	福建惠安	二三	福建惠安東嶺鄉竿嶺村
張勵仁	廣東潮陽	二五	廣東潮陽赤寮炳利號
張國興	廣東梅縣	二二	廣東梅縣下市揚桃墩內春苑堂張屋
張鐵喬	廣東梅縣	二三	廣東梅縣虹橋雲屏樓
張鴻溪	福建雲霄	二二	雲霄和平路裕泰
曾金城	福建惠安	一八	福建惠安洛陽橋後埔村
程琛	福建惠安	二七	福建惠安輞川鄉櫃轉許厝村
鄒致發	廣東揭陽	二一	廣東揭陽新亨健華醫院
鄔振華	浙江餘姚	二一	浙江餘姚滸山折落市
彭玉輝	福建仙遊	二六	福建仙遊新生路二百十號
溫占慶	廣東梅縣	二五	廣東梅縣丙村溫德記
溫昌釗	福建武平	二三	福建武平岩前鎮永春祥
溫銳頁	廣東梅縣	二二	廣東梅縣梅瑤路雙板橋信箱
董青山	福建晉江	一九	福建晉江南街董寶發號
董建三	福建長汀	二〇	福建長汀舘前
楊金星	廣東梅縣	二二	廣東梅縣丙村揚清合鑫記
楊廣生	廣東梅縣	二三	廣東梅縣會坑佑昌號
楊杏元	廣東梅縣	二四	廣東梅縣會坑佑昌號

113

楊德信	福建廈門	二〇	福建廈門公園南路二四號
葉木興	福建安溪	二八	福建安溪參內鄉
葉永水	福建晉江	二一	福建晉江中山南路門牌三六五
葉眞水	福建南安	二一	福建泉州花巷下林巷四號
葉貽守	福建安溪	二五	福建安溪參內鄉
葉貽勇	福建安溪	二二	福建安溪參內鄉
葉疊春	廣東梅縣	二〇	廣東梅縣三角地郵政代辦所
雷秋金	福建南安	二〇	福建南安碼頭舖前鄉
趙國平	福建林森	二四	福建福州井關外北嶺下鄉
廖美東	福建永定	二三	福建永定洪山鄉
鄭　翰	福建林森	二三	福建福州南門外黃山
鄭　健	福建上杭	二〇	福建長汀東門後街背一號鄭宅
鄭文杰	福建莆田	二二	福建莆田黃石玉塘街一四號
鄭尙廉	福建仙遊	二三	福建仙遊溝尾郵櫃轉後寨村
鄭世奇	福建仙遊	二三	福建仙遊西門外三民路翰敦生醫藥局
鄭臣嚴	廣東饒平	二六	廣東饒平拓林桂利號
鄭金煌	福建永春	二六	福建永春縣東門外桃源殿後
鄭瑞伍	福建林森	二三	福建福州南門外西營鄉二號
鄭榮順	福建晉江	二三	福建廈門相公宮三號

114

鄔祥和	福建永春	二九	福建永春城內武廟巷
鄭德才	福建惠安	二三	福建惠安峰尾郵轉轉峰嶸村
鄭賡齡	福建莆田	二〇	福建莆田南門外霞皋村
劉文琼	福建南安	二四	福建南安碼頭街瑞美號轉
劉仲舟	福建晋江	二三	福建晋江河市復豐號
劉金寬	廣東梅縣	二四	廣東梅縣丙村黎萬珍號
劉菁華	福建晋江	二六	福建晋江河市
劉桂林	廣東梅縣	二三	廣東梅縣石扇四駁橋信櫃
劉達安	廣東梅縣	二二	廣東梅縣石扇四保橋信櫃
劉漢祥	福建永春	二四	福建永春湖洋蘇庄溪口
潘克倫	廣東梅縣	二一	廣東梅縣南口安仁中學
潘義和	福建惠安	二三	福建惠安塗嶺清美村
潘漢元	廣東梅縣	二〇	廣東梅縣南口安仁中學
潘耘田	福建同安	二三	福建同安馬巷
蔡崇文	廣東澄海	二三	廣東澄海上蓬區蓬衙鄉
蔡鴻興	廣東澄海	二〇	廣東澄海上蓬區大衙鄉美社
蔡清淵	福建晋江	二六	福建泉州中山南路二五四號
盧忠鉦	福建晋江	二一	福建晋江城內北門城脚堀仔池孝友巷門牌五號
熊集彝	廣東梅縣	二一	廣東梅縣會坑德興昌

駱清華	福建惠安	二四	福建惠安東園街
鍾玉高	廣東梅縣	二一	廣東梅縣九揚鄉分水凹義興號
謝世禮	福建晉江	二三	福建晉江東門外頂石井鄉
謝沅銓	福建林森	二六	福州西洪路高峯橋二五號
謝梅丙	福建安溪	二〇	福建安溪縣泰安鄉後垵
謝德泉	福建安溪	二四	福建安溪縣城中山路謝復美茶庄
戴中流	福建南安	一九	福建南安詩山大庭
戴良川	福建南安	二〇	福建南安詩山大庭鄉尾宮厝
魏文溪	福建晉江	二六	福建晉江東門外西福村
魏祖平	福建晉江	二三	福建晉江南門新橋頭同記號
魏琼文	廣東五華	二二	廣東五華横陂展興號
魏駿興	廣東五華	二四	廣東五華夏阜華閣
顏金邦	福建永春	二四	福建永春上場城南門外集德堂洋樓
顏成奎	福建永春	二一	福建永春西安鎮上場城西門外
顏貽山	福建晉江	二三	福建晉江安海東石下庄村
顏德星	福建永春	二五	福建永春上場城宮口厝
蕭昭順	廣東平遠	二六	廣東平遠八尺廣泰堂
蘇水坤	福建晉江	二一	福建晉江東門外水漈鄉
蘇天山	福建晉江	二六	福建晉江東門外水漈村

中央警官學校臺幹班學生隊畢業同學錄 一四

蘇欣榮	福建晉江	二五	福建晉江東門外水滘村大路邊
蘇根誠	福建晉江	二六	福建晉江東門外水滘村大路邊
羅育群	廣東梅縣	一九	廣東梅縣會坑裕和泰轉
羅俊元	廣東興寧	二一	廣東興寧刀坊協和新
羅耀初	廣東興寧	二四	廣東興寧刀坊協和號轉

117

本班同學年齡比較表

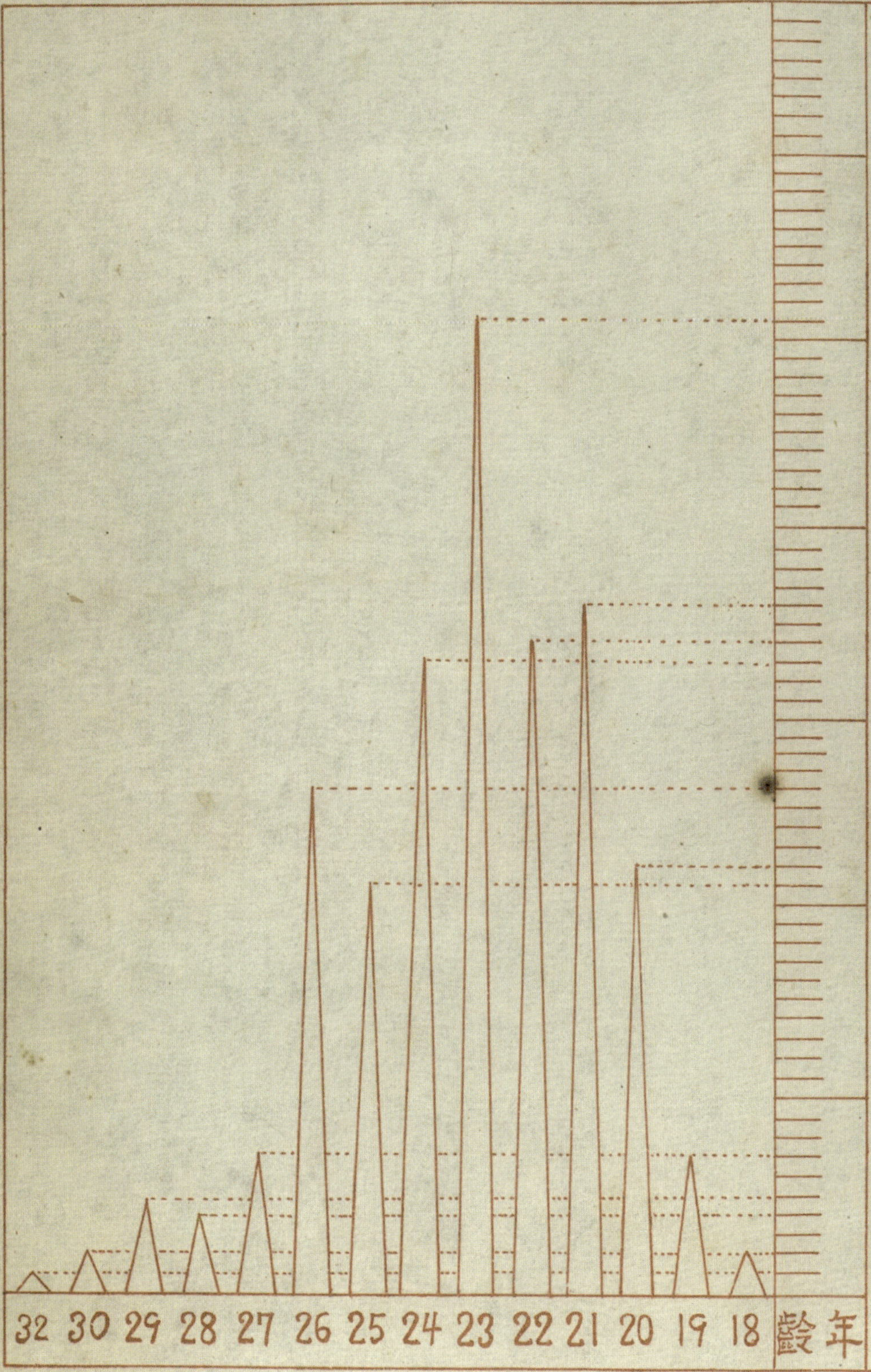

118

本班同學學歷一覽表

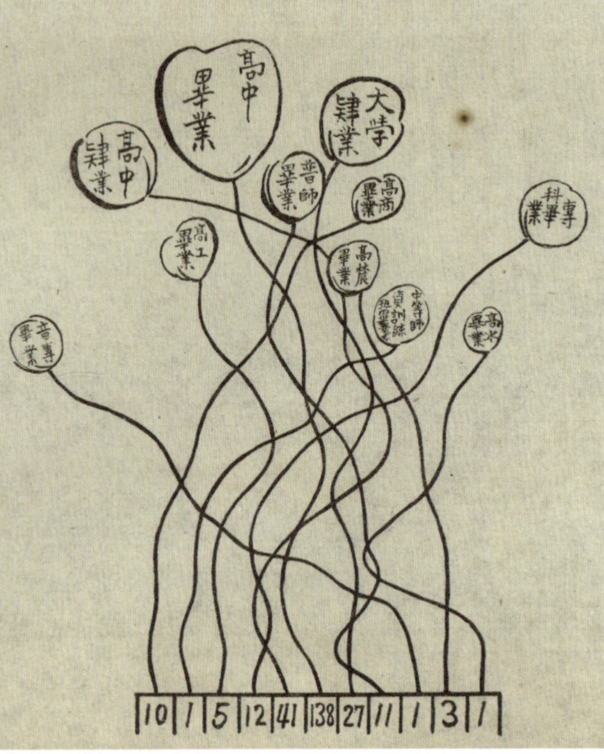

19

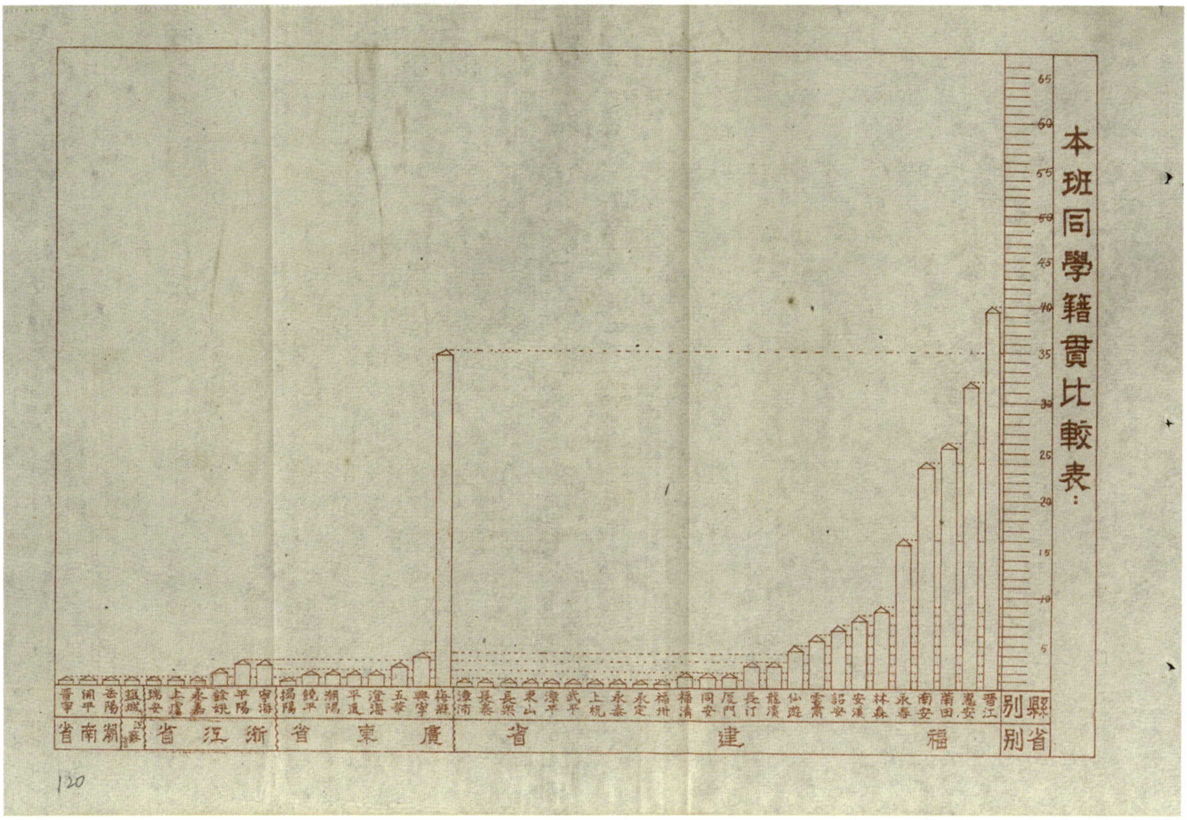
本班同學籍貫比較表：
縣別
省別
晉江 惠安 莆田 南安 永春 林森 安溪 詔安 雲霄 仙遊 龍溪 長汀 廈門 同安 福清 福州 永定 永泰 上杭 武平 漳平 東山 長樂 長泰 漳浦
福建省
梅縣 興寧 五華 澄海 平遠 潮陽 饒平 揭陽
廣東省
寧海 平陽 餘姚 永嘉 上虞 瑞安
浙江省
鹽城
江蘇
岳陽 開平 晉寧
湖南省
5 10 15 20 25 30 35 40 45 50 55 60 65

畢業紀念章

121

在校大事簡記

一　月

十五日　本班開學，各地新生先後到達。

十六日　胡班主任由汀赴永安，向黨政機關接洽校務。

廿一日　分校陳主任玉輝氏由渝飛贛，次日抵達福建長汀校舍。

廿四日　陳主任赴上饒晋謁顧長官接洽校務。

廿八日　本班開始軍事管理。

二　月

廿八日　胡班主任蒞班視察幷以李教育長格言『成功必須他人援助，失敗絕對自已造成』訓誨諸生。

三　月

九　日　本班奉令隨校遷福建三元梅列。

十二日　國父逝世紀念會李副主任講述　國父一生事業之偉大。

廿　日　全班官生到達梅列。

廿九日　青年節舉行慶祝會。

四　月

一　日　本班開始正式上課。

九　日　胡班主任召集全班員生訓話，闡揚本校『親愛精誠』之校訓。

十二日　李副主任向全體員生訓話，略謂本校精神教育乃以『誠』爲原動力『仁』爲中心『公』爲目標。

十五日　揭班副主任報告校中情形，幷勗勉同學認眞求學。

十六日　追悼美國故總統羅斯福氏逝世大會。陳主任公畢返校。是晚舉行中華學術研究社成立五週年紀念暨福建分社成立典禮。

廿一日　陳主任說明分校之工作目標與施政方針。

廿六日　胡班主任撿查全班內務，下午陳主任召集全班點名訓話，幷口試各員生之特技。

廿九日　陳主任檢查全校內務及環境衛生邢主任秘書講述敬業樂羣之意義。

122

五月

一日 全校勞動服務整理環境。
五日 國術訓練開始胡班主任親涖操場督練，幷勗勉員生努力求進，以赴將來使命。
六日 何處長思源報告總務方針「以安定生活，充實內容，改艮環境，增進福利」爲前提。
九日 精神講話全體官生齊集大禮堂，靜聽陳主任訓勉，『各員生應克服困難，明瞭目標，了解自巳，認識環境，嚴守紀律，奉行命令，勤修課業，公私分明，親愛精誠』。
十二日 生活檢討會。
十三日 陳醫務室主任報告衛生行政。
十五日 陳主任與陳醫務主任及各醫官巡視全校衛生幷指導改進。
二十日 徐處長講述訓練要旨。
廿二日 開闢校門公路。定爲『力行路』。
廿六日 全體官生改換夏季制服，晚間同樂會。
廿八日 黃總隊附行健，講述軍事訓練概要。
廿九日 龍大隊長集合全班員生訓話幷指示禮節。

六月

一日 各隊選出參加國術練習代表，準備運動會表演。
五日 第一學期攷試開始。
八日 第一學期攷試結束。
十日 精神講話李副主任講解『力行近乎仁』。
十二日 舉行會操。
十三日 繼續大會操，胡班主任徐訓練處長涖場巡視。
十六日 臺幹講習班結業暨本班補行開學典禮，全校官生齊集校門歡迎劉主席建緒代表　蔣校長涖校主持典禮。宣讀校長顧長官李教育長訓詞，會後幷舉行聚餐。
十七日 臺灣淪陷五十週年，全班官生齊集大禮堂開會紀念。
三十日 閩浙監察使陳肇英氏蒞校參觀。

123

七月

一日　陳監察使向全校官生演講『警察與人民的關係』，繼由朱廳長玖瑩演講『三民主義與國防問題』。

三日　開闢露天教室。

七日　開抗戰八週年紀念大會，下午舉行全校籃球比賽。

八日　陳教務處長召集全校員生演講『我們應有的認識與責任』，下午籃球繼續比賽。

九日　國民革命軍誓師紀念。

十二日　野外戰鬬演習。

十三日　黃師長珍吾蒞校演講『科學與國防』。

廿三日　胡班主任赴閩南各地招生，臨行時召集全班官生訓話，勗勉同學應努力奮鬬，不可臨淵羡魚，亦不可緣木求魚，言詞懇切。

廿四日　晚舉行交誼會。

廿八日　軍政部陳部長誠蒞校，全體官生齊集校外歡迎。

廿一日　開始夜間防奸戒備。

八月

三日　第一學期成績發表。

六日　歡送陳部長返渝。

十日　下午九時四十五分熄燈後，日本無條件向盟國投降消息傳來，全校狂歡。

十五日　敵人正式向盟國屈膝。

十九日　全班同學齊集校門外歡送正科十七期及特科外事班同學赴京滬參加接收工作，臨行時陳主任對全校官生訓話，并講述勝利之情形。

廿三日　演習閱兵式，徐訓練處長蒞臨預閱。

廿四日　胡班主任回校，召集全班官生訓話。

廿七日　孔子誕辰開會紀念，

卅日　中央發表陳儀氏爲臺灣省行政長官，各隊官生開始個別談話。

九月

124

一　日　本校成立九週年校慶，李副主任領導開會紀念，全校官生齊集大禮堂靜听李副主任講述校慶之意義，會後舉行閱兵式，晚舉行同樂會。

三　日　日本無條件投降正式簽字，全體員生體格檢查，胡班主任主持攷察各員生儀表及態度。

四　日　慶祝同盟勝利和平大會。

六　日　夜舉行同盟勝利火炬遊行。

九　日　國父第一次起義紀念日。

十五日　準備攷試，加緊學程。

十九日　開始畢業攷試。

廿八日　實彈射擊。

十　月

一　日　開始實地演習，設實習警察局，局長郭紹文，督察長魯廷壁，第一分局長顏昭民，第二分局長胡志强，第三分局長黃銘祥，第四分局長洪以榴。

七　日　實地演習結束。

十　日　國慶紀念大會暨本班畢業典禮隆重舉行，先由主席恭讀校長訓詞，繼由臺灣省行政長官公署周民政處長代表陳長官，福建省高民政廳長代表劉主席暨江蘇學院戴院長等相繼演講。

十一日　國父倫敦蒙難紀念日。

十二日　整束行裝。

十三日　發新制服，李副主任胡班主任召集全班員生訓話。下午四時離別母校，負着重任而踏上征途。

十四日　經沙縣抵青洲鄉。

十五日　從青洲鄉抵南平轉汽艇到福州市。

廿　日　本班籃球隊代表，與英華中學作友誼比賽。

廿一日　由福州南臺搭小型汽船抵馬尾，轉上美艦609號等是晚在艦上與盟友開聯歡會，全體齊集甲板上，歡忭歌舞，并簽字紀念。

廿三日　離馬尾港開赴臺灣。

廿四日　早五時抵基隆，下午二時由基隆搭火車抵臺北，宿臺灣總督府警察官及司獄官練習所。

125

廿五日　參加臺灣受降簽字儀式。
卅日　陳長官向全班官生訓話，題以『公正，認眞，有勇氣』。
卅一日　胡處長向全班官生訓話。

十一月

一日　分發實習同學各地接收。
八日　總分發，各州廳接管主委前來領隊。

126

本隊全期學科一覽表

政治學

國父遺教　總裁言行　精神教育　中國政治思想史　史地概論　經濟學概論
社會學概論　政治學概論　國際問題　社會問題　社會調查　羣衆心理
人事管理學　市政學　地方自治　學術演講　特約演講　政治講話
政治小組討論　中國警察行政　臺灣史地　臺灣概況

法學

法學通論　憲法　刑法　民法　刑事訴訟法　行政法
國際法　監獄法

警察學

中國警察史　警察法總論　警察法各論　勤務執行　勤務監督　政治警察
外事警察　交通警察　消防警察　經濟警察　戶籍警察　鐵路警察
礦業警察　森林警察　漁業警察　鄉村警察　水上警察　航空警察
衛生警察　刑事警察　建築警察　警察應用電氣學　戰時警察業務　各國警察制度
犯罪偵查　犯罪研究　學術研究小組　違警罰法　長警服務規程　勤務分配
審判心理學　驗槍術　指紋學　照像學　警犬學　警察應用理化學
警鴿學　法醫學　刑事實驗　急救法　戶口調查　警察應用公文
臺灣警察概況

軍事學

步兵操典　射擊教範　陣中要務令　野外勤務　夜間教育　軍隊內務條例
陸軍禮節條例　軍語釋要　軍隊符號　陸海空軍刑法及懲罰法

127

戰術

兵器學　築城學　爆破　交通學　地形學　軍制學
陸海空軍概論　總動員概論　國防概論　戰術講話

警察應用技術

捕繩　擒拿　摔角　手槍射擊　警察戰術　國術

其他

統計學　土地行政　邏輯學　交通運輸管理　田賦常識　粮食管理
統制經濟　國文　英文　日文　音樂　體育
簡易測繪

128

建警十年計劃實施要點

一、確定警察體制　中國警察體制爲合乎國情並適應需要以採國家警察制度爲宜

二、分年整理步驟　按照本表逐步實施期以十年完成各省實施辦法除提前者外均分三年完成之（第一年整理都市各大縣城警察第三年整理普通縣城警察並完成各大縣鄉保警察第五年完成普通縣鄉保警察）

三、調整警察機構

1.中央警政機構　將內政部警政戶政兩司合併成立警政署

2.省警察機構　省設警務處（已有保安處各省由保安處改組）將民政廳警務戶政兩科併入分甲乙丙三種編制隸屬省府

3.都市及省會機構　都市及省會設警察局及分局下設分駐所或派出所以警管區爲基層

4.縣區警察機構　縣設警察局分甲乙丙三種編制區設警察所

5.鄉保警察機構　鄉鎮設分駐所保以二保或三保設警管區

6.增設外事警察　首都各大都市及交通衝要縣市增設外事警察其餘逐漸完成

四、整理保安團隊　各省保安團隊依本計劃進度表及員警數額所定之標準切實齊訓後改爲保安警察隊

五、確定警察職務　凡警察職務範圍內之職權均應由警察機關統一執行歸併駢枝機構並將職務範圍以外之事項一律劃交其他主管機關辦理

六、確立人事制度　定警官爲終身必須分別受警官教育及員警訓練釐訂保障獎懲等辦法以安職守而絕倖進

七、擴充警察教育　中央警官學校於三十三年度起擴充學員生名額並將東南西北兩班改設分校配合各年需要計劃教育之

八、加强員警訓練　巡佐訓練集中於省警訓所警員可斟酌需要分區（數行政區分一所訓練之）

九、改進勤務制度　以實行警管區制爲原則根據勤務原理及社會狀況分訂都市鄉村邊區三種勤務制度

十、備置現代設備　撥款補充交通通訊刑事偵查預防犯罪修建局所配備警械等警察設備分年次第辦理

十一、設廠製發服裝　確定莊嚴簡樸之警察制服由中央設立被服廠及分廠統籌製發以資劃一

員警數量及來源

行政員警數額

一、普通行政警察　以全國人口千分之一比例約四十五萬人（必須初中以上程度）
二、其他行政警察　以普通警員十分之一比例約四萬五千人（包括外事國境，刑事，航空等警員）
三、巡　佐　以全部警員十分之一比例約五萬人
四、各級警官　以全部警員十分之一比例約五萬五千餘人（詳統計表）

行政警官來源

一、高級警官（簡任）就資深優秀之警察專門人材中選拔培養之
二、中級警官（薦任）國內外警校畢業富有經驗之專才中選拔培養之
三、初級警官（委任）警校甫畢業之學生調訓現任警官補充之
四、巡佐警員（委任）選訓初中畢業或同等學力者任用之其在邊區可斟酌當地情形辦理

保安警員來源

一、省警務處下凡　十縣以下之省設一大隊五十餘縣以下設總隊百縣左右二總隊一百一十縣以上三總隊全國四十七總隊合計約六萬七千餘人（每總隊一千四百三十人）
二、都市與省會警察局下平均設二大隊或一大隊全國四十四隊合計約一萬九千餘人
三、普通市警察局下設二中隊各縣平均一中隊全國二千中隊合計約二十二萬人
四、水上保警隊以海岸線及江河湖岸共長萬三九千公里每公里配備一名全國合計四萬人
五、各級幹部共需一萬三千餘人（詳統計表）

保安幹部來源

一、高級幹部　國內外研究之警察專才或軍校畢業對警教有研究或經驗選拔培養之
二、中級幹部　警校畢業學員生並調訓保安團隊原有優秀幹部選拔培養之
三、初級幹部　以調訓原保安團隊之幹部爲原則
一、爲備收復地區後之需要可於警校分校六處擴充名額大量吸收優秀青年受訓
二、復員期內以編餘後軍官一萬至二萬五千人入警校受訓補充

校座對十年建警計劃重視非常訓示此建警計劃最重要應即着手實施以五年完成

擬定實施辦法詳報

臺幹班畢業同學錄

臺幹講習班第一期（卅六人）卅三年十二月畢業

姓名	籍貫	姓名	籍貫	姓名	籍貫	姓名	籍貫
毛彥群	浙江淳安	沈寶通	浙江蘭谿	陸祖珍	福建惠安	黃永碩	福建晉江
王友煥	福建晉江	杜世珪	廣東瓊崖	梁倫銑	廣東曲江	黃起雲	福建連江
王厚才	湖北漢陽	林士賢	臺灣臺中	陳傳風	廣東豐順	黃尙宇	廣東增城
伍普星	廣東番禺	林文彬	福建莆田	陳宏文	廣東始興	彭紹盛	廣東潮陽
何　顥	廣東興寧	林國璋	廣東中山	陳克標	福建福州	楊元俊	福建林森
何其楷	廣東曲江	邱恕鑑	湖北沔陽	陳式琛	廣東潮陽	魯廷璧	安徽當塗
吳彬泉	廣東潮陽	季發祥	浙江嵊縣	陰士賢	山西沁源	鄭仲陶	廣東東莞
吳逯義	廣東陸豐	邵桂金	江蘇泰縣	許振庠	廣東揭揚	顏自超	福建永春
吳健群	福建福州	連明輝	福建惠安	黃麗川	福建晉江	蕭延禧	廣東潮陽

臺幹講習班第二期（二十八人）卅四年六月畢業

姓名	籍貫	姓名	籍貫	姓名	籍貫	姓名	籍貫
王啓豊	廣東豐順	林金聲	福建林森	莊壽松	福建惠安	曾業典	廣東豐順
朱啓洪	福建莆田	俞錫荃	浙江嵊縣	許　衎	江蘇丹徒	葉啓基	福建南安
江秋心	福建福州	洪以榴	浙江浦江	張希鴻	福建南靖	楊錦楓	福建莆田
吳譽賢	廣東梅縣	胡志强	浙江樂清	黃銘祥	浙江諸暨	楊殿芸	福建漳浦
吳九成	安徽歙縣	陳　鼐	福建南安	黃祖耀	浙江浦江	劉紹昆	廣東豐順
林勝雲	福建福州	陳祖汾	浙江浦江	黃昌介	福建福州	顏昭民	福建永春
林振中	福建仙遊	陳　震	湖南岳陽	童立言	浙江龍游	嚴世遠	福建福州

臺幹班學員隊（七十五人）卅四年十月畢業

姓名	籍貫	姓名	籍貫	姓名	籍貫	姓名	籍貫
丁景起	福建晉江	方揚基	福建龍溪	王隆煜	廣東梅縣	王善旺	福建林森

丘觀濤	福建龍溪
朱劍豪	廣東梅縣
李得運	福建南安
李恩鳳	安徽巢縣
余金棨	廣東梅縣
林維美	福建莆田
林致用	福建晉江
林炳德	福建詔安
林達三	福建漳浦
林炳仁	福建武平
林子祺	福建林森
林世民	福建莆田
林紹寅	福建莆田
林飛虎	廣東梅縣
林紹湖	福建莆田
林于志	福建福州
林　雄	福建福州
林連滿	福建詔安
周桂生	福建福州
卓先春	福建莆田
施明鏡	福建雲霄
馬南通	福建龍溪
高功海	福建林森
姚芝曾	福建林森
陳守煜	湖南安化
陳文簡	福建莆田
陳明易	福建南安
陳啓蕃	福建林森
陳上强	廣東普寧
陳維珍	福建長汀
陳　雲	福建長汀
陳長生	福建詔安
陳清江	福建晉江
陳祥安	福建林森
陳慶水	福建莆田
陳清炎	廣東梅縣
張騰蛟	福建詔安
張　濤	福建龍溪
張瑞章	福建仙遊
張克勛	福建龍溪
張炳杰	浙江東陽
郭志山	福建惠安
郭雄鈞	福建福清
黃學文	福建長汀
黃奕坎	福建南安
黃奕秋	福建南安
黃友安	福建惠安
黃　祁	浙江諸暨
曾克平	廣東梅縣
趙詠筌	福建林森
楊其秀	福建漳浦
葉青龍	福建長泰
雷烘慶	福建上杭
熊兆容	福建武平
蒲崇欽	福建詔安
蔡文慶	福建晉江
蔡步雲	福建長汀
蔣文山	福建仙遊
潘亘高	浙江東陽
劉　星	福建詔安
鄭友在	福建晉江
鄭啓亘	福建長汀
鄭祖福	福建南安
鄭榮光	福建永泰
鄭致中	福建福清
鄭恩惠	福建莆田
賴文照	福建武平
謝霖銓	福建仙遊
嚴鎰昌	福建仙遊
羅大偉	福建上杭
羅成才	福建福州

初幹班第一隊（一百一十六人）卅四年十月畢業

王文淵	福建南安
王宗鍛	福建晉江
王鑰琛	福建仙遊
王耀堂	福建惠安
王家芽	福建南安
王進平	福建惠安
王忠雲	福建南安
王紹鈺	福建晉江
方恩民	福建永春
江鈞昌	廣東梅縣
吳淦彝	廣東梅縣
吳佑清	福建龍溪
吳佛生	廣東梅縣
吳嚴明	福建晉江
沈虎秋	福建詔安
沈天河	福建龍溪
沈文達	福建詔安
沈文傑	福建詔安
沈金燕	福建永春
李延壽	廣東梅縣

中央警官學校臺幹班學生隊同學錄

李松芳	廣東梅縣
李均賢	廣東梅縣
李集光	福建詔安
李華基	福建晋江
何子涵	福建林森
余開堯	廣東梅縣
余　菫	福建永春
汪德泉	福建惠安
林益群	福建詔安
林士欽	福建詔安
林錫苞	福建詔安
林惠超	福建雲霄
林天福	福建莆田
林才喜	福建詔安
林英偉	福建惠安
林景輝	福建晋江
林振發	福建安溪
易德貢	福建仙遊
周華傑	福建永春
周文炳	福建莆田
周天流	福建永春
邱清亮	福建南安
俞世祖	福建莆田
施弁標	福建晋江
洪雲標	福建南安
洪聯輝	福建惠安
孫國駒	福建仙遊
孫海深	福建林森
倪瑞文	福建莆田
陳燊品	浙江浦江
陳元璋	福建莆田
陳銘興	廣東蕉嶺
陳仲英	福建莆田
陳文明	福建仙遊
陳金潭	福建永春
陳德坤	浙東平陽
陳金殿	福建永春
陳開濬	福建莆田
陳金聲	福建永春
陳金鑫	福建晋江
陳維南	福建晋江
陳双鳳	福建惠安
張啓涵	福建晋江
張明德	福建莆田
張錦梅	福建仙遊
張元麟	福建仙遊
張秉眞	福建永春
張啓派	福建晋江
莊勁民	福建惠安
許金柱	福建詔安
梁仕泉	廣東梅縣
梁壽山	廣東東莞
郭泰華	福建海澄
梅振莫	福建晋江
章啓照	福建龍岩
傅　烈	福建詔安
馮天錫	福建晋江
温民岳	廣東興寧
程振南	浙江浦江
黄劍民	福建仙遊
黄國英	江西安遠
黄　遠	福建仙遊
曾清彩	福建晋江
曾　政	廣東梅縣
曾滄鳴	福引晋江
鄒騰章	廣東梅縣
楊龍溪	福建長泰
楊玉興	福建長泰
楊榮貴	浙江縉雲
董建章	福建詔安
齊仲瑛	福建林森
蒲達欽	福建詔安
鄭信同	福建永春
鄭國華	福建永春
鄭守卿	福建南安
鄭偉鴿	福建永春
鄭文波	福建永春
鄭雙飛	福建永春
鄭祖佳	福建南安
鄭　毅	福建惠安
鄭偉錫	福建永春
劉朝宗	浙江江山
蔡耀生	廣東潮安
蔡金鑑	福建長樂
潘鼎宗	福建惠安
潘　沅	福建仙遊
駱麗生	福建惠安
鍾春木	福建惠安
鍾儒珍	福建惠安
鍾金來	福建惠安
顔貢珠	福建永春
顔寶琛	福建永春
顔景林	福建永春
韓景昊	福建莆田
蕭順水	福建惠安
蘇金章	福建永春

初幹班第二隊（一百一十二人）卅四年十月畢業

王國楨	福建晉江
王天從	福建晉江
王火來	福建惠安
王金榜	福建南安
王俊珍	福建仙遊
王仲震	福建仙遊
王福輝	福建永春
王承金	福建林森
尤世鎮	福建晉江
尤芳尚	福建南安
孔令濤	福建莆田
丘應健	廣東蕉嶺
丘炳南	廣東蕉嶺
江恩永	福建上杭
朱流江	浙江浦江
朱錦釧	浙江浦江
李誠土	福建安溪
李繼裕	福建安溪
李合成	福建詔安
李顯均	福建三元
李傳模	安徽鳳陽
李思競	廣東豐順
李國軍	廣東豐順
李慕南	廣東豐順
李國雄	廣東豐順
吳維炳	福建晉江
吳兆鑄	福建莆田
吳昌說	廣東豐順
吳傳青	廣東豐順
吳國魂	廣東豐順
何兆慶	福建詔安
沈玉中	福建詔安
沈　堃	福建詔安
宋文儀	福建莆田
余祖熊	福建沙縣
林等堅	福建南安
林文德	福建南安
林子嘉	福建南安
林維謀	福建南安
林衍祥	福建詔安
林模丹	福建仙遊
林維藩	福建莆田
林再藩	廣東澄海
周元往	福建莆田
邱連登	福建林森
岳瓏華	福建仙遊
洪選士	福建南安
洪春佳	福建南安
施尚明	福建南安
孫呈中	福建惠安
陳清河	福建晉江
陳金華	福建晉江
陳繼志	福建晉江
陳永萱	福建惠安
陳萃和	福建南安
陳國璋	福建莆田
陳萬盛	廣東梅縣
陳景華	廣莆梅縣
陳玉景	福建南安
張普成	廣東豐順
張慕謝	廣東豐順
張金姜	福建惠安
莊漢祥	福建惠安
莊振宗	福建惠安
郭福照	福建晉江
郭燕舍	福建南安
郭金龍	福建南安
許鐘水	福建晉江
許親林	福建安溪
章子雲	江西乾城
曹遠光	廣東梅縣
黃天裕	福建晉江
黃應水	福建晉江
黃天資	福建南安
黃啓育	福建南安
黃友生	福建南安
黃衍配	福建南安
黃壽虔	福建仙遊
黃廣楝	福建莆田
黃鐵蒼	福建莆田
黃辰采	福建長汀
曾繁標	廣東梅縣
曾國印	福建南安
曾士金	福建惠安
傅維華	福建安溪
傅崇修	福建詔安
湯先厚	福建永春
揭廷贊	福建三元
楊鳴咆	福建晉江
楊秋江	福建晉江
揚志清	廣東梅縣
楊立鴦	廣東豐順

134

楊德謨	廣東豐順	劉湊泰	廣東豐順	蔡和聲	福建惠安	謝瑞家	福建晉江
楊立偏	廣東豐順	劉載欣	廣東豐順	蔡文麟	福建莆田	薛錦文	福建古田
葉德運	浙江樂清	劉奇源	廣東豐順	鄭金鍊	福建莆田	戴協會	福建仙遊
詹文清	福建莆田	劉振庸	廣東豐順	鄭祖源	福建永春	饒春生	福建惠安
廖漢雲	福建惠安	蔡崇熙	福建晉江	鄧景易	福建三元	饒貽順	福建惠安

初幹班第三隊

(五十九人)卅四年十月畢業

王耀文	廣東興寧	林範	廣東梅縣	黃福鄗	廣東龍川	廖惠霖	廣東豐順
王志文	廣東興寧	林芝光	廣東平遠	黃仲權	廣東梅縣	廖應銘	廣東興寧
王煥立	浙江龍游	孟希融	浙江蘭谿	黃建華	廣東興寧	廖裕元	廣東龍川
尹瑞根	浙江龍游	侯文慶	廣東梅縣	黃長先	福建永泰	歐靖邦	廣東羅定
尹陽德	浙江龍游	范庚仁	廣東興寧	黃桂新	廣東龍川	鄭國進	廣東龍川
甘可鵬	浙江浦江	高靈光	廣東五華	黃儒棟	浙江浦江	劉富光	廣東五華
朱祖福	浙江建德	梁文輝	廣東新會	舒錫圭	浙江衢縣	劉芳祺	廣東蕉嶺
吳濃林	廣東龍川	陳召南	浙江龍游	曾開清	福建林森	鄧兆凡	廣東龍川
李超民	廣東五華	陳竹盧	浙江湯溪	曾士俊	廣東龍川	盧飛烈	廣東揭陽
李茂春	廣東梅縣	陳超宏	廣東興寧	鄔恒清	廣東龍川	鍾偉連	廣東蕉嶺
李海雲	廣東興寧	陳郁文	廣東龍川	葛鶴松	浙江浦江	鍾　彬	廣東蕉嶺
李廷驥	廣東龍川	陳文桂	福建莆田	楊昭友	浙江龍游	鍾炳林	廣東龍川
宋軍	臺灣臺中	陳清秀	臺灣臺北	楊鏡芳	廣東河源	鍾清泉	廣東蕉嶺
巫冠芳	廣東龍川	張棨慶	浙江浦江	葉文烈	浙江蘭谿	謝振昌	廣東興寧
林歆舜	廣東梅縣	張豪	浙江蘭谿	葉百川	廣東龍川		

初幹班第四隊

(一百二十八人)卅四年十二月畢業

王强民	福建仙遊	王雄	福建林森	王金發	福建安溪	王偉	福建林森

135

中央警官學校臺幹班學生隊同學錄

王才伍	福建晉江
方文振	福建莆田
方順興	福建仙遊
方益生	福建林森
方祖頴	福建莆田
尹繼先	上海
池金谷	福建莆田
朱華超	廣東豊順
江肇斌	廣東廣州
江曉芙	福建福州
李聖宗	廣東五華
李俊星	福建莆田
李福泉	廣東新會
李毓仁	福建惠安
李鴻高	廣東五華
李元珍	福建莆田
李聲濤	廣東豊順
吳本錚	福建林森
吳應信	福建霞浦
吳孔嘉	福建福州
吳得平	福建尤溪
吳含英	浙江東陽
沈炳娃	福建詔安
沈 汜	福建詔安
沈寶壽	福建詔安
沈文元	福建詔安
沈再光	福建詔安
何保民	廣東新會
林文華	福建永春
林聲飛	福建南平
林玄鰲	福建莆田
林桂松	福建莆田
林炳榮	福建莆田
林魚友	福建南平
林志成	福建海澄
林維東	福建莆田
林文献	福建莆田
林文仁	福建莆田
林天祖	福建莆田
林錦池	福建莆田
邱景陶	福建仙遊
易玉麟	福建安溪
周恆德	福建惠安
洪文模	福建莆田
洪鼎元	福建晉江
姜允達	福建晉江
徐繼英	浙江浦江
徐先裕	福建尤溪
徐世芳	福建仙遊
施雲中	浙江永康
馬書暉	福建林森
孫芳競	福建惠安
孫耀宗	福建惠安
翁錦魁	福建莆田
翁國昌	福建莆田
徐建華	福建廈門
莊春暉	福建惠安
莊德明	福建莆田
莊雨法	福建惠安
張成桂	福建惠安
張俊琳	福建武平
張 矢	廣東興甯
張啓梓	福建仙遊
張禮錞	浙江天臺
張文炳	福建林森
陳約道	福建漳浦
陳步梯	福建莆田
陳文球	福建莆田
陳亞章	福建惠安
陳任忠	江西九江
陳則文	福建福州
陳群英	福建永泰
陳順泰	福建漳浦
陳炳海	福建漳浦
陳景濤	福建莆田
陳天佑	福建莆田
許應松	福建詔安
許宗山	福建同安
許經綸	福建惠安
黃祖樹	福建莆田
黃啓祥	福建永泰
黃華貴	福建惠安
黃慶森	福建莆田
黃文宗	福建莆田
黃炳星	福建惠安
黃祖源	浙江浦江
黃炳煊	福建莆田
黃永順	福建莆田
黃步青	福建惠安
黃元宗	福建漳浦
黃明德	福建惠安
黃水忠	福建龍溪
黃照星	福建惠安
彭文注	福建莆田
梁敬國	福建林森
郭文興	福建莆田
章震聲	浙江永嘉
楊閩偉	福建廈門
楊銀雪	福建惠安
項行道	浙江海門

136

游勇琮 福建平和
葉志清 廣東連平
葉則仁 福建福清
葉應欽 福建安溪
葉江山 福建安溪
廖福根 廣東五華
趙再美 福建安溪
鄭灼華 廣東豐順
鄭文鳳 福建長汀
鄭明書 福建莆田
鄭偉 廣東豐順
鄭振輝 浙江浦江
鄧聯吾 福建南靖
蔡厚勳 福建長汀
蔡金葉 福建莆田
潘以介 福建晉江
薛啓亮 福建閩清
謝强中 廣東龍川
謝春萇 福建莆田
關元豪 福建莆田
關友松 福建莆田
蘇榮福 福建晉江
顏德恕 福建晉江
顧書生 福建莆田

初幹班第五隊（一百一十七人）卅四年十二月畢業

丁零 福建晉江
刁紹楷 廣東興甯
王國敦 福建林森
王齊新 福建福州
王瑞錄 福建仙遊
王克章 福建林森
王文丕 福建安溪
王子榮 福建惠安
朱錦鳳 福建莆田
朱江 浙江臨海
朱芳明 廣東豐順
朱春景 福建晉江
池任明 廣東梅縣
江宗濤 福建莆田
巫植民 福建甯化
吳玉銘 福建莆田
吳守訓 福建晉江
吳俊英 福建仙遊
吳城昌 廣東梅縣
吳双炳 福建安溪
沈松木 福建詔安
沈登祥 福建龍溪
沈錫彬 福建詔安
沈琦 福建詔安
李伯鳳 福建林森
李幼霞 福建詔安
李武桂 福建詔安
何其德 浙江東陽
何惠民 福建惠安
何承矩 浙江昌化
何一敬 廣東龍川
宋春元 福建福州
余仁德 福建晉江
余仁愛 福建晉江
林禹賚 福建仙遊
林飛 福建福州
林榮丁 福建永春
林慶祥 福建莆田
林應麟 福建新會
林天文 福建仙遊
林飛鴻 福建莆田
林德英 福建莆田
林星寶 福建莆田
林麟泉 福建莆田
林子瑾 福建晉江
林承洋 福建莆田
金文華 福建福州
胡文澤 廣東番禺
袁保光 廣東興寧
袁蕎筌 廣東興寧
卓福猷 福建莆田
周永宏 廣東五華
姚文隆 福建莆田
俞德才 福建莆田
洪永寧 福建廈門
柯柏生 福建莆田
范開茂 福建福州
許水返 福建安溪
許祖耀 福建詔安
許報賞 福建廈門
許仲明 廣東防城
許友恭 福建莆田
許景興 福建惠安
陳奎光 廣東河源
陳澤卿 福建福州
陳景輝 福建莆田
陳穎賢 福建莆田
陳秉炷 福建福州

137

陳金鑫	福建莆田
陳建宗	福建漳浦
陳錫禎	廣東博羅
陳紹模	福建福州
陳桂林	福建莆田
陳文福	福建莆田
陳金瑞	福建莆田
陳冠唐	浙江甯海
陳炳廉	福建惠安
孫　耀	福建惠安
莊澤華	福建惠安
張嚴桂	浙江天臺
張國傑	廣東五華
高建斌	福建長樂
楊繼祖	福建莆田
揚覺新	浙江天臺
楊天來	福建晉江
楊邦邦	廣東大埔
黃景飛	福建福州
黃銀秀	廣東梅縣
黃文仙	福建永春
黃伏生	福建惠安
彭文英	福建莆田
程亮華	福建仙遊
廖煒棠	廣東興寧
廖福霖	福建莆田
鄒成達	福建莆田
鄭仁掌	福建莆田
鄭天壽	福建莆田
蔣　琴	福建龍溪
蔡文祥	福建安溪
蔡松年	福建福州
蔡一成	福建惠安
鄧德芳	福建龍溪
潘金敘	福建永春
劉定宏	福建興寧
鍾國才	福建惠安
鍾啓燕	廣東蕉嶺
鍾震南	廣東興寧
謝文瑞	福建安溪
謝邦基	廣東龍川
謝無畏	廣東梅縣
謝仲鈞	福建莆田
薛國興	福建晉江
魏國漢	廣東五華
蕭丕魁	福建惠安
羅寶康	廣東花縣
饒彬宏	廣東興寧
蘇茂松	福建莆田

多餘的話

深秋的時節、二百五十位健兒組成的戰鬪序列開始行動底前夕，大家直覺一種迫切呼聲「刋製畢業同學錄。」

的確、這是同學感情底結晶禮物、在各人生命旅程中、是有那無限價値的痕跡存在着。

然而、時代轉變了，原子潮流捲走了他們、從遙遠大洋的彼岸來到臺島、高奏着接收進行曲、大家有的是「熱情」「興奮」「認眞」「緊張」。

老實說、初期的工作情緒　眞有點够人喘不過氣來。於是、呼聲一度被巨浪掩沒了、而在潮浪過去後呼聲又干宵了！

再度商討這歷史產物—同學錄、行將付梓於臺北、並且採取了一百折不撓的精神與力加充實的企圖於、是付印再搜集、校對再補足。明知道這是不成熟的前奏、無如籌備者猥蒙同學們原望種的付託未、嘗不盡最大之努力、挽囘頹勢。

既然有以上的疵瑕又加上了經濟的拮据、物價的波動再度議價、三番編排、欲求美觀而內容充實、又須經濟而性質耐久、所謂「巧媳婦難作無米之炊」當然了．結果是與同學們理想的吻合、在此形中留保持着一定的距離了！

那麽、印製時久、姍々遲發、同學們熱情關心、輒相索、詢負責同人、除了抱着「啞子吃黃蓮」的難堪外謹有向同學們致十二分歉意！

同學們！一拔茁幼發芽在動蕩季候、又逢中途濤浪的洗禮、今日一旦長成這命運是幸與不幸、在同學們手得乙冊、當會百感叢生、當机立斷、筆者謹祝着它會帶給各人的心聲、策勵大家爭取工作的榮譽、成爲一支眞有力的戰鬪序列、永遠戀慕着昔日從彼得岸乘風破浪、同舟共濟、到達此岸的大無畏精神和抱負！

籌備同人有感補誌

於光復週年紀念日

139

堪誤表

目錄	行數	字數	誤	正
同學錄序	七	三	茶	荼
警察讀訓	十	十七	許	詐
校歌	三	五	鐘	鍾
校訓圖解			貫	化
警魂歌	一	四	行	G
〃〃	九	五	追	近
建立警校力行校風			喜	善
			全民舍	已
			豫	予
			席	序
			籍	藉
力行進行曲（接南針之下）			三行少一「行」字	

60 60 | 6.5 4.6 | 5 — | 5 0 |
力 行 | 科 學的 | 進 | 用
30 30 | 3.5 3.1 | 2 — | 2. — |
力 行 | 朝 氣的 | 發 | 成

目錄	行號	字號	誤	正
力行進行曲			堅	聖
中央警官學校現制組織系統表			（教之下）	練
校史	十七	二	揭	揚
〃	四五	十三	追	近
〃	五一	四	雅	雍
臺灣警察幹部訓練班學生隊小史	二十	卄四	二十	三二
	卄一	十六	五	六
	卄一	四十	三	四
	卄二	一	一	二
胡班主任訓詞	五	一	舒	叙
校務委員會委員通訊錄	七	一	右	左
本校教職員通訊錄	九	十	漂	潭
	十五	十六	家	密
	卄三	十六	育	教
	卅二	三	成	民

中央警官學校臺幹班畢業同學錄

目錄	行號	字號	誤	正
本校教職員通訊錄	卅八	七	舟	丹
	四一	十三	安	和
	四四	三	雲	芸
	五一	八	乘	嵊
	五九	廿三	本	大
	六四	九	江	海
	七八	十三	盧	廬
	八十	十二	肖	常
	八七	十一	黠	黔
隊上官長			戒	戎
本期同學			潘漢元與蔡崇文對調	
本期同學通訊錄	十二	十二	安惠	惠安
	十五	十	福建莆田南馬路	城內
	廿五	十七	閑	門
	四一	十三	鄉	縣
	四三	十五	嵩	高
	五六	十三	「晉」下添一「江」字	

目錄	行號	字號	誤	正
本期同學通訊錄	七二	十五	異鄉	界程
	七四	十七	塊兔	壞
	七八	十六	碧山嶼	碧山鄉
			鄉梅保	梅嶼保
	七九	十八	亭	亨
	八二	二	鋒	鐸
	八三	十四	番	畬
	八七	十四	呑	喬
本班同學學歷一覽表			大學肄業41人	高中肄業27人
本班畢業紀念章			臺幹學生班	臺灣警察幹部訓練班
建警十年計劃實施要點	二	八	接	按
多餘的話	十二		「一」字下少一「種」字	
	十二	十七	於，	，於
	十三		「望」字下多一「種」字	
	十四	四	未，	，未
	十九	廿一	，詢	詢，

141

本班同學錄籌備委員會一覽表

主任委員　林勵生　王牧南

總編輯　黃開基

設計　許嘉山　柳李成

校對　程琛　陳雙清　呂尚書

會計　劉菁華

籌備委員　李一曙　王君雄　阮傳發　蔡清淵　謝沅銓　李仲甫　莊東明　王琪琨

編輯　黃金對　潘義和　林士在

142

台湾警务之接收

一九四六年十一月

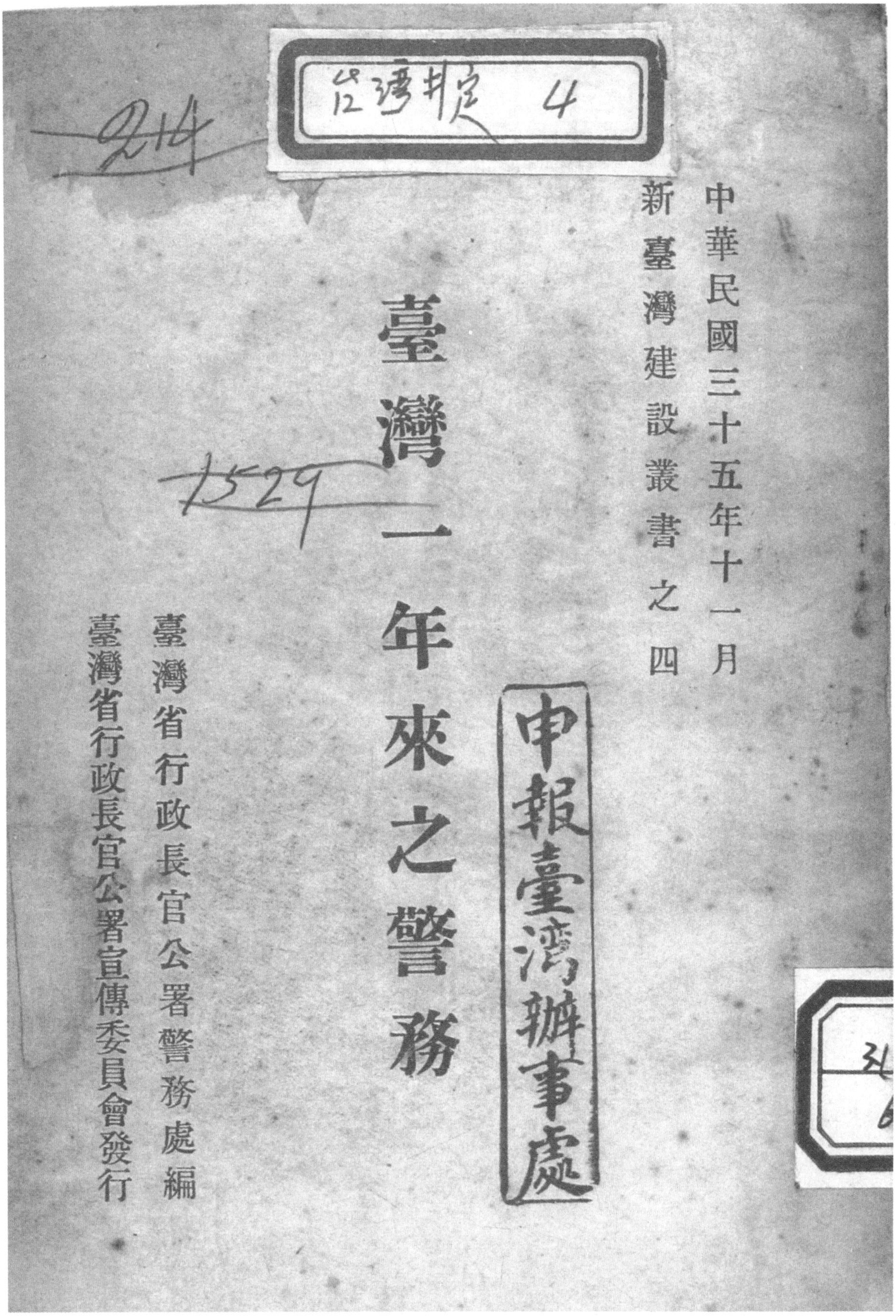
中華民國三十五年十一月

新臺灣建設叢書之四

臺灣一年來之警務

臺灣省行政長官公署警務處編

臺灣省行政長官公署宣傳委員會發行

台湾警务之接收　　一九四六年十一月

第二章　接收準備

一、訓練各級警察幹部

溯自民國三十二年，中，美，英三國領袖，擧行開羅會議，發表日佔東北四省，臺灣及澎湖列島，應歸還中國之宣言後，中央爲準備接收臺灣，特於中央設計局內，設臺灣調查委員會，任命現任本省行政長官陳儀氏兼任主任委員，從事調查及一切準備工作。一面爲儲備臺灣行政幹部，於中央訓練團分訓民政，工商，交通，財政，金融，農林，漁牧，敎育，司法各項人員；警政部份，由臺灣調查委員會會同中央警官學校辦理。三十三年十月一日，於警校內成立臺灣警察幹部講習班，商派該會專門委員，現任本處處長之胡福相氏，兼任該班主任，派徐勵氏任副班主任。選調陪都附近之閩，粵，浙，臺籍警官三十八人受訓，是爲第一期。結訓後，因阻於交通，暫仍留校服務，從事研究準備工作，僅由胡氏首先隻身飛贛轉閩，與中央警校東南警官班副主任，即現任本處副處長揭錦標氏，籌商續訓幹部問題。尋陳玉輝，李一民，徐勵，邢世彥，魯廷璧諸氏相繼來閩，遂設中央警校二分校於三元梅列，同時續辦各級幹部訓練。講習班係選調中央警官學校及各省警官學校正科畢業，並曾任警官二年以上者，訓練六箇月；學員隊係考選曾受警官敎育，現任或曾任委任警官一年以上而有高中程度者，訓練六箇月；學生隊係考選閩，粤，臺籍高中畢業或有同等學力者，訓練一年；初幹班係初中畢業或有同等學力者，訓練六個月。訓練之要旨，講習班及學員隊，係側重主義，政治，臺灣情況及語言之訓練，學生隊，及初幹班，除施以上述訓練外，並授以警察基本知能。至任用之準備，係以講習班學員派充臺灣各縣市警察機關高級幹部，學員隊，學生隊，係派充各縣市警察機關中級幹部初幹班係派充警長警員，予以委任待遇。計臺灣警察幹部訓練班各班隊，先後受訓畢業之人數，講習班第一期三十八人，第二期二十人，警官班學員隊七十六人，學生隊二百五十人，初幹班五百四十二人，總數共九百三十二人。此皆今日本省各級警察機關之基本幹部也。

二、接收部署

民國三十四年八月十五日，日本宣告向聯合國無條件投降，八年抗戰結束，臺灣收復實現，同月二十九日，國府發表特任陳儀氏爲臺灣省行政長官，並公布臺灣省行政長官公署組織條例。省之警務機構，係於行政長官公署內；設置警務處。任命胡福相爲警務處長。斯時，臺灣警察幹部講習班少數留渝之第一期學員，或飛閩隨班轉臺，或逕由渝水運來臺，在閩之其餘講習班學員隊學生隊及初幹班全部學員生，悉由處長胡福相率領，於十月十四日由梅列警校二分校出發，經南平進抵福州，並就地配發裝備，十月十八日，處長胡福相偕徐勵，吳俊明二人，首先乘軍艦抵臺。餘由副處長揭錦標署長邢世彦二氏率

六

領，於十月二十四日乘美艦離閩抵省，十月二十五日參加受降典禮。留渝之第一期講習班學員，及內地邀聘人員，旋亦陸續到達，計當時抵臺全體警察人員，不過一千餘人，以之接收原有一萬三千餘人經辦之業務，亦可概見當時工作艱巨之一般也。

本省省級機關接收工作，係十一月一日開始，警務部份之接管，由處長胡福相主持，而以副處長揭錦標，前警察訓練所所長徐勵爲專門委員，郭紹文，朱亞擎等二十五人爲專員，分頭進行。

至各地警察機關之接管工作，係十一月八日開始，本處按照各州廳接管委員會之組織，分別選派臺北，新竹，臺中，臺南，高雄五州，及臺東，花蓮港，澎湖三廳警務接管專員，管理員及幹事等，參加各州廳接管委員會工作，受本處及各州廳接管委員會主任委員之指揮監督，出發接管各州廳之警察機關，並於十二月底分別竣事。

各州廳接管人員出發之先，公署爲使工作劃一，步驟齊整起見，經舉行四天之講習，並訂定接管工作進度表，以三個月爲期限，按月分期實施，以爲各接管委員會從事接管之準繩，現將本省各州廳警務接管工作進度表附錄如次：

臺灣省各州廳接管期間三個月警務工作進度表

闽台关于收复台湾的建议提案

行政院、财政部等关于张邦杰收复台湾五项意见的来往函

一九四二年一月—十月

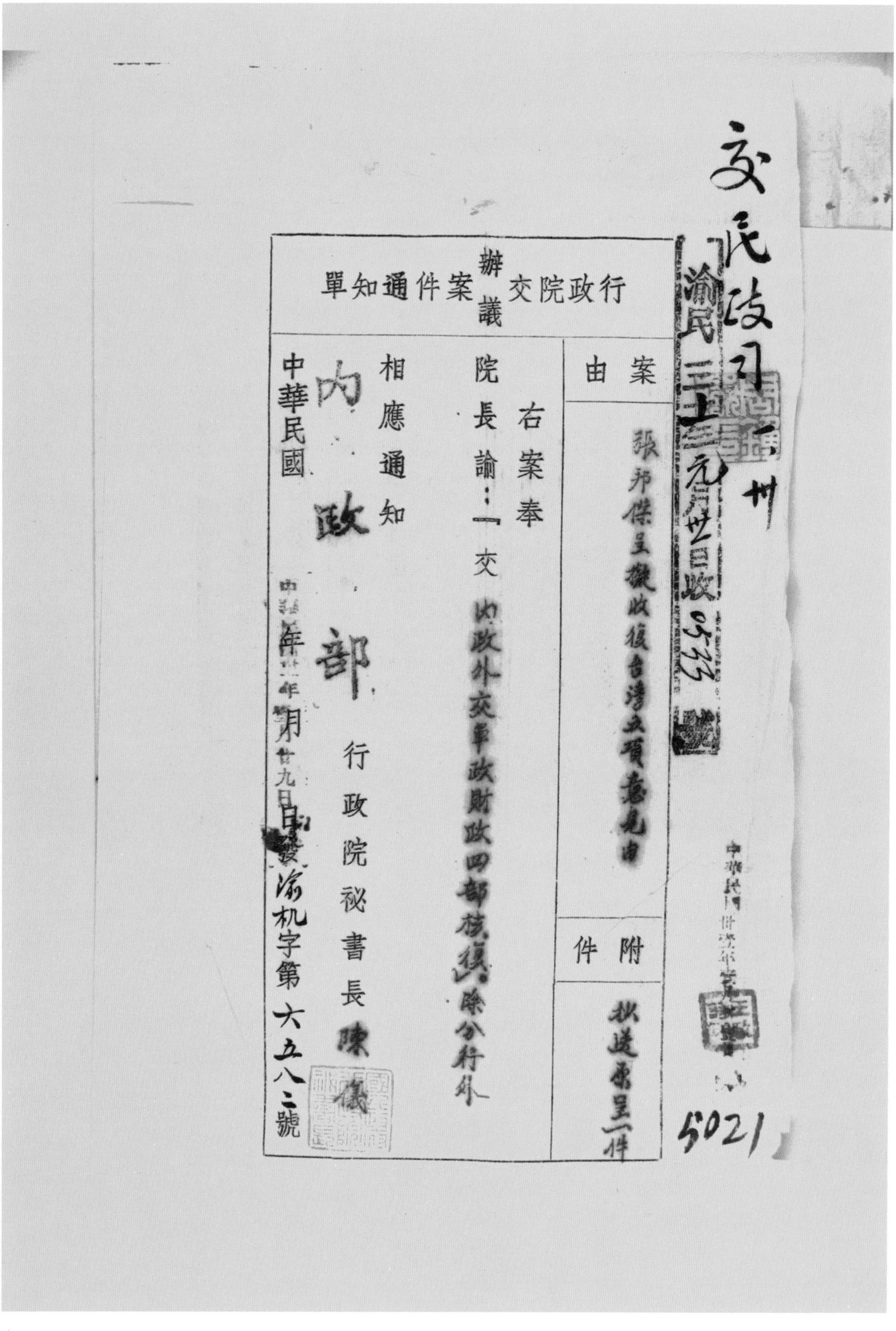

交民政司

渝民三上 卅一年元月廿日收 0533號

行政院交辦議案件通知單

案由	張邦傑呈擬收復台灣五項意見由
附件	抄送原呈一件

右案奉

院長諭：一交內政外交軍政財政四部核復。除分行外

相應通知

內政部

行政院秘書長 陳儀

中華民國卅一年一月廿九日發 渝机字第六五八二號

5021

行政院交内政部张邦杰呈拟收复台湾五项意见案(附:张邦杰呈)　　一九四二年一月二十九日

批呈

案據本會南方執行部主席張邦傑呈：

「竊以台灣原屬我國所有，台灣民族即係中華民族，乃被倭寇強橫佔領，則我政府應視為淪陷區域，力圖克復，但過去我國政府對台灣觀念未切，視台胞如仇敵，似屬錯誤，尤其是地方當局對熱心台灣革命之志士，反不顧為順民而返國謀生之台灣義民加以歧視與殺害，更可痛心，如福建一省近年來犧牲者不知幾凡，然往者莫究，來者可追，亟盼我最高當局予以設法糾正，本部為宣揚我國之德政与感戴台胞，以利策動台灣全民革命而收復台灣，故不揣冒昧特臚下列數點，懇請　轉呈最高當局核准施行！：

(一)懇請中央政府確定國策以台灣為我國領土之一

勢必与其他失地一併收復，以慰國人。

理由：查台灣雖孤懸海島，然對我國國防上佔居首要，將來國防建設必以台灣及海南島為衛國要塞，亦即我國海軍最重要之根據地，倘台灣一日不收復則華南時刻有被敵人侵犯之虞，若東三省為保衛華北之門戶同為重要，故應請我最高當局對台灣必具決心收復，並列一國策，非收復台灣抗戰決不停止，以勵台灣革命志士之前進。

(二)懇請中央政府公佈台灣為我國之一行省，台灣人民即係中華民國國民，並勵地方軍政當局對于台人之待遇一律平等，不得歧視，以示一視同仁。

理由：查台灣現有住民六百萬眾，除倭賊三十餘萬及台灣土著十餘萬外，其餘五百五十萬人均係我大漢民族，多於明末清初因不願受治於異族，隨鄭成功先生渡台屯田墾荒以抗滿奴者。至倭寇侵台，當時亦經群起反抗，卒因無援而被征服，可憐台胞即在敵人淫威之下忍受欺凌，時盼我祖國援救，並非還等願意服敵。吾視德國希特勒對其日耳曼族，在任何地方角落，無論多寡均予以全力之保護，甚至該族多於他族者，必圖其統治權。今台灣住民百分之九十以上為我中華民族，且屬我國行省之一，故對台灣必須恢復為我國之一省，台灣同胞即應認為我國國民，務懇轉請最高當局核准公佈，以慰台胞之願望。

(三)懇請中央政府准予通飭地方政府將過去所有拘禁良善之台灣同胞開釋或交由本會執行部分別具領，以安良善。

理由：查我國抗戰以來，地方當局對於台灣同胞不分皂白，均予拘禁或殺害，僅福建一省現尚拘禁於崇安者，不下數百人，此輩實係純良之實民，在抗戰初起，敵頒再三逼令台人返台，但渠已飽受敵人之虐待，與敵刻早具不願為順民之決心，既已脫出虎口，重見青天，何肯再陷人間地獄，故各避內地以安生業。然地方當局不察，均予拘禁，甚至殺害，視同仇敵，此種處置，實陷入敵人離間政策之圈套，增其宣傳之口實，殊對台灣革命大有阻礙，故應請我中央當局准予通飭各地方政府將拘禁之良善台灣同胞予以開釋，或交由本會執行部就近具領，以示愛護，庶免被敵藉口宣傳。

（四）懇請中央政府准予通飭地方軍政當局將過去所有沒收台灣同胞之產業，悉數歸還，或交由本會執行部就近接管，以安生業。

理由：前項業已申明台灣同胞即係中華民國國民，是即一切待遇自應予以平等，尤其是返國建業之台胞，均係反對敵人而不願受治之義民，或革命志士，對其生命財產尤宜妥為保護，但抗戰軍興，地方軍政當局不辨是非，均將所有台胞產業盡行沒收，以致留國台胞無從復業，大都流離顛沛，生活極形痛苦，幸各返國台胞，

三

意志均極堅强，雖受地方政府之虐待与歧視，仍努力協助抗建工作，冀祖國早日勝利，以救全部台胞於水火。惟政府此舉，僅增管理人之私囊及敵人之宣傳材料，政府有何所得？如福建所沒收之台胞農場，經省當局派員管理，困不得其法，荒蕪不堪，收入幾何？甚至入不敷出，故應請求中央當局准予令飭地方當局，將所有沒收台灣同胞之產業，悉數交由本會執行部就近接管，轉還各該業主。倘業主不在，即暫由本會保管，其收入作為本會事業費，於政府收入無損，且可表現一視同仁，並可援助台灣革命之進展，一舉數得，何樂不為？

(五)懇請中央當局切實援助本會，加强台灣革命力量。

理由：本會為集中一切台灣革命力量，打倒倭寇侵畧，主義收復台灣与祖國協力建設三民主義新中國，但過去一般同志極盡艱辛苦幹，不顧犧牲一切，以期達到目的，然因孤島無援，力量單薄，自覺不敵强鄰，是以选派代表籲請我政府當局援助，均未有切實辦法，故念年來之台灣革命隱力迄今未敢發動，現太平洋戰事已起，台灣革命正應加緊擴展与行動，以搗亂敵人後方，並準備發動殲敵而收復失土，惟一切後援及接濟，必須祖國供應，庶事可成，故應請我國中樞對于本會事業之必需經濟予以切實之援助，并及時接濟軍火与兵力，以便内外夾攻，則台灣收復可期！

四

以上五點，有關抗建及台灣革命大業，爰特懇請分別轉呈中央党政軍當局鑒核施行。」

等情；據此，查所陳各節，事關台灣革命前途，至極重要，據呈

前情，理合具文轉懇

鈞長察核施行！并請准將閩、粵、桂等省拘禁之良善台胞及沒收之台胞產業，交由本會南方執行部就近具領接管。其江、浙、贛等省即交由本會北方執行部就近管理，如何之處，伏乞指令祗遵！

謹呈

行政院

台灣革命同盟會中央執行委員會主席團首席張邦傑

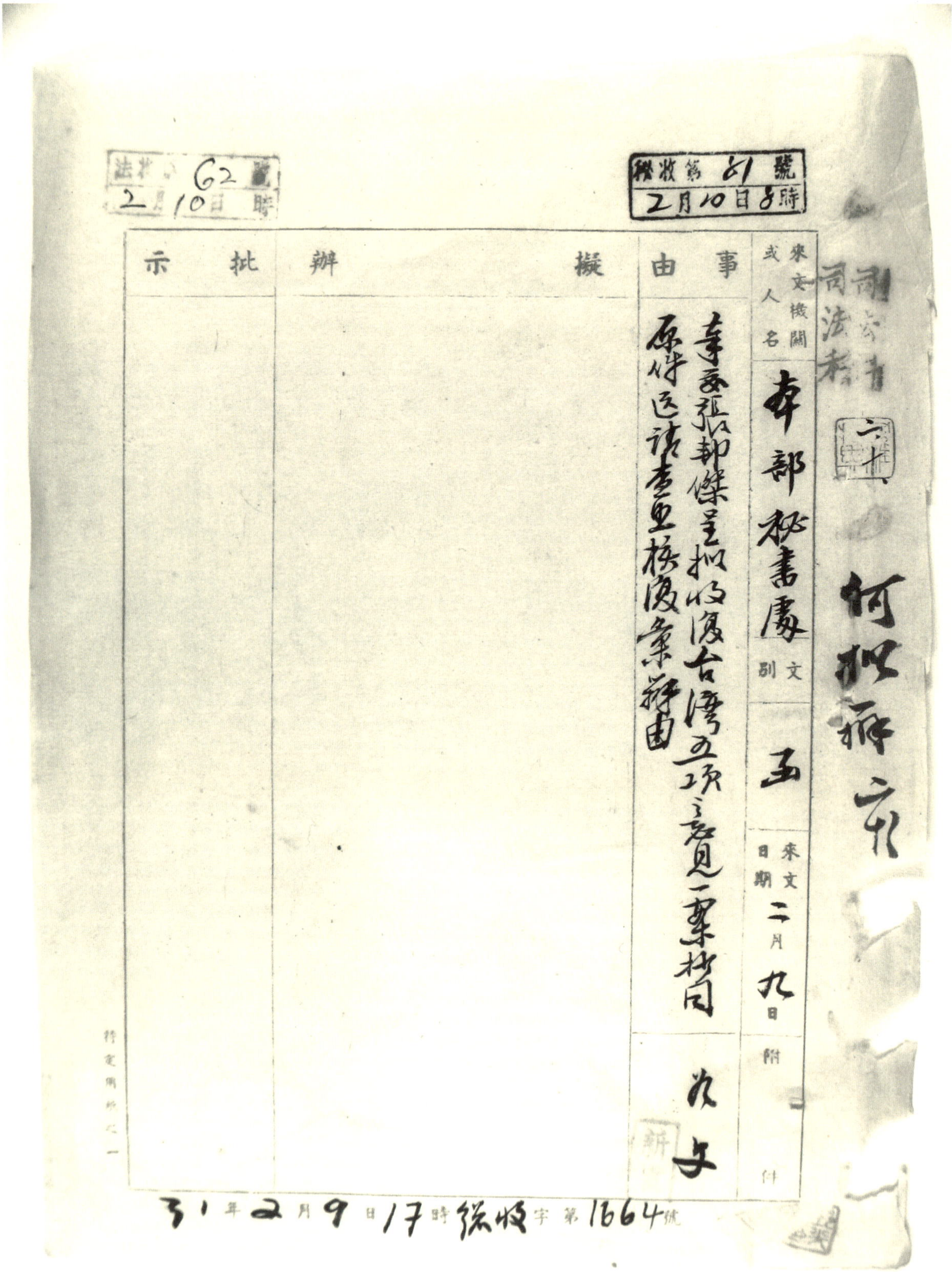

緝收第81號 2月10日5時

法規司 62號 2月10日 時

來文機關或人名	文別	來文日期	附件	事由	擬辦	批示
本部秘書處	函	二月九日	次文	奉交張邦傑呈擬收復台灣五項之意見一案抄同原件送請查照核復案辦由		

31年2月9日17時緝收字第1664號

财政部秘书处关于抄送张邦杰收复台湾五项意见请迅予核议给缉私处的函

一九四二年二月九日

渝秘乙字72號

奉

交下行政院秘書處三十三年一月二十九日渝機字第六五八二號通知單以張邦傑呈擬收復台灣五項意見一案奉

諭「交內政外交軍政財政四部核辦」等因，附抄原呈一件，通知到部。除分函外，相應抄同原件送請

貴處查照，希就主管事項迅予核議見復，以便彙辦爲荷。此致

僑秘處

附抄件一份

秘書處啓 二月九日

抄原呈

案據本會南方執行部主席張邦傑呈

「竊以台灣原屬我國所有，台灣民族即係中華民族，前被倭寇強橫佔領，則我政府應視為淪陷區域，力圖克復，但過去我國政府對台灣竟全不切視台胞如仇敵，似屬錯誤，尤其是地方當局對熱心台灣革命之志士及不願為順民而返國謀生之台灣義民加以敵視與殺害，更可痛心，如翁俊明一案，近年來犧牲者不知凡幾，然往者已矣，來者可追，亟盼我最高當局嗣後以設法糾正，本部為宣揚我國之德政與愛護台胞，以利策動台灣全民革命而收復台灣，故不揣冒昧，特陳下列數點，懇請　轉呈最高當局核准施行以慰國人

(一)懇請中央政府確定國策，以台灣為我國領土之一部，暨與其他失地一併收復

理由　查台灣為我海島，然對我國之國防上位居首要，將來國防建設必

以台湾及海南島為衛國要塞亦即我國海軍最重要之根據地倘台湾一日不收復則華南時刻有被敵人侵犯之虞蓋東三省為保護華北之門户同為重要故同應請我最高當局對台湾具決心收復並列入國策非復台湾抗戰決不停止以勵台湾革命志士之前進

(二)懇請中央政府公佈台湾為我國之一行省台湾人民即係中華民國之民並飭地方軍政當局對於台人之待遇一律平等不得歧視以示一視同仁

理由　查台湾現有住民六百萬衆除倭寇三十餘萬及台灣土著十餘萬外其餘五百三十萬人均係我大漢民族多於明末清初因不願受治異族隨鄭成功先生渡台並因經武以抗滿奴者又倭寇侵台当時亦經群起反抗嗣因無援而被征服可憐台胞即在敵人淫威之下忍受欺凌時盼我祖國拯救並非渠等敢意服敵還視德國希特勒對其日耳曼民族在任何地方之僑居無論多寡均予以全力之保護甚至

族多於他族者必圖其統治權今台灣住民百分之九十以上為我中華民族且屬我國行省之一故对台灣必須恢復為我國之一省台灣同胞即應認為我國國民務懇轉請最高當局核准公佈以慰台胞之欲望

(三)懇請中央政府准予通飭地方政府將過去所有拘禁或殺害之台灣同胞開釋或交由本會執行部分别具領以安良善

理由

查我國抗戰以来地方當局对於台灣同胞不分皂白均予拘禁或殺害僅福建一省現向拘禁於崇安者不下數百人此輩實係純良之義民在抗戰初起敵領事三迫令台人返台但渠已飽受敵人之虐待与敵剝早具不欲為順民之決心既已脫出虎口重見青天何肯再為人間地獄故多避内地以安生業然地方當局不察均予拘禁甚至殺害視同仇敵此種處置其實陷入敵人離間政策之圈套增其宣傳之口實殊对台灣革命大有阻碍故懇請我中央當局准予通飭各地方政府將拘禁

之良善台灣同胞予以開釋，或交由本會執行部就近具領以示愛護，庶免被敵藉口宣傳。

（四）懇請中央政府准予通飭地方軍政當局將過去所有沒收之台灣同胞之產業悉數歸還，或交由本會執行部就近接管，以安生業。

理由

前項業已申明台灣同胞亦係中華民國之民，是即一切待遇自應予以平等，尤其是返國建業之台胞均係不甘對敵人而不願受治之義民或革命志士，對其生命財產尤宜妥為保護，但抗戰軍興地方軍政當局不辨是非，均將所有台胞產業盡行沒收，以致留國台胞無從安業，大都流離顛沛，生活極形痛苦，率多返國台胞意志均極堅強，益受地方政府之虐待與歧視，仍努力協助抗建工作，冀祖國早日勝利以救全部台胞于水火，惟政府此舉僅增管理人之私囊及敵人宣傳材料，政府有何所得，如福建所沒收之台胞林長場經省當局派員管

理因不得其法荒蕪不堪收入幾何甚至入不敷出故應請我中央当
局从予全部地方当局将所有没收台湾同胞之产業悉數交由本
會執行部就近接管轉還各該業主倘業主不在所者由本會保管
其收入作為本会事業費於政府收入無損且可表現一視同仁並可
援助台湾革命之進展一舉數得何樂不為

(五)恳請中央当局切实援助本會加强台湾革命力量

理由 本會為集中一切台湾革命力量打倒倭寇侵略主義收復台湾為
祖國協力建設三民主義新中國但過去一般同志極盡艱辛苦幹
不顧犧牲一切以期達到目的然因孤島無援力量單薄自覺不敵
強寇是以選派代表徽請系統政府当局援助均未有切实办法故念
年来之台湾革命隱力迄今未敢发动現太平洋戰事已起
台湾革命正應加緊擴展其行動以搗乱敵人後方並準備發

動殲敵而收復失土惟一切援及接濟必須祖國供應庶事可成故應請求國中樞對於本會事業之必須經濟予以切實之援助並及時接濟軍火與兵力以便內外夾攻則台灣收復可期

以上五点有關抗建及台灣革命大業爰特懇請分別轉呈中央黨政軍當局鑒核施行

等情據此查所陳各節事關台灣革命前途至極重要據呈前情理合具文轉恳

鈞長鑒核施行並請准將閩粵桂各省拘禁之良善台胞及沒收台胞之產業交由本會南方執行部就近具領接管其江浙贛等省即交由本會北方執行部就近管理如何之處伏乞核令祇遵

謹呈

行政院

台灣革命同盟會中央執行委員會主席團主席張邦傑

渝秘 三十一年二月十二日收 0077號 0724

事由：為張邦傑呈擬收復台灣五項意見一案請
貴部召開會議以便早日核覆由

擬辦

批示

附件

外交部公函

中華民國

查張邦傑呈擬收復台灣五項意見一案，本部曾接准行政院秘書處渝機字第六五八二號通知一件，內開：「該案奉 院長諭交內政外交軍政財政四部核復」等因，可否由
貴部召開會議討論一切，俾便早日呈復，以免延誤，特此函達，即希

收文　字第　號

5079

外交部关于张邦杰收复台湾五项意见案给内政部的函　　一九四二年二月十日

查照見覆為荷

此致

内政部

校對鄧初東

監印李鍾蔚

307 (23.5x16cm)

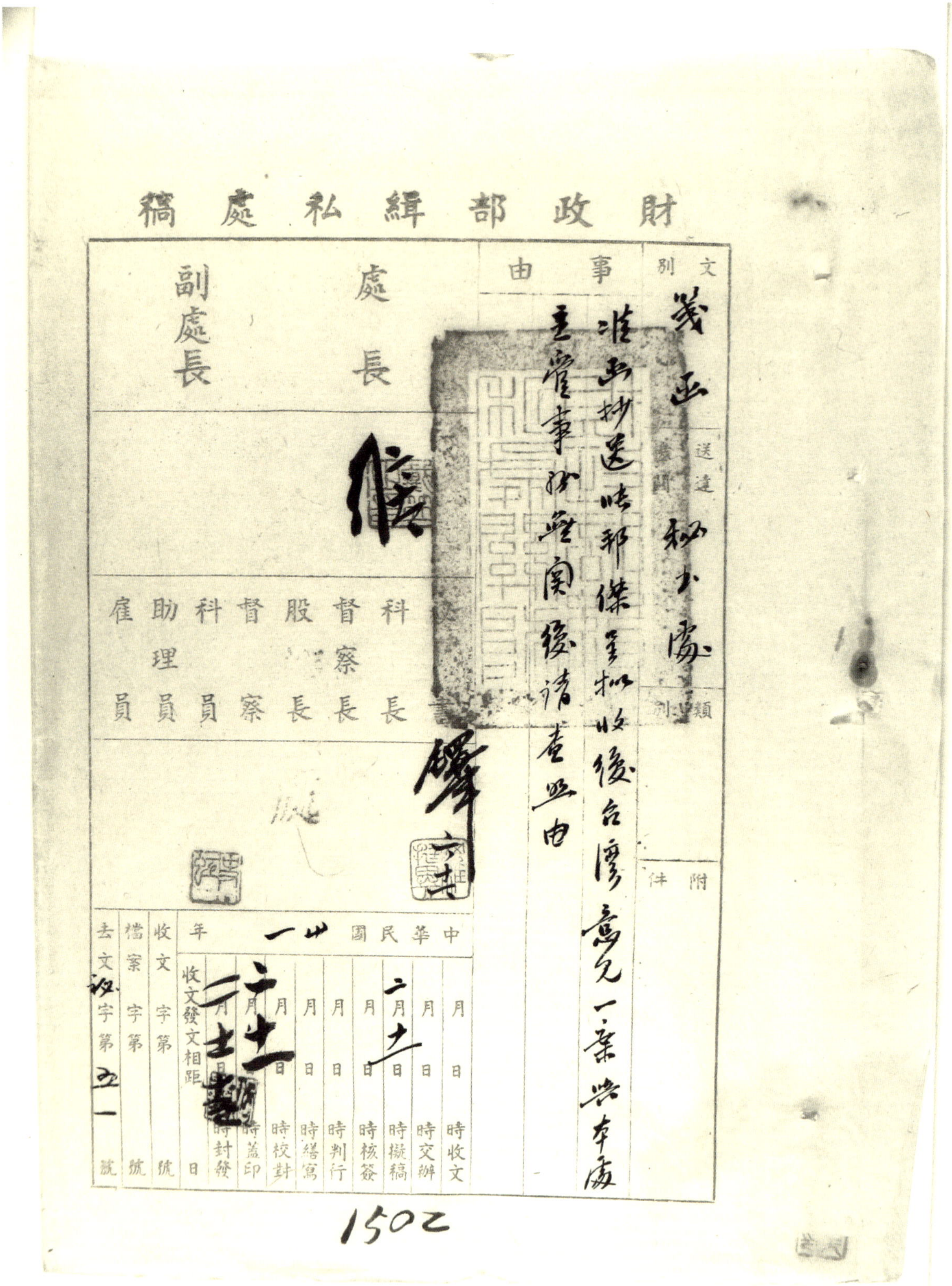
財政部緝私處稿

文別	箋函
送達	秘書處
事由	准函抄送張邦傑呈擬收復台灣意見一案與本處主管事務無關復請查照由
處長	
副處長	
科長 督察長 股長 督察 科員 助理員 雇員	
附件	

中華民國卅一年二月十一日

去文緝字第五一號

1502

财政部缉私处关于张邦杰所呈收复台湾五项意见与本处主管事务无关给秘书处的函

一九四二年二月十一日

箋函

准

貴處本月九日滬秘乙字第72号函抄送林邦傑
呈擬收復台灣五項意見一案據稱主管事項
限于核議是否等由查原案所陳意見事關國
策與本處主管事務尚無關係未便核議
相應復請
查照為荷此致
秘書處

處機啓 二十八

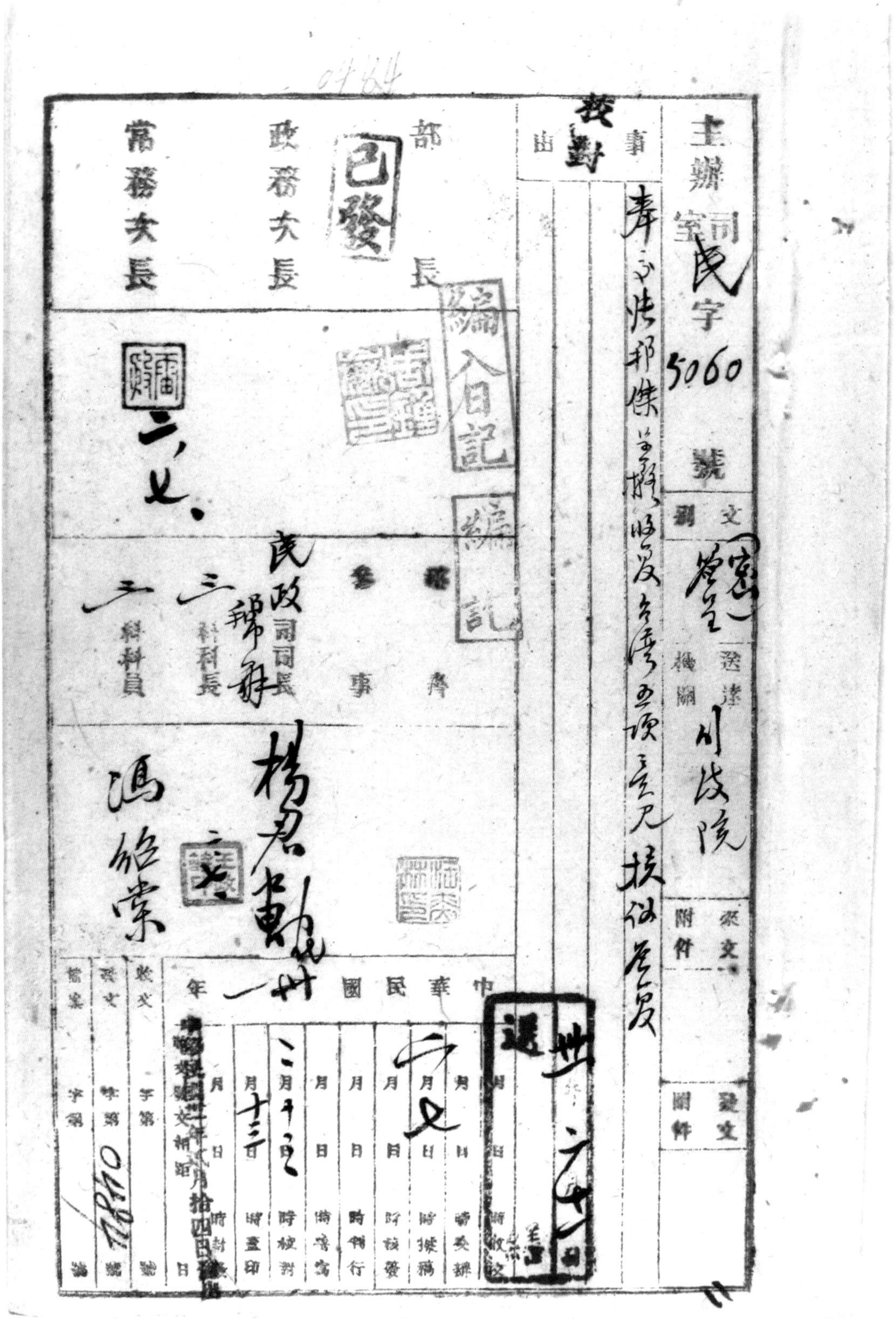
主辦 司 民字 5060 號
事由 奉交張邦傑等擬收復台湾五项意見核似签复
文別 签呈
送達機關 行政院
部長
政務次長
常務次長
已發
編入日記
民政司司長
科長
科員
中華民國 卅一 年

内政部关于张邦杰收复台湾五项意见案给行政院的签呈　　一九四二年二月十四日

内政部簽呈

案准

鈞院秘書處三十一年元月廿九日渝機字第六五八二號通知單、據張邦傑呈擬收復台灣五項意見一案，奉

院長諭："交內政、外交、軍政、財政四部核復"等因，抄送原呈一件過部。查收復台灣係為我國抗戰目標之一，原呈所擬收復台灣五項意見，自係為團結抗戰力量、策動台民

內附起見。惟台灣淪陷已數十年，且地勢遠隔重洋，孤懸海外，現在我軍尚未達到收復該地階段，所請實際為行有否(?)，且目前抗戰局勢上是否需要，應請

鈞院核奪。至稱進入內地台胞多被地方當局拘禁或殺害，並沒收留(?)國台胞產業，請予釋(?)放發還各節，擬請

鈞院分飭閩粵桂江浙贛等省詳細查明是否具復，由部核辦。奉示前因，所擬是否有當，理合簽呈

鑒核祗遵。

行政院

傳觀蓋章

中華民國　　年　　月　　日

繕寫　何

校對　曾訓

監印　印段貢元

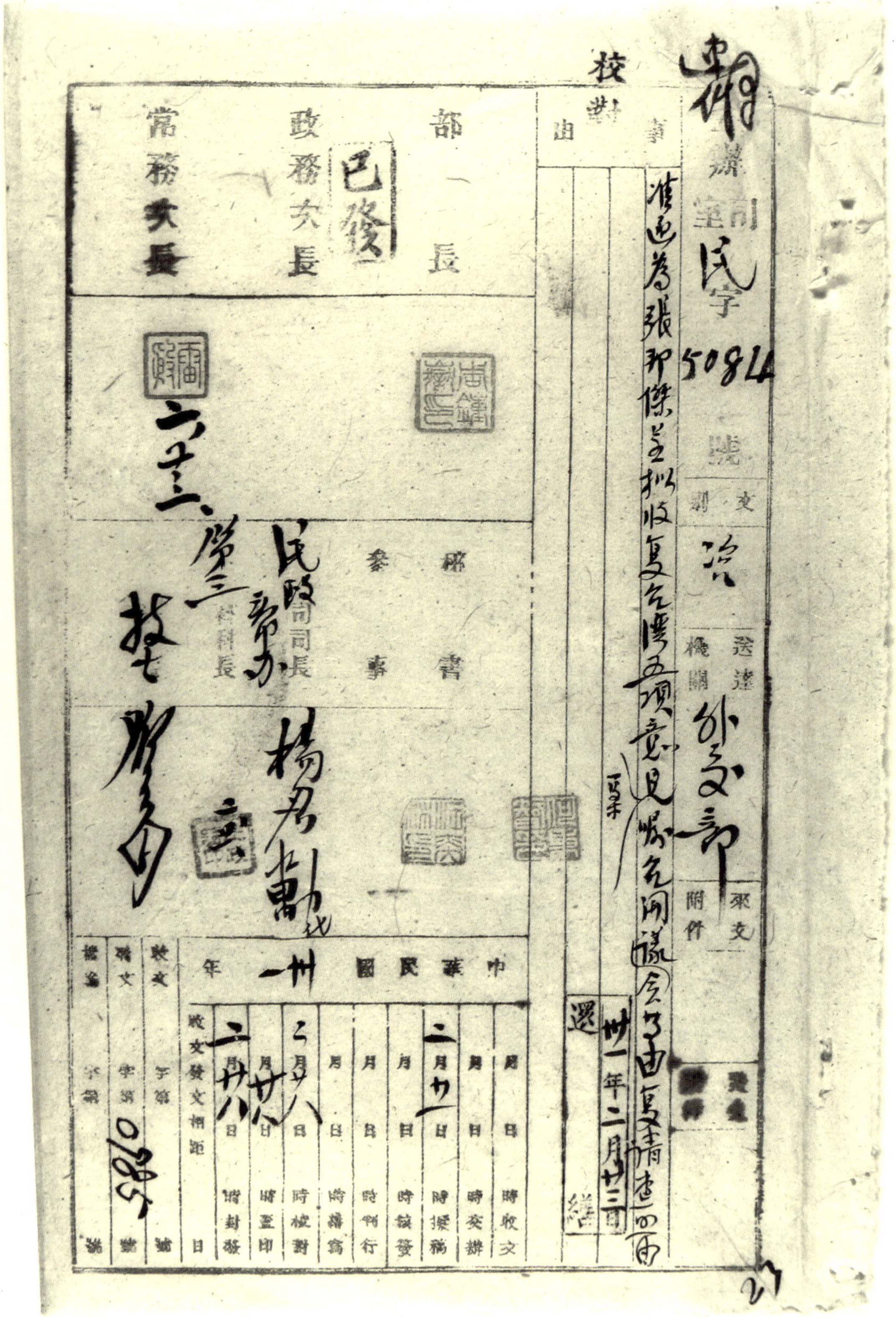
民字5084號

文別：咨

送達機關：外交部

事由：准函為張邦傑呈擬收復台灣五項意見……

卅一年二月廿三日

部長 政務次長 常務次長

中華民國卅一年

内政部关于张邦杰收复台湾五项意见案给外交部的咨　　一九四二年二月二十八日

調簽文張
邦傑呈擬收復
台灣五項意見
卷抄

内政部咨

案准

貴部卅年十一月十日東31字第670號公函爲張邦傑呈

擬收復台灣之五項意見一案囑台閲會議以憑核復

等由准此查本案前准行政院秘書處通知到

部本部當以「查收復台灣應爲我國抗戰目標之

一（該部擬呈）再行核辦」等語呈復

行政院鑒核在案准函前由相應復請

速覆為要此咨

外務部

傳觀蓋章

中華民國　　年　　月　　日

繕寫　劉拯孫

校對　武戈

監印　段貢元

渝民三十一年三月七日收二三七一號

民5127

事由：為張邦傑呈擬收復台灣五項意見一案本部已擬具審查意見呈復行政院鑒核特函達查照由

擬辦：呈閱後擬存 三、七

批示：

附件：

中華民國卅一年三月初十日收到

5115

外交部公函

東11字第110號

中華民國三十一年三月六日

頃准三十一年二月二十八日
貴部渝民字第九八五號大咨，以張邦傑呈擬收復台灣五項意見一案業已呈復
行政院鑒核在案等由，准此。本部當以："查我政府對於韓台琉僑，適用「韓台琉僑登記暫行辦法」，除有危害我國之行動者外，並未以敵僑視之。茲謹就原呈

收文　字第　號

外交部关于张邦杰收复台湾五项意见案给内政部的函　　一九四二年三月六日

涉及外交關係之第一項擬具審查意見如左：

(一)台灣原屬我國領土，且其居民十之八九均係漢族，故抗戰勝利後，我國似可引用第一次歐戰後法國收復阿爾薩斯羅倫之先例，要求日本返還之，但為避免他國無謂之疑慮起見，此時似不宜對外宣布。

(二)台灣不僅為日本侵我華中華南之基地，且係敵實施其南進政策之重要據點，故我國如可能收復台灣，對於確保太平洋乃至全世界之和平與安全，亦有莫大之裨益，我國似可以此為理由，于將來世界和平會議席上，請各友邦對我此項正當之要求，予以積極之支持。

等語，呈復

行政院鑒核矣。相應函達，即希

查照為荷

307（23.5x16cm）

此致

内政部

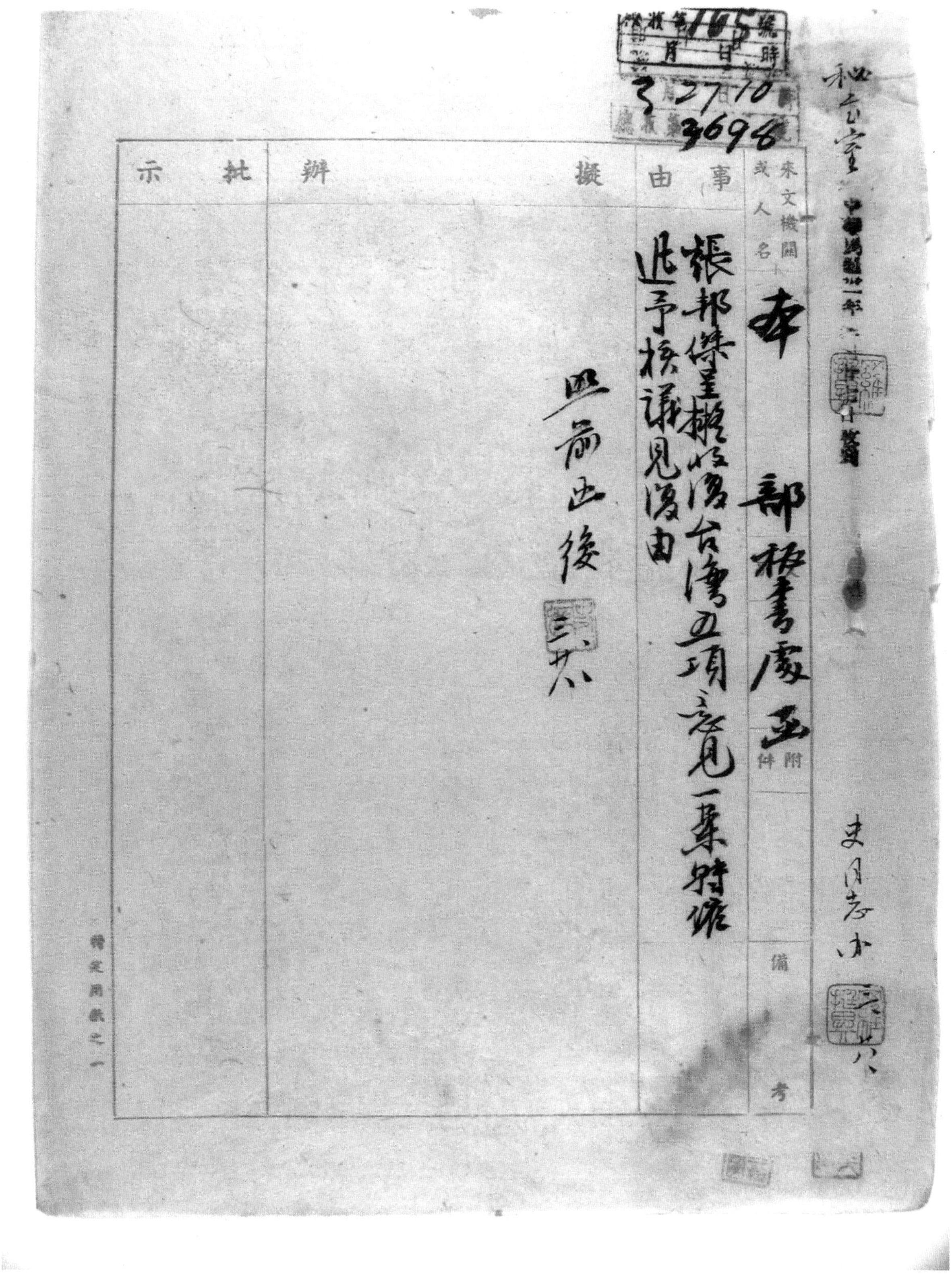

财政部秘书处关于催办张邦杰收复台湾五项意见给缉私处的函　　一九四二年三月二十八日

查張邦傑呈擬收復台灣五項意見一案前於二月
九日以渝秘乙字第七二號函達
查照核議在案迄今逾月未准見復頃奉 行政院
秘書處函催前來即希
貴處迅予核議見復以便彙辦爲荷此致
撣松處

秘書處啓 三月廿六日

侍從室用箋之十一

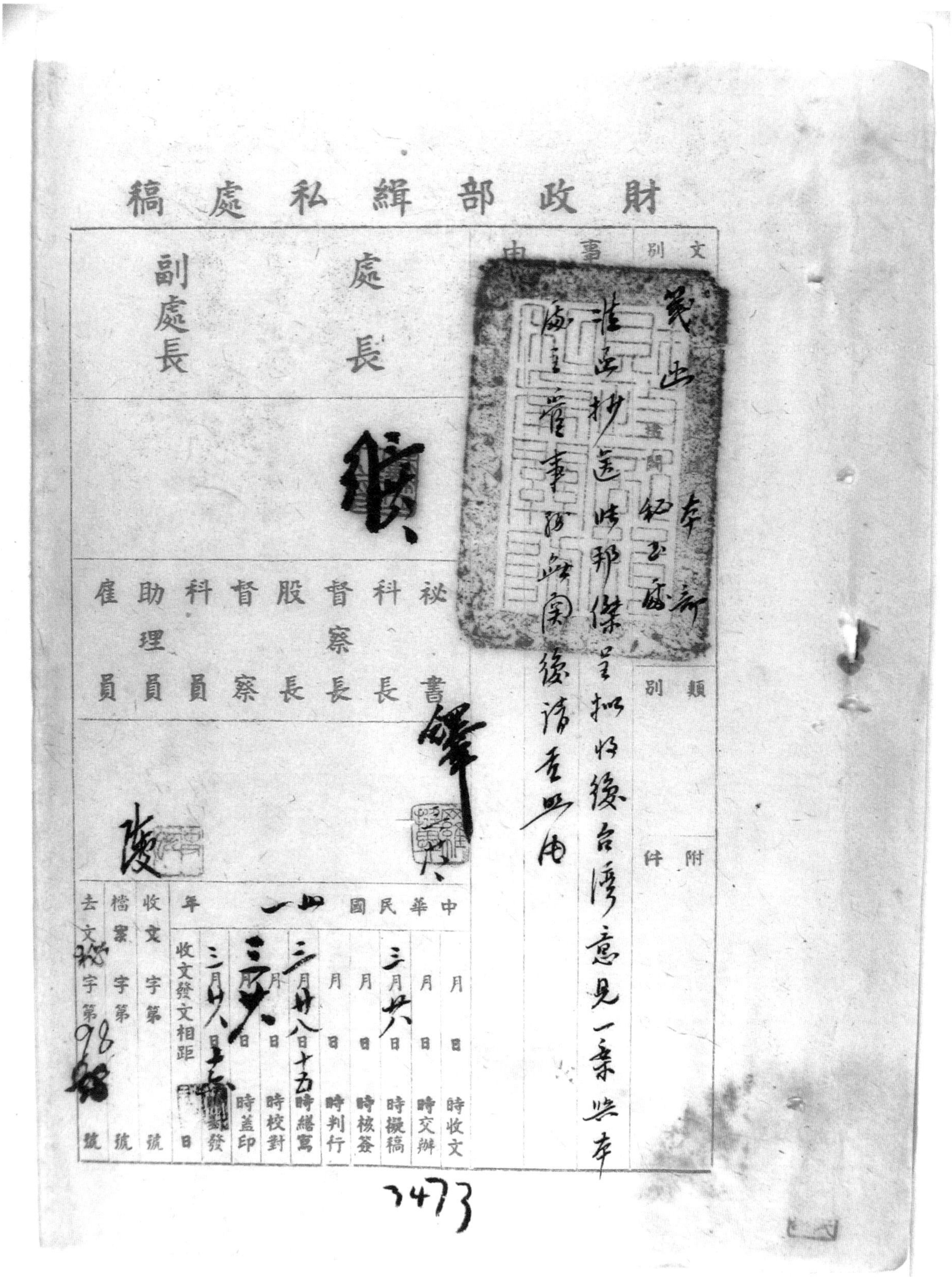

财政部緝私處稿

文别：箋函

事由：秘書處 准函抄送張邦傑呈擬收復台灣意見一案與本處主管事務無關復請查照

處長 副處長

秘書 科長 督察長 股長 督察 科員 助理員 雇員

中華民國 三一 年 三月廿八日收文 三月廿八日擬稿 三月廿八日繕寫 三月廿八日發

去文秘字第98號

3473

财政部缉私处关于再复张邦杰收复台湾五项意见与本处主管事务无关给秘书处的函

一九四二年三月二十八日

箋函

案准

貴處三月廿日函以關於張邦傑呈擬收復台灣五項意見一案業經逾月囑迅予核議見復等由查原案所陳意見事關國策與本處主管事務尚無關涉未便核議前經二月十七日以渝秘字第五一號函復

貴處在案准函前由相應函復即請

查照爲荷此致

秘書處

處職啟 三廿八

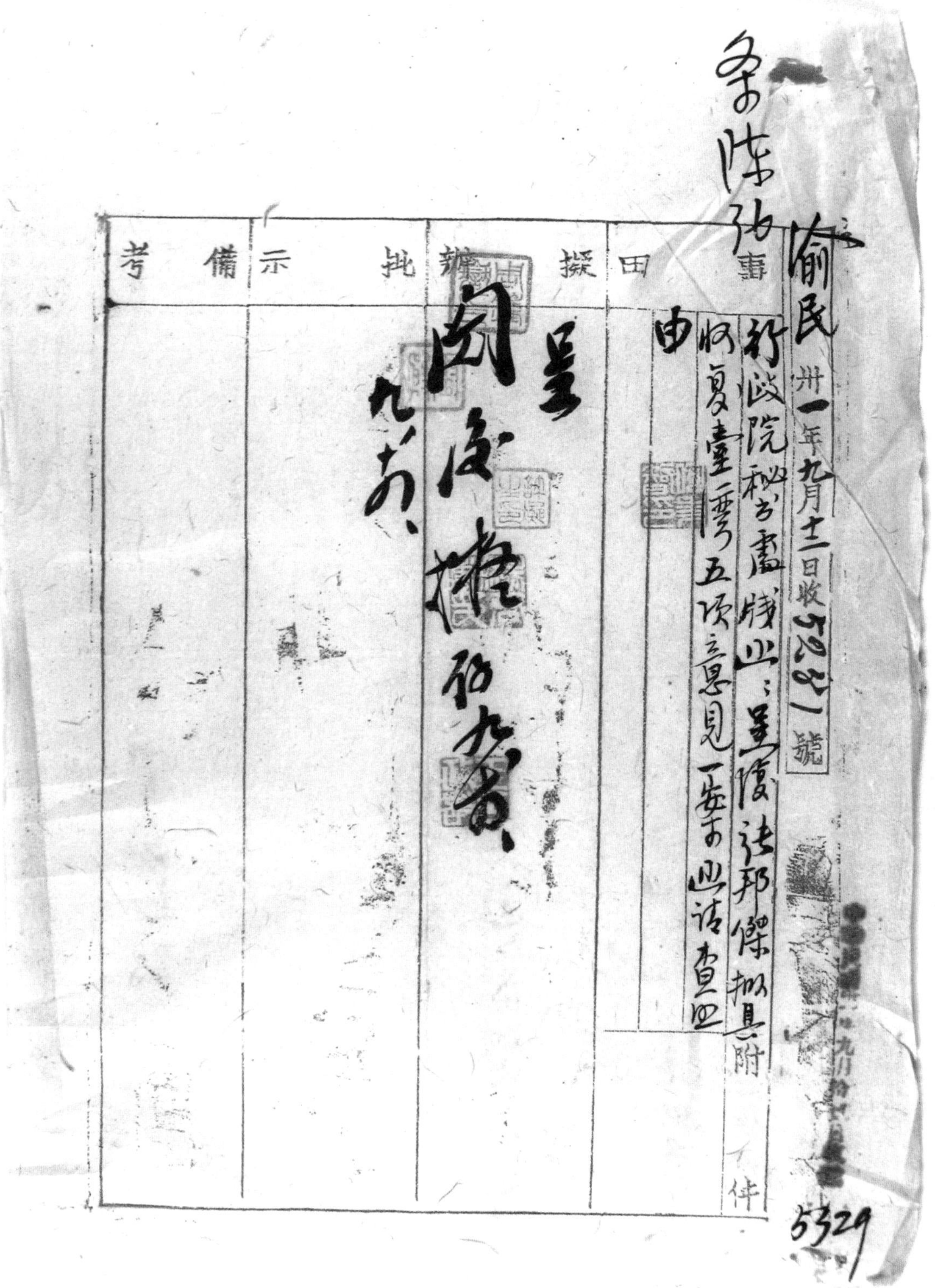
事由　渝民 卅一年九月十二日收 5281 號
行政院秘書處箋函：呈復張邦傑擬具收復臺灣五項意見一案函請查照由
附件
擬辦
批示
備考
5329

行政院秘书处关于张邦杰收复台湾五项意见案给内政部的笺函　一九四二年九月十日

文民政司 收文 7805 號

貴部本年十月十四日渝民字第[illegible]號呈悉。請轉邱琮其收復臺灣之五項意見一案，查該意見第一、二兩項經由院函請國防最高委員會秘書廳轉陳奉

批：核議。第三、四兩項已令行福建、廣東、江西三省政府查照。第五項已函請中央組織部查核辦理。相應函達

查照。此致

內政部

行政院秘書長陳儀

（印：國民政府行政院秘書處）

中華民國卅一年十二月拾日

國民政府行政院秘書處牋

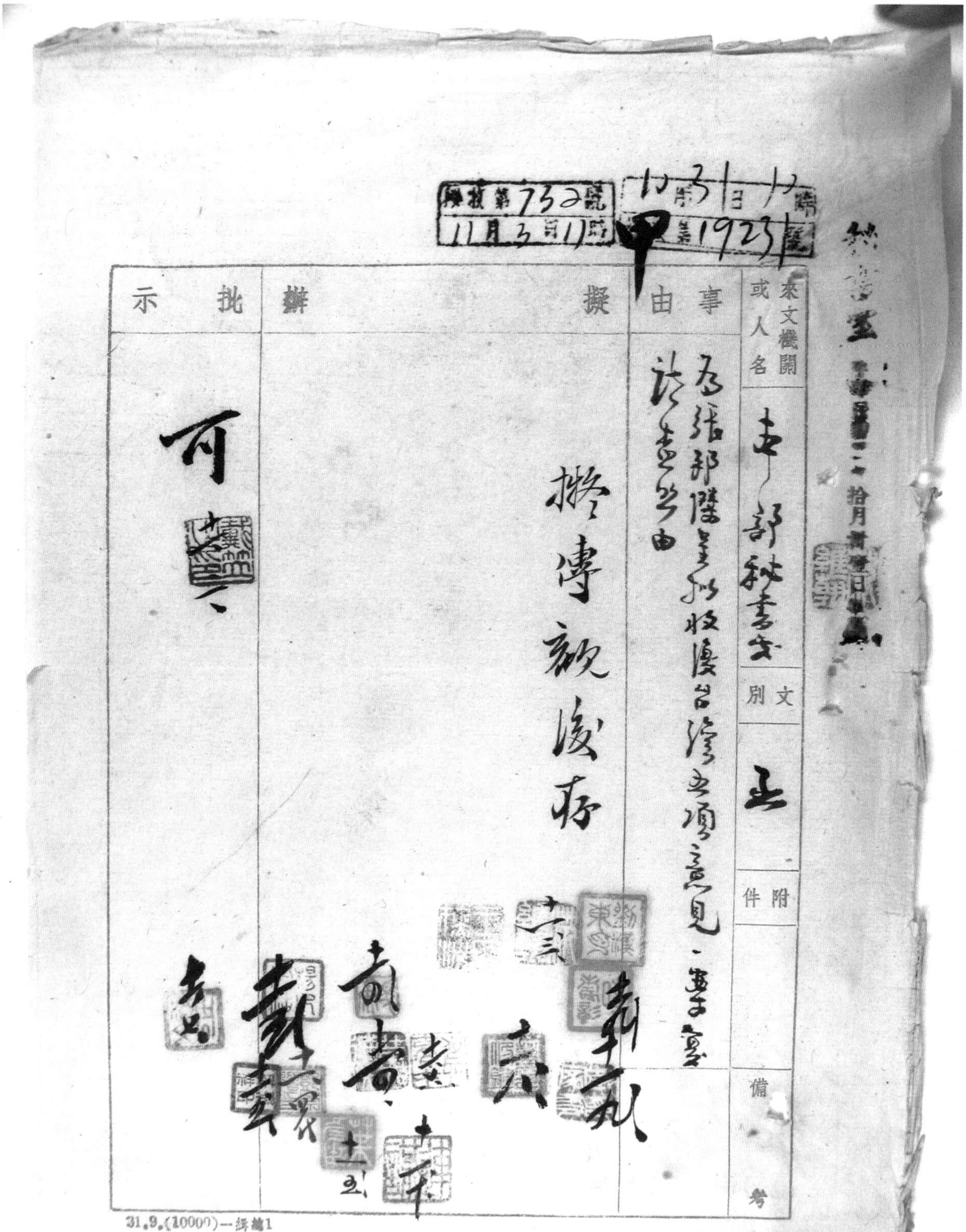

緝核第732號 11月3日11時

10月31日17時 甲 第1923號

來文機關或人名	事由	擬辦	批示
本部秘書處	為張邦傑呈擬收復台灣五項意見一案請查照由	擬傳觀後存	可
文別：函			
附件			
備考			

31.9.(10000)—緝總1

财政部秘书处关于请查照张邦杰收复台湾五项意见办理情形给缉私处的函

一九四二年十月三十日

渝稿甲三字676號

案查前准行政院秘書處卅一年一月廿九日渝机字第六五八二號通知單，以張邦傑呈擬收復台灣五項意見一案，奉諭，交內政、外交、軍政、財政四部核復。當因附抄原呈一件，函知劉部，轉交下處，經函准各有關單位核復意見，以部文呈復在卷，茲准行政院秘書處函，以本案第一、二兩項經由院函請國防最高委員會秘書廳轉陳奉批，交議。第三、四兩項已分行福建、廣東、江西三省政府查復。第五項已函請中央組織部查核辦理，轉准函復查照等由，相應函復，即請查照。為荷！此致

張秘書

秘書處啟 十月卅日

行政院、秘书处、内政部关于谢南光筹设台湾省政府的意见的通知单、呈

一九四三年十二月—一九四四年二月

渝民 二十三

行政院秘書處通知單：為謝南光呈請籌設台灣省政府一案通知查照由

行政院秘书处关于交办谢南光呈请筹设台湾省政府议案给内政部的通知单（附：谢南光呈及台湾省政府筹备设立纲要）

一九四三年十二月二十九日

行政院文議案件通知單

案由	謝南光呈請籌設臺灣省政府案
附件	抄送原呈兩件及附件

右案奉

院長諭：「交內政外交兩部核議具復」除分行外

相應通知

內政部

行政院秘書長

中華民國卅二年十二月　日發參（內）字第二四七六一號

中華民國卅二年十二月廿九日發出

為臺灣革命同盟會原呈

竊自祖國抗戰軍興，臺灣革命日趨強烈，其中心思想，無非為求歸宗祖國，恢復自由，此為世人所公認。至於台灣得失之重要，吾人為鈞座所關垂。同仁等爰於參預臨全代表大會以及中國之命運所指示各點，集合本盛會恰至光復國土，惟革命之重責至為艱鉅，而領導之機構尤須顯明，始克號令台胞激勵同志，故台灣省政府之設立，實為時勢之需求。本會有鑒於此，是以一再呼籲設立台灣省政府，其主要意義有四：(一)可表示祖國收復台灣之決心；(二)可振奮台人內向

行政院

之精神(三)可以準備戰後復員工作(四)可正確列強之觀
感並藉外交上既成事實之論據此外如研究台灣行
政教育之實施與夫決定台灣各種建設之方案等事
在在需此政府之設立無如中樞輒以時機未至猶豫不
以致其美有共黨之謬論台民無適從之苦現本會工作
亦受其大之打擊于現戰爭已入決定階段倭寇之敗亡已
無庸議且盟國空軍已向台灣開始轟炸暴寇惶惶不
安台人反日尤殷若於此時毅然設立台灣省政府實屬
適時適切之良圖當茲本會各方代表集體都刷新工作
團結一致之時理合再申前請伏懇

10

呈[illegible]为[illegible]台湾省政府以制宪[illegible]大会召开在即敬请

鉴核示遵

[illegible]

行政院

抄黄朝琴等本同意全文

窃自甲午之战台湾割让中国近代外交史上
大失败不惟中国民族致而人类于敌人铁蹄下之六百万台湾
同胞备受压迫与奴化台湾沦陷将近五十年其
行政组织及教育文化经济建设等等均异我国本土一旦收
复务须改弦更张事事维新始能使此孤岛一变而为三民主
义之新台湾然行政建设非此条事破坏倘未能妥筹新
周到切实之计划则实难臻善且台湾环境特殊对于治理台
湾尤须有特别之设施如台湾既已为日本工业基地将来必
须以发展或保持台湾工业为其长又如台湾文化因被侵

行政院

行政院

復略亦已變質，必須設法使其還本歸業。又如現在各機關服務之台人大都僅知日文而鮮解漢文者，對于此項人員之補習亦係重要問題。其餘如治理生番、處理番務等，皆屬重要政務。為使台灣收復後各項政令得以順利推行起見，擬請先行設立台灣省政府籌備處，以便研究計劃台灣各種行政設施，並準備光復後之復員工作，亦可為開羅會議後中國決心收復台灣之表示，而免國際上復有閒評謬論。是否可行，理合擬送台灣省政府籌備處組織綱要及工作計劃書、預算表各二份，隨文呈請

鑒核示遵。

台灣省政府籌備處設立綱要

(甲)籌備處之任務

設立本籌備處之目的在於準備台灣收復後依中國政制，設省治以建設三民主義新台灣，以期順利推進光復工作，及光復後之復員與復興計劃。依此目的規定本籌備處之任務如左：

(一)策劃台灣行政人員協助光復工作，阻止敵人戰敗臨走時之破壞全台各種設施，以資將來之復員與復興。

(二)秉承中央意旨搜集民財建教各種設施資料，草擬實施各衛全盤計劃，決定復員計劃及復興計劃

之實施辦法、

（三）訓練行政人員及各種高級技術人員、準備將來隨軍接收並處理復員事宜、

（四）其他中央交辦事項

（乙）籌備處之組織

本籌備處之組織、力求簡單靈活、而富於彈性、以便隨時應變、本處暫設重慶、待籌備就緒後、即移沿海適宜地點、其要點如左、

（一）本處設主任一人、籌備委員五人、下設秘書室、置秘書一人、科員三人、及辦事員五人、書記三人、

13

(二)本處設設計委員會除籌備委員為當然委員外由民財建教有關機關聘任兼任委員五人至七人組織之

本委員會以設計復員計劃及復興計劃並草擬其實施辦法為其職責

(三)本處設台灣行政幹部訓練班以訓練各級行政幹部及技術幹部

(甲)初級及中級行政幹部之訓練在福建省訓練團添設專班訓練由本處派籌備員參加主持之

(乙)高級行政幹部由本處保送中央訓練機關訓練並

行政院

由本處派教官担任其特種科目之授課

（四）第一期訓練班完成後即在台灣北新竹台中台南高雄台東花蓮港及馬公各區設立辦事處開展光復工作準備復員事宜並在廣州廈門上海設連絡站以資連絡

編制表

一、台灣省政府籌備處編制表

職別	員額	備攷
主任	一人	
籌備委員	五人	

行政院

14

職別	人數	備考
設計委員	一一人	五社及籌備委員五人有關機關五人皆兼任
秘書	一人	
幹員	三人	
辦事員	五人	
書記	三人	
練習員工	三人	
總計	三二人	扣除兼職十一人外實數二十一人

註(1)訓練班教官由籌備委員兼任

二、地方辦事處編制表

地方別	定員	備攷

行政院

台北	五人	交通員在外
台中	三人	同右
台南	三人	同右
新竹	三人	同右
高雄	三人	同右
台東	一人	同右
澎湖	一人	同右
花蓮港	一人	同右
合計	二〇人	同右

福州第一期訓練班完成後組織之

15

(3)廣州厦門上海各運輸站各設工作人員三人交通員在内計需九人不列本表

16

台湾省政府筹備處三十三年工作計劃書

一、工作要綱

甲、草拟台湾復員計劃及其實施辦法

乙、草拟台湾復興計劃及其實施辦法

丙、筹備台湾島内秘密辦事處協助光復運動

丁、訓練行政幹部一百二十人技術幹部四十人

二、工作進度表

期别	進度	備攷
	(甲)復員計劃及其實施辦法	
	(1)行政復員計劃及其實施辦法	

9

第一期

(2)教育復員計劃及其實施辦法

(3)財政復員計劃及其實施辦法

(4)金融復員計劃及其實施辦法

(乙)訓練幹部

(1)準備地方行政幹部之訓練　地方行政幹部擬在福建訓練

(2)保送高級幹部之受訓

(3)登記行政人員

(丙)設立辦事處及連絡站

(1)設立台北州辦事處

(2)設立上海連絡站

第

(甲)復員計劃及其實施辦法

(1)糖業復員計剛及其實施辦法

(2)軍事工業復員計劃及其實施辦法

(3)民需工業復員計剛及其實施辦法

(4)農業復員計劃及其實施辦法

(5)礦業復員計劃及其實施辦法

(6)林業復員計劃及其實施辦法

二

(乙)訓練幹部

(1)訓練地方行政幹部一百二十人

(2)登記行政人員

期

(丙)設立辦事處及連絡站

(1)設立台南高雄辦事處

(2)設立廣州連絡站

(3)登記島內行政及技術人員

(甲)復員計劃及其實施辦法

(1)交通復員計劃及其實施辦法

(2)貿易復員計劃及其實施辦法

(3)善後行政計劃及其實施辦法

第

18

三期

(14)警政人員計劃及其實施辦法

(15)司法人員計劃及其實施辦法

(16)民意機構運用計劃及其實施辦法

(17)產業機構調整運用計劃及其實施辦法

(18)社會設施運用計劃及其實施辦法

(19)言論機關建設計劃及其實施辦法

(乙)訓練幹部　同第一期

(丙)設立辦事處及連絡站

(1)設立台中新竹兩辦事處

(2)登記島內行政及技術人員

(甲)復員計劃及其實施辦法

(1)土地復員計劃及其實施辦法

(2)人力復員計劃及其實施辦法

第

(3)綜合檢討復員計劃及其實施辦法

(乙)復興計劃

(1)擬定復興計劃綱

四

(2)審定新行政區域

(丙)訓練幹部

(1)開始[illegible]實施地方行政幹部訓練工作　地方行政幹部擬在福建[illegible]訓團訓練

訓練人員一百二十人

期			
(乙)僱進高級技術幹部四十人	(丁)設立辦事處及連絡站	(丁)設立台東澎湖花蓮港三辦事處	(乙)登記行政及技術人員

20.

台灣省政府籌備處經費預算

一、經常費（每月）

（甲）人事費 三七、一六〇元

（乙）辦公費 二〇、六〇〇元

合計 五七、七六〇元

二、臨時費（事業費）

（甲）辦事處經費（單位港元）

第一期 每月 五〇〇〇港元

第二期 每月 一一、八〇〇

第三期 每月 一一、六〇〇

第四期　每月　二五，七〇〇

(乙)連絡站經費(單位偽元)

第一期　每月　二九，〇〇〇　偽元

第二三四期　每月　四八，五〇〇　偽元

(丙)訓練費(單位國幣)

(1)依各訓區辦法擬發訓練費另案呈核

(2)隊員學員來回旅費另案呈核

(3)詳細辦法另案呈核

說明　(子)經常費係指籌備建設費而言

(丑)臨時費即事業費應按籌備之進度斟酌之發

21

表另案呈核

（寅）（甲）（乙）兩項工作均係秘密工作應提前準備

預算如目表

一 人事費

職別	定員	俸別	加俸	生活津貼	公費	統計
主任	一人	四六〇元	一、三八〇元	八〇〇元	六〇〇元	三、二四〇元
籌備委員	五	四三〇	一、二九〇	八〇〇	四〇〇	一四、六〇〇
設計委員	二				六〇〇	三、〇〇〇
秘書	一	三六〇	一、〇八〇	八〇〇	二〇〇	二、四四〇
科員	三	一六〇	四八〇	八〇〇	—	四、三二〇

辦事員	五	八〇	四〇〇	八〇〇	一	五、六〇〇
書記	三	五〇	一五〇	八〇〇	一	三、〇〇〇
練習員及	三	三〇	九〇	二〇〇	一	九六〇
總計	三二人					三七、一六〇

說明 (1)薪俸及工資二十一人共支四千零九十元

(2)公費十一人共支五千四六百九公費不包括車馬費

(3)戰時加俸及生活補貼共支二萬七千四百七十元

二、辦公費

經費科目	金額	備攷
房租費	五、〇〇〇元	五小間

水電費	二八〇〇（五個電燈 水三〇〇担）
文具費	五〇〇〇
郵電費	八〇〇
資料費	一〇〇〇
薪炭費	三〇〇〇
交通費	一〇〇〇
雜費	二〇〇〇
合計	一五六〇〇

三、事業費

（甲）辦事處及連絡站經費（每月）

(1) 辦事處經費概算

辦事處	吏員	薪俸	辦公費	交通費	合計
台北區	五人	一,五〇〇元	二,五〇〇元	一,〇〇〇元	五,〇〇〇元
新竹區	三	九〇〇	一,五〇〇	一,〇〇〇	三,四〇〇
台中區	三	九〇〇	一,五〇〇	一,〇〇〇	三,四〇〇
台南區	三	九〇〇	一,五〇〇	一,〇〇〇	三,四〇〇
高雄區	三	九〇〇	一,五〇〇	一,〇〇〇	三,四〇〇
台東區	一	三〇〇	五〇〇	五〇〇	二,三〇〇
花蓮港區	一	三〇〇	五〇〇	一,二〇〇	二,〇〇〇
澎湖區	一	三〇〇	五〇〇	二,〇〇〇	二,八〇〇

23

總計 二〇人 二三、七〇〇元

說明：(子) 計係每月以偽幣計之

(丑) 第一期成立台北區辦事處

第二期成立台南區及高雄區辦事處

第三期成立台中區及新竹區辦事處

第四期成立台東區花蓮港及澎湖區辦事處

(寅) 每期之經費如左

第一期 每月 五、〇〇〇 偽元

第二期 每月 一一、八〇〇 偽元

第三期 每月 一八、六〇〇 偽元

第四期 每月 二五、七〇〇偽元

（卯）旅費不包括在內

（巳）連絡經費概算（每月）

連絡站	定員	薪俸	交通費	辦公費	合計
廣州	三人	七、五〇〇元	二、〇〇〇元	三、〇〇〇元	一二、五〇〇元
厦門	三	七、五〇〇	一、〇〇〇	三、〇〇〇	一一、五〇〇
上海	三	七、五〇〇	六、〇〇〇	六、〇〇〇	一七、五〇〇
總計	九人				四一、五〇〇

說明：（子）計係單位以偽幣計之薪俸包括戰時津貼

（五）第一期成立上海站及厦門站。

第三期職工房津貼

（寅）每期之經費如左

第一期　每月　六九，〇〇〇偽元

第二期
第三期
第四期　每月　四八，五〇〇偽元

（乙）訓練費

（子）地方行政幹部訓練費由中央依省訓團辦法撥款訓練每期學員一百二十人訓練期間半年其辦法另案呈核

（丑）保送中央訓練機關受訓人員由中央津貼來回旅費。

莫如設立專校

(3)訓練期畢後台灣尚未收復時仍在受訓者份或由

中央指定地點服務藉得由該訓練機關酌減受訓

名額以示台灣人員以減輕訓練費

[illegible]

[illegible]

行政院

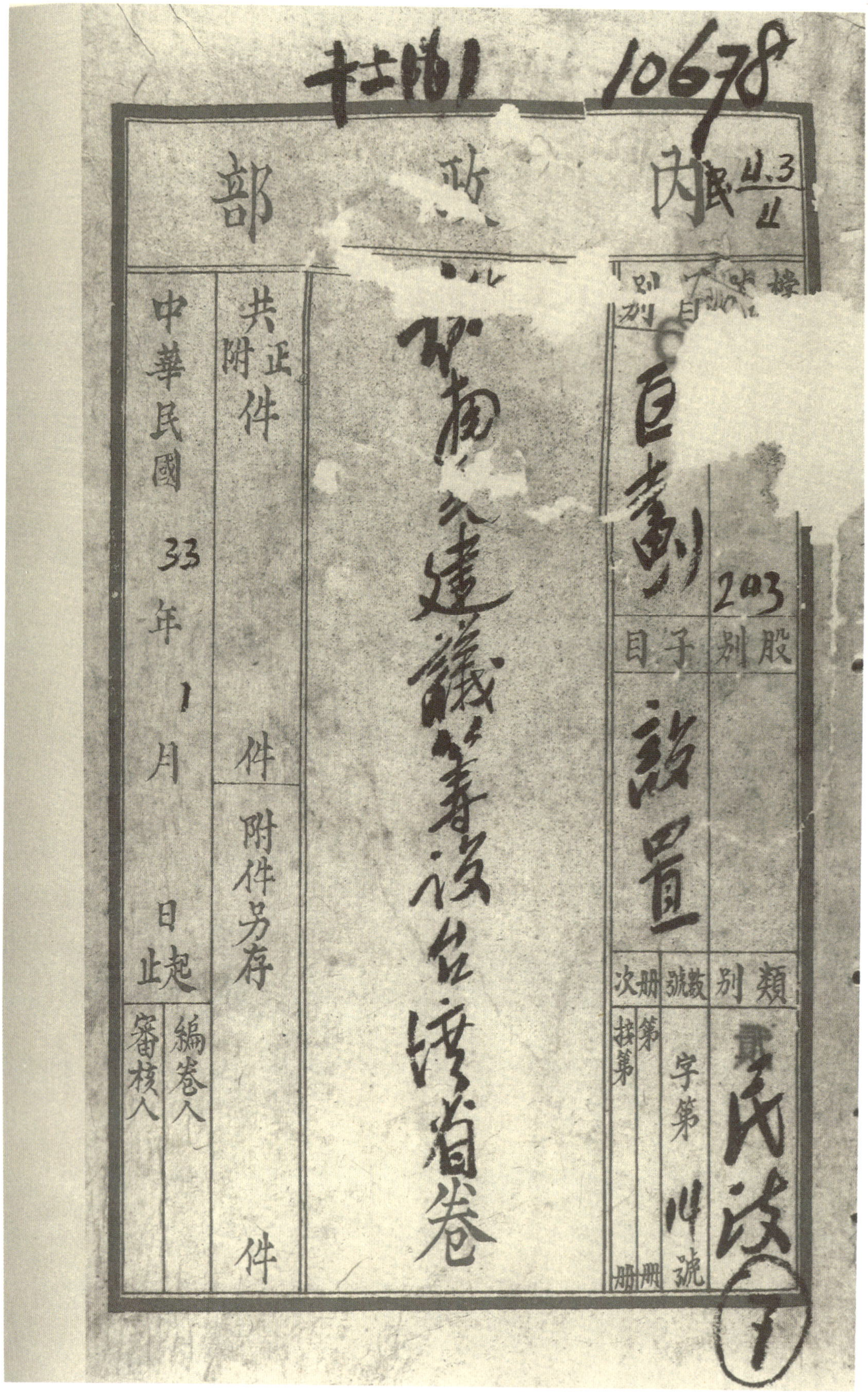

10678

内政部

民 4.3/4

區劃 203

股别 子目

設置

類別 民政

字第 14 號

謝南光建議籌設台灣省卷

中華民國 33 年 1 月 日 起止

共附件 正件 件

附件另存 件

編卷人

審核人

内政部关于议复谢南光建议筹设台湾省政府给行政院的呈　　一九四四年二月三日

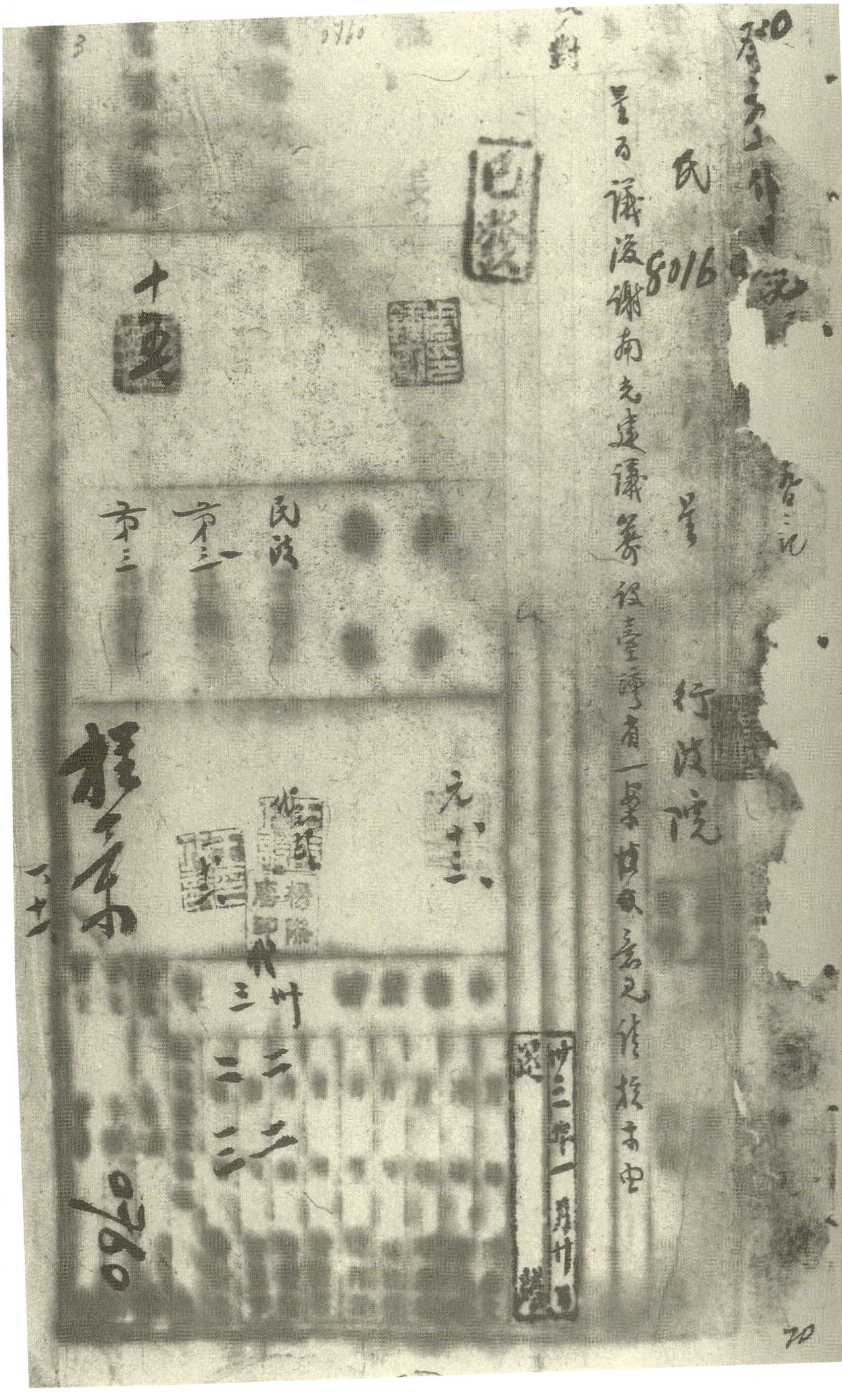

呈 行政院

民 8016

呈為議復謝南光建議籌設臺灣省一案陳述意見請 核示由

呈

鈞鑒

鈞院秘書處三十二年二月九日發字第六四七六一號通知單，開於謝南光呈請籌設臺灣省政府一案奉

諭：「交內政外交兩部核議具復」，抄送原件，通知到部。查臺灣島位於福建之東，中隔臺灣海峽，人口六百餘萬，面積一千四萬四千餘方

里，約與廣東海南島面積相埒，外人稱為中國之雙目。明季對於我國廣土之實際統治力猶薄弱，以致明末一度為荷蘭竊據三十餘年，迨鄭成功渡海驅逐荷蘭勢力，重入我國版圖。嗣歷前清康乾之世，猶銳意經營。中葉以後，國勢日衰，外患頻仍。中英鴉片之役，英法聯軍之役，中法安南之役，臺灣澎湖均遭英法砲艦轟擊，並屢封鎖。論其人口面積，在當時均不足建省條件，但以形勢重要，關係國防前衛，清政府乃加強管制，鞏固國防起見，乃於中法之役後，特設置行省，以資捍衛治理。迨至中日甲午之役，馬關條約簽訂，以臺灣割讓，遂淪敵手。此次開羅會議三國宣言，明示臺灣澎湖島歸還我國，現勝利在望，規復可於未雨綢繆，宜先籌劃。其形勢地位尤過曩日，以今衛昔，自宜收復後管制，仍以臺灣為名，一切應籌備事宜，擬請飭院先交中央設計局詳加研究。再澎湖列島、琉球群島之（開羅會議三國宣

要為升斛以免臨時周章

書號事列名琉球，可共保衛，實包含（琉球群島）在內，並另此

與臺灣（書畢）換四省法為前例，遷臺灣成立臺灣

省政府（世職書自收自由仲縮）藉資歸復，並策

劃統復政治事宜（如改用我國語言文字、國

幣制度及人民移殖、土礦蓄產、生番懷徠措

自治、選舉被選舉權等）似毋庸先行成立籌備委員會議

謝南光原呈所擬請在福建省設保僑團，設保

臺地方（行政）幹部人員，及在中央設保僑團，設保臺灣

高級幹部人員一員，尤屬切要，擬請
鈞院分別迅予辦理，俾便儲材備用。關於各項
擬俟臺灣省政府成立後移交參照辦理之前因
所議是否有當，理合備文呈請
鑒核示遵。謹呈
行政院

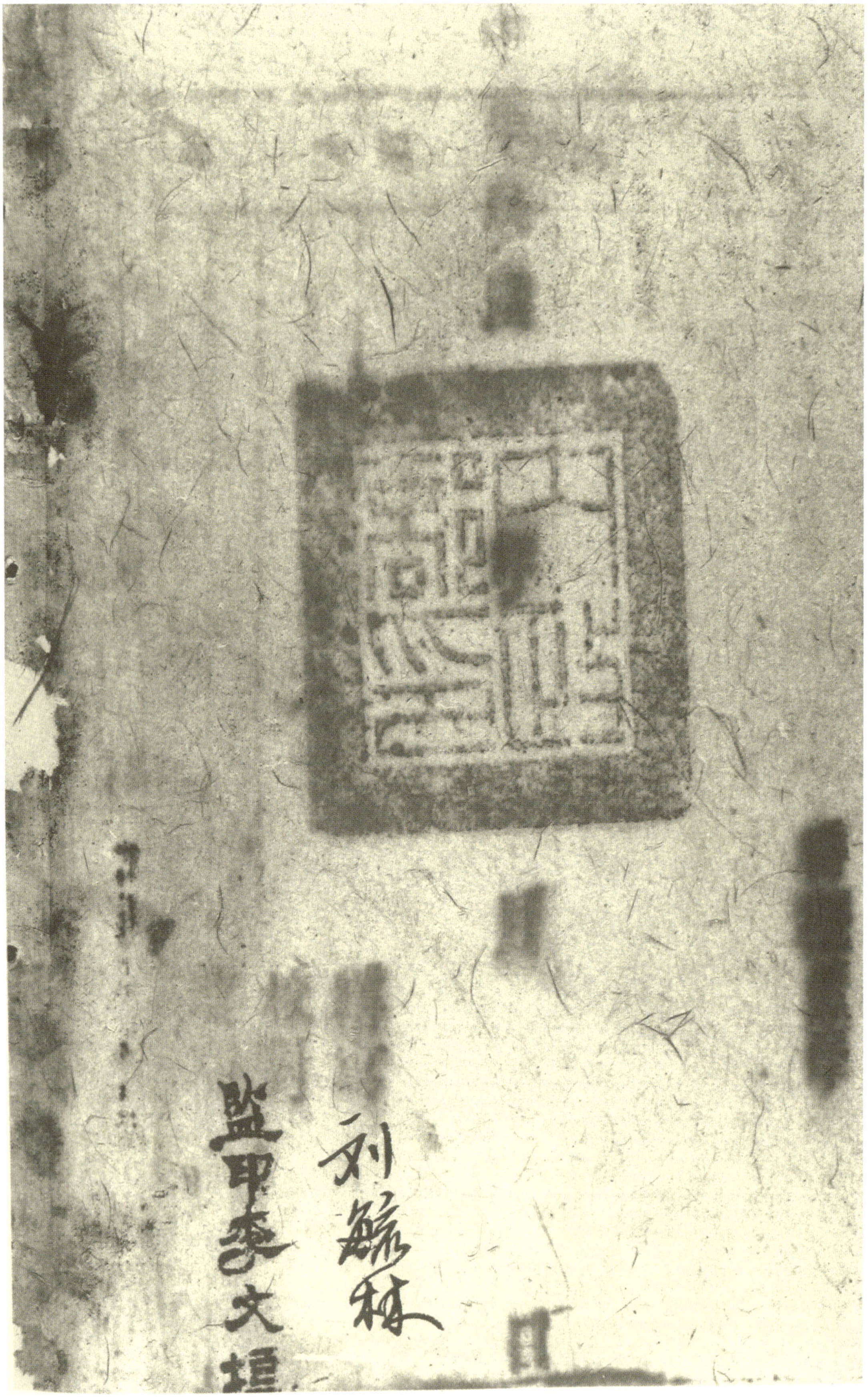
监印李文垣
刘毓林

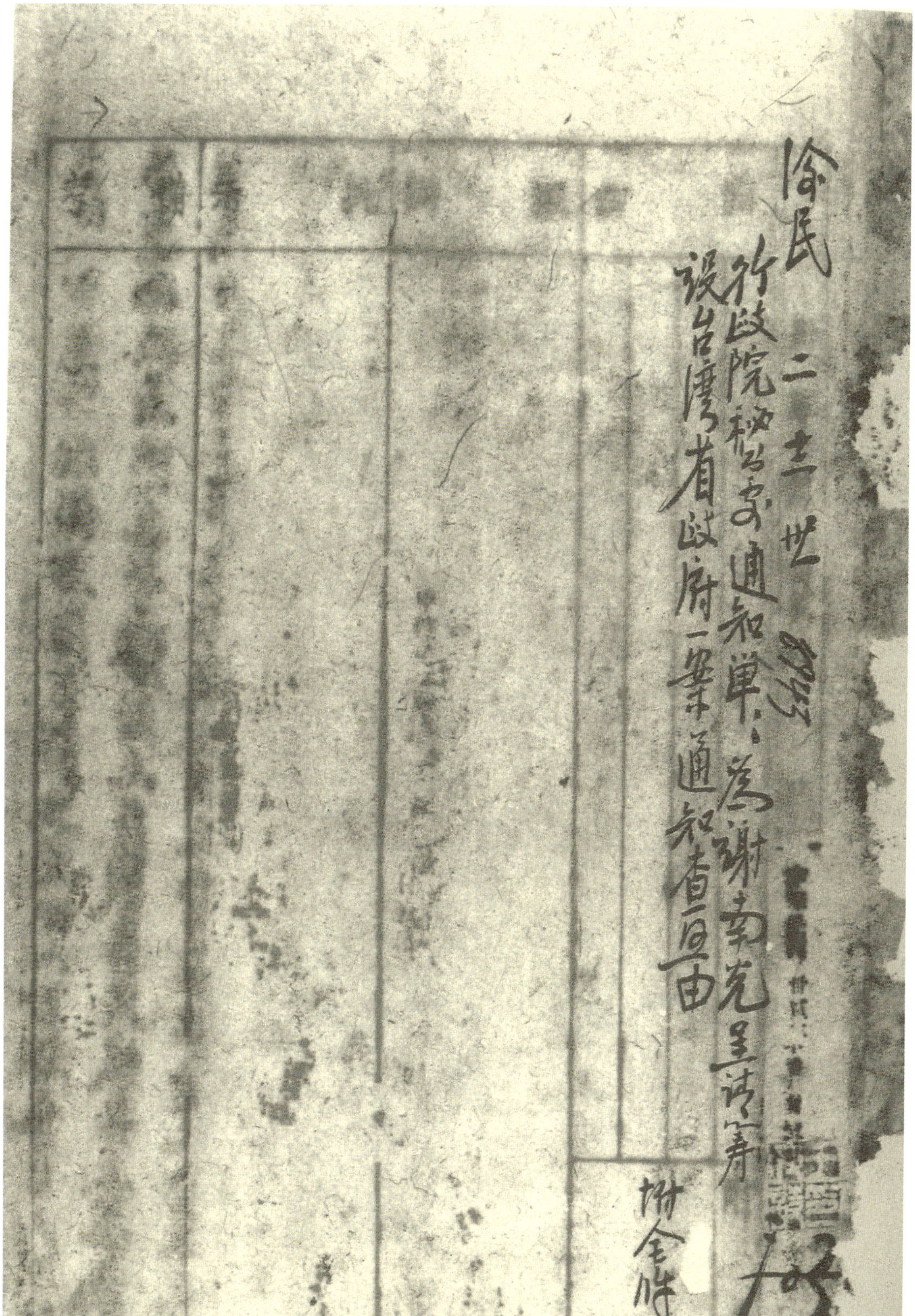

除民 二 十二 廿 6953

行政院秘書處通知單、為謝南光呈請籌設台灣省政府一案通知查照由

冊全件

行政院、福建省临时参议会等关于拟请中央恢复台湾省制的来往函、令

一九四四年四月——十月

議題：擬請中央恢復台灣省制案

理由：台灣為我國東南屏障清初原屬本省之一府光緒十一年因防制倭覬覦改為行省設三府一州十一縣六廳甲午戰後割讓於日自是台灣同胞即淪為日人之牛馬奴隸抗戰以還中央曾一再表示收復台灣決心惟至最近始經開羅會議承認戰後歸還我國現距勝利之期不遠亟應從速恢復台灣省制以正視聽並堅定台胞內向之心。

辦法：建議中央依東北四省例在陪都或本省設立臨時台灣省政府以號召台胞並負責收復接管等準備。

提案人：陳村牧
黃謙若
曹娃孔
葉[illegible]

陈村牧等拟请中央恢复台湾省制的提案　　一九四四年四月二十七日

1 6

決議通過：送請省政府轉呈中央核辦。

（三十三年四月二十七日第二屆第二次大會第十一次會議）

張述
郭薰風
高連魁
陳維垣

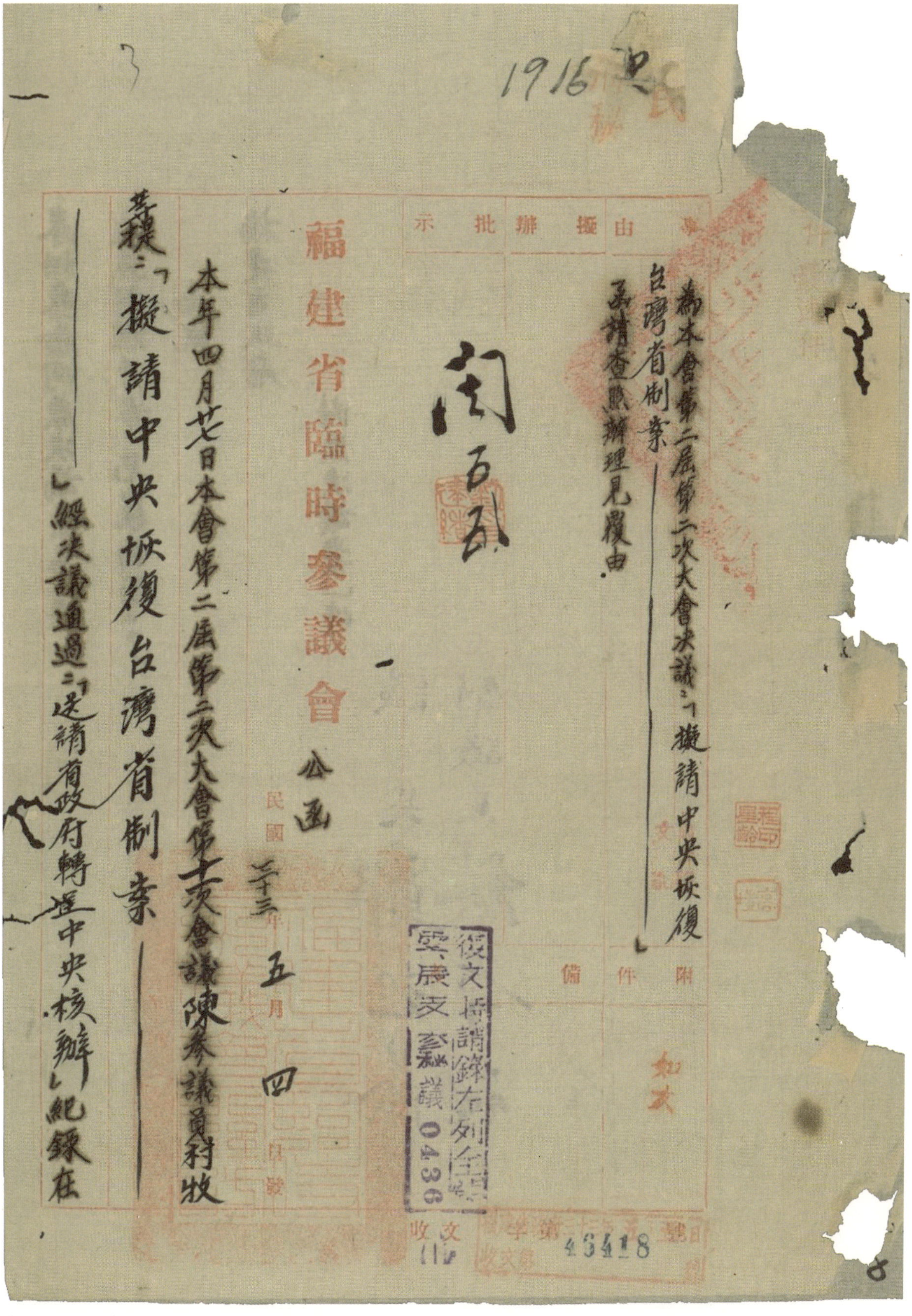

1916

事由：為本會第二屆第二次大會決議「擬請中央恢復台灣省制案」函請查照辦理見復由

擬辦

批示

附件：如文

備

福建省臨時參議會公函

民國三十三年五月四日

本年四月廿七日本會第二屆第二次大會第十六次會議陳參議員科牧等提「擬請中央恢復台灣省制案」經決議通過「送請省政府轉呈中央核辦」紀錄在

復文時請錄左列全號 參議 0436

收文 43418

福建省临时参议会关于拟请中央恢复台湾省制决议案给福建省政府的函

一九四四年五月四日

4

… 眷相應檢同原決議案函請

查照辦理并希見覆為荷。

此致

福建省政府

附原決議案一件

議長 鄭祖蔭

副議長 林

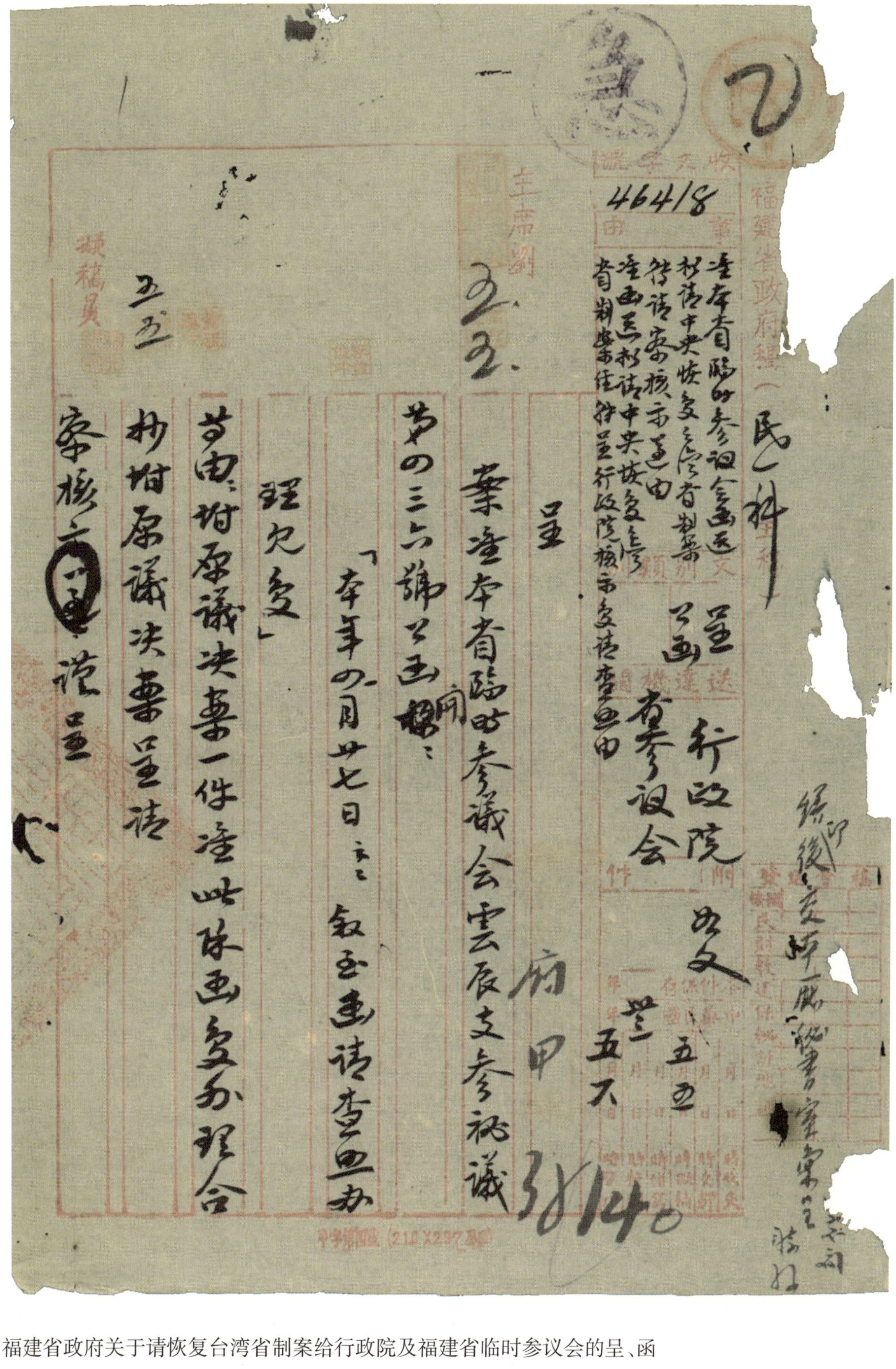

呈

案准本省临时参议会云辰支参秘议第〇三六号公函开：

「本年四月廿七日……叙函请查照办理见复」

等由，附原议决案一件，准此，除函复办理合

检附原议决案呈请

鉴核示遵。谨呈

福建省政府关于请恢复台湾省制案给行政院及福建省临时参议会的呈、函

一九四四年五月五日

行政院院长蒋

附抄本会议决案一件

全衔名

公函

案准

贵会云辰支参秘议字第〇三六号函送拟请中央

恢复台湾省制案嘱办理见复，当由本会径呈请

行政院核示在案奉复请

查照为荷，此致

福建省临时参议会

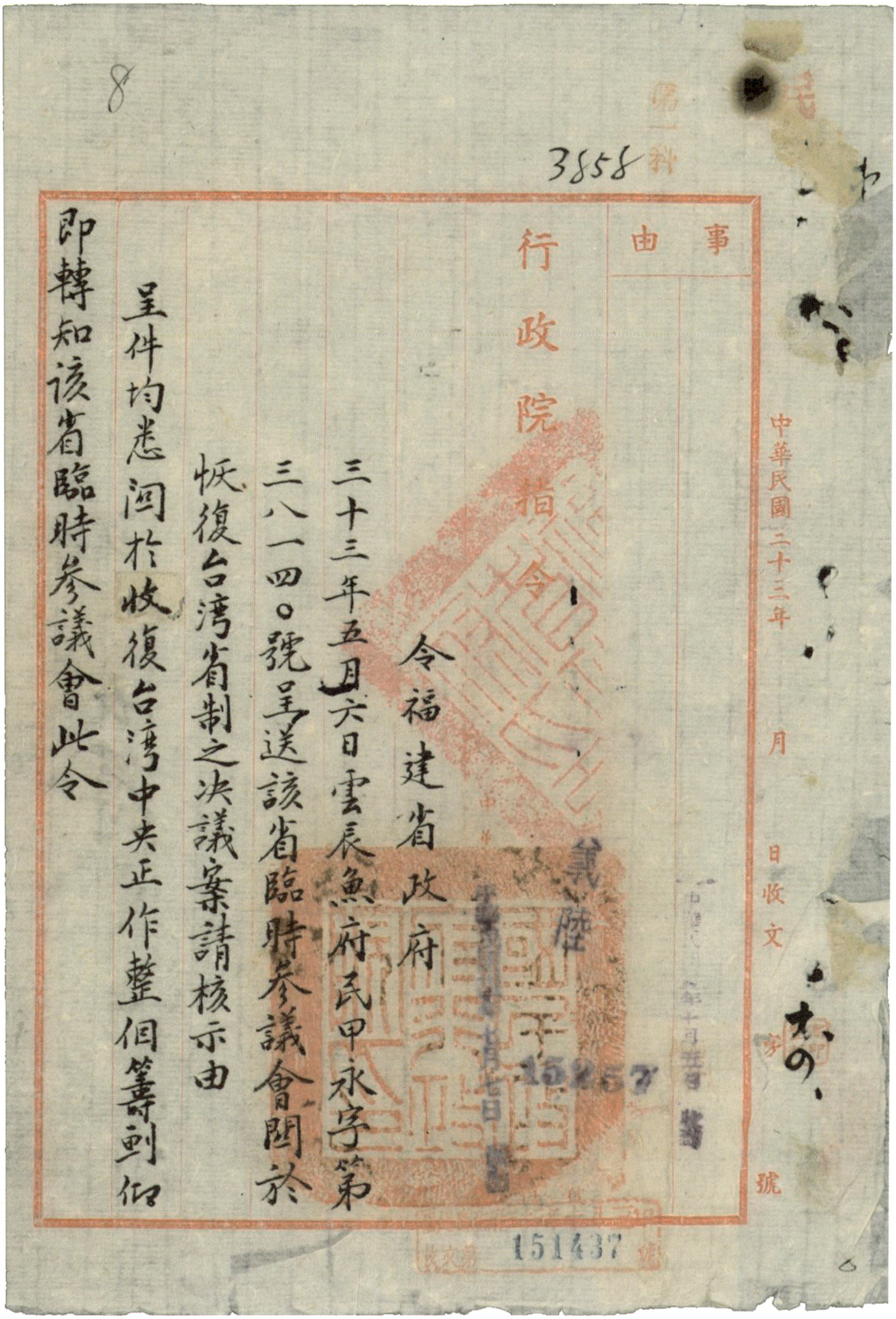

事由

行政院指令

令福建省政府

三十三年五月六日雲辰魚府民甲永字第三八一四〇號呈送該省臨時參議會関於恢復台湾省制之決議案請核示由

呈件均悉関於收復台湾中央正作整個籌劃仰即轉知該省臨時參議會此令

中華民國三十三年 月 日收文 字 號

151437

行政院关于核示恢复台湾省制决议案给福建省政府的指令　一九四四年七月七日

院長蔣中正

監印 校對

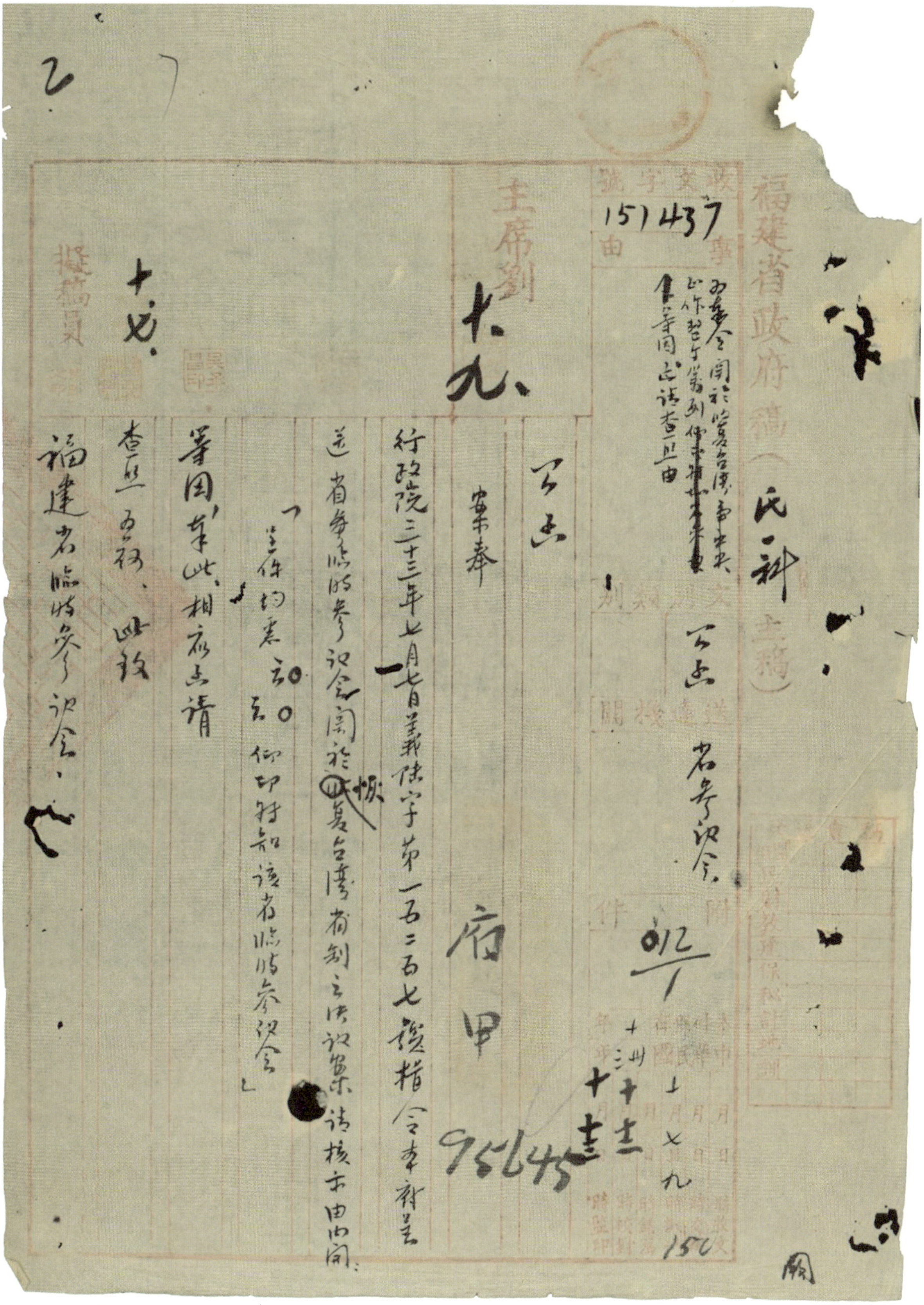

福建省政府稿（民科拟稿）

收文字號 151437

主席劉

公函

送達機關：省參議會

案奉

行政院三十三年七月七日義陸字第一五二五七號指令本府呈送省參議會臨時參議會關於恢復台灣省制之決議案請核示由內開：

「呈件均悉，[illegible]。仰即轉知該省臨時參議會。」

等因，奉此，相應函請

查照為荷。此致

福建省臨時參議會

府甲

福建省政府关于行政院核示恢复台湾省制决议案给福建省临时参议会的函

一九四四年十月七日

行政院、福建省临时参议会等关于请中央在闽设立特种师范学校培育台湾小学师资案的来往函、令

一九四四年五月—十月

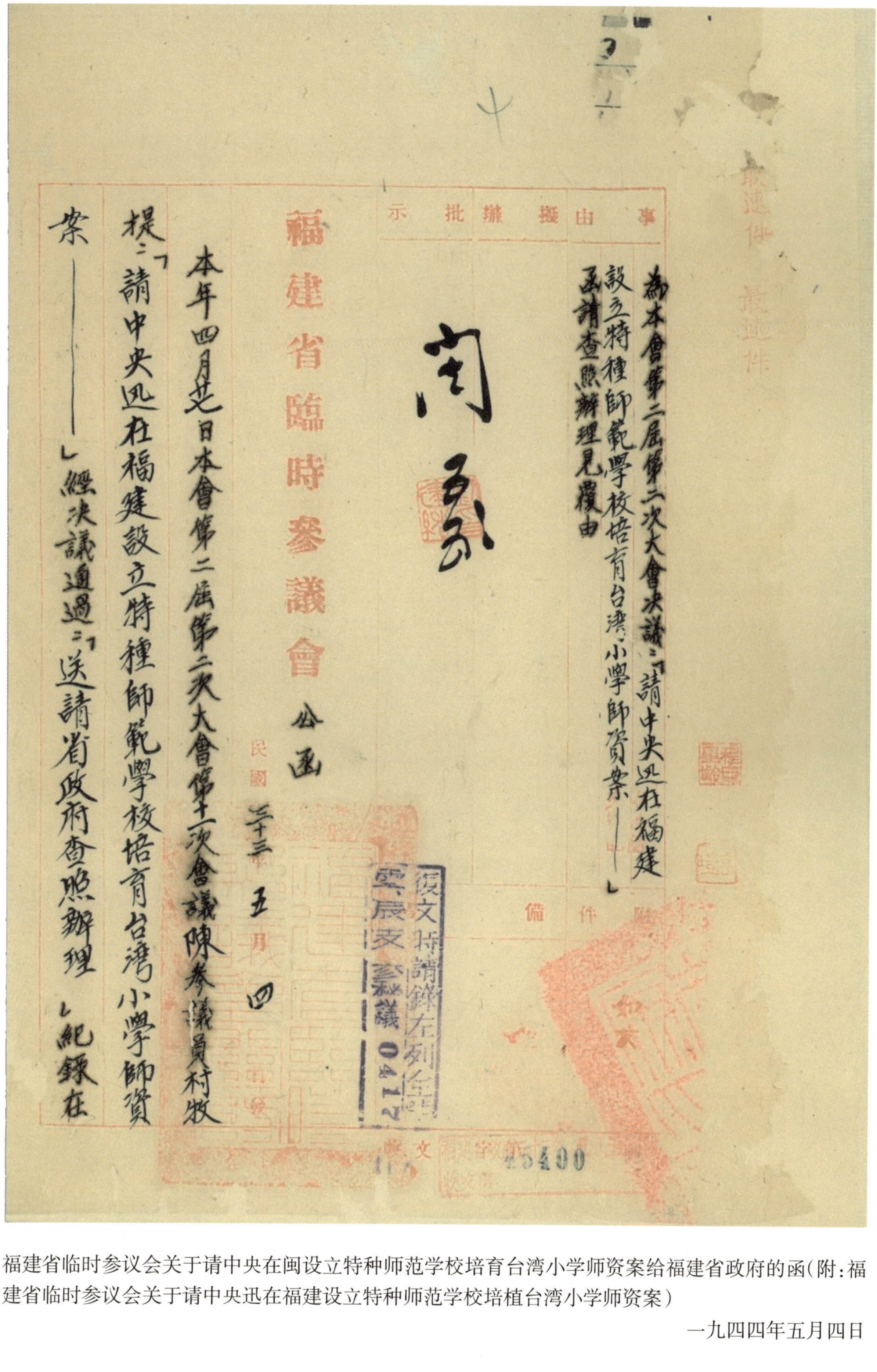

最速件

事由：為本會第二屆第二次大會決議「請中央迅在福建設立特種師範學校培育台灣小學師資案」函請查照辦理見覆由

擬辦

批示

福建省臨時參議會公函

民國三十三年五月四日

本年四月廿七日本會第二屆第二次大會第十一次會議陳參議員村牧提「請中央迅在福建設立特種師範學校培育台灣小學師資案」經決議通過「送請省政府查照辦理」紀錄在案

福建省临时参议会关于请中央在闽设立特种师范学校培育台湾小学师资案给福建省政府的函(附:福建省临时参议会关于请中央迅在福建设立特种师范学校培植台湾小学师资案)

一九四四年五月四日

5

查核辦理并希見復爲荷。
叁相應檢同原決議案函請

此致

福建省政府

附原決議案一件

議長 鄭祖蔭

副議長 林㦤圃

6

議題：請中央迅在福建設立特種師範學校培植台灣小學師資案

理由：抗戰勝利為期已近，勝利之後台灣歸還我國亦無疑問。惟台澎兩島被敵侵領迄今近五十年，台胞飽受奴化教育，思想中毒已深，收復之後人心之改造實為當務之急。而改造人心首重教育。查台灣在戰前有小學一千一百五十餘所，學生三十八萬五千餘名，以每四十名學生需教師一人計，即需小學教師九千餘人；或以每一小學需教師八人計，其數目亦復相同。如此鉅量師資自應由政府廣設學校加緊培育。查台民五百萬中，祖籍漳泉者佔全數百分之七十六，約三百八十餘萬人；祖籍廣東潮惠兩屬者佔全數百分之十四，約七十萬人。全數不諳國語，僅能操閩南方言。師資之選擇應以閩南人士為最適宜，故應迅在閩南泉漳二屬設立師範學校，造就特種師資，以便抗戰勝利之後派赴台灣充任教師，推行國民

主義教育發揚祖國文化

辦法：一、在泉漳區内設國立特種師範學校一所，造就大量師資。

二、該校應特别注重三民主義的思想訓練，以國父遺教、總裁言論列為必修科目，並應注重台灣史地之講授。

提案人：陳村波

連署人：鄭玉書 顔子俊 高連魁 黄謀岩 鄧超岑 林景潤 黄譜 張述

決議通過：送請省政府查照辦理

（三十三年四月二十七日第二屆第二次大会第十一次会議）

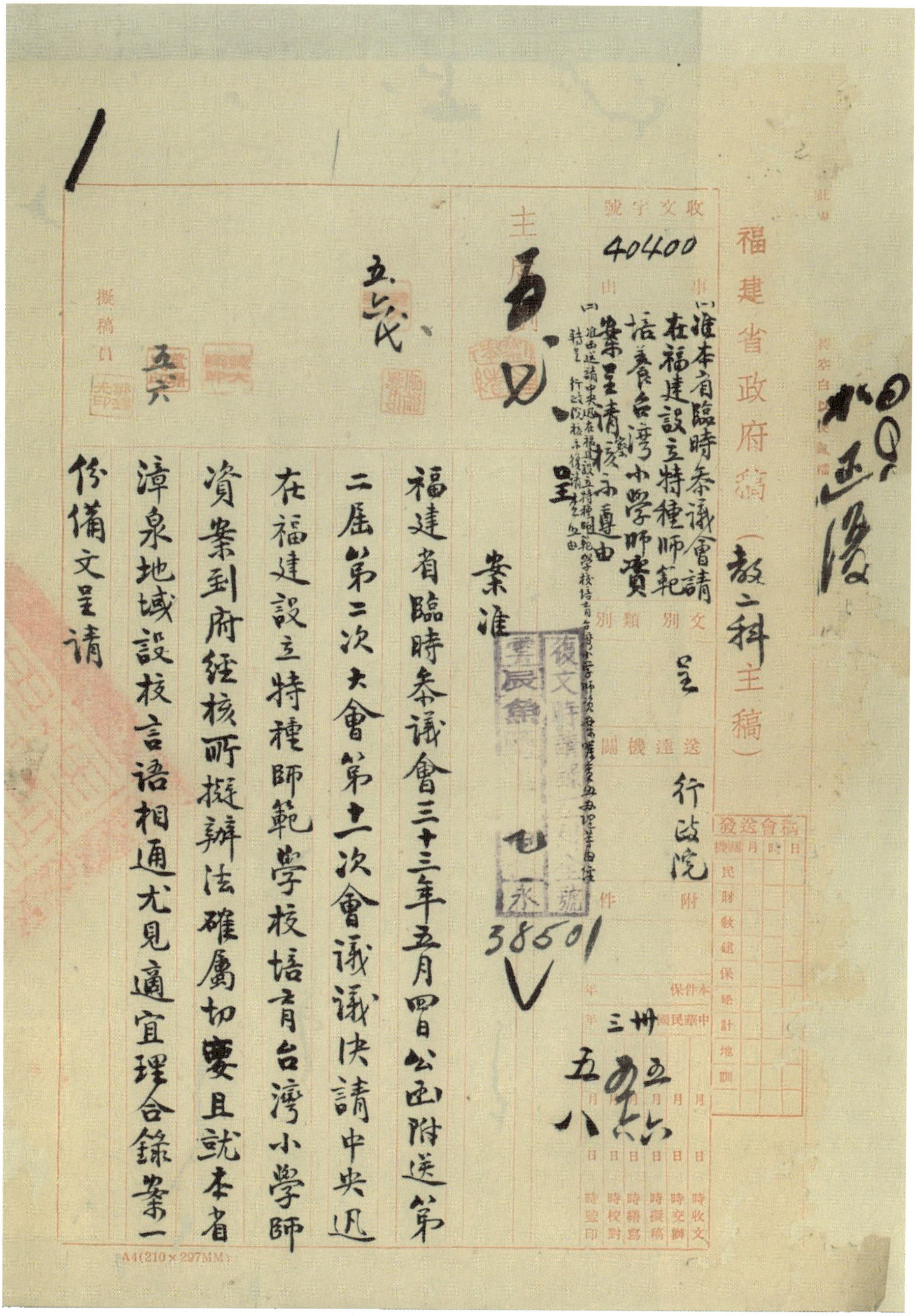
福建省政府稿（教二科主稿）

收文字號：40400

事由：（一）准本省臨時參議會請在福建設立特種師範培養台灣小學師資案呈請核示遵由

文別：呈

送達機關：行政院

案准

福建省臨時參議會三十三年五月四日公函附送第二屆第二次大會第十一次會議議決請中央迅在福建設立特種師範學校培育台灣小學師資案到府經核所擬辦法確屬切要且就本省漳泉地域設校言語相通尤見適宜理合錄案一份備文呈請

福建省政府关于请核示在闽设立特种师范学校培育台湾小学师资案给行政院的呈及给福建省临时参议会的函

一九四四年五月六日

察核示遵謹呈

行政院院長蔣

副院長孔

附呈原議決案乙份

福建省政府主席劉建〇

公函

案准

貴會三十三年五月四日公函附送第二屆第二次大會第十一次會議議決請中央迅在福建設立特種師範學校培育台灣小學師資案囑查照办理等由業經轉呈 行政院核示相應

復請

查照為荷此致

福建省臨時參議會

主席劉建○

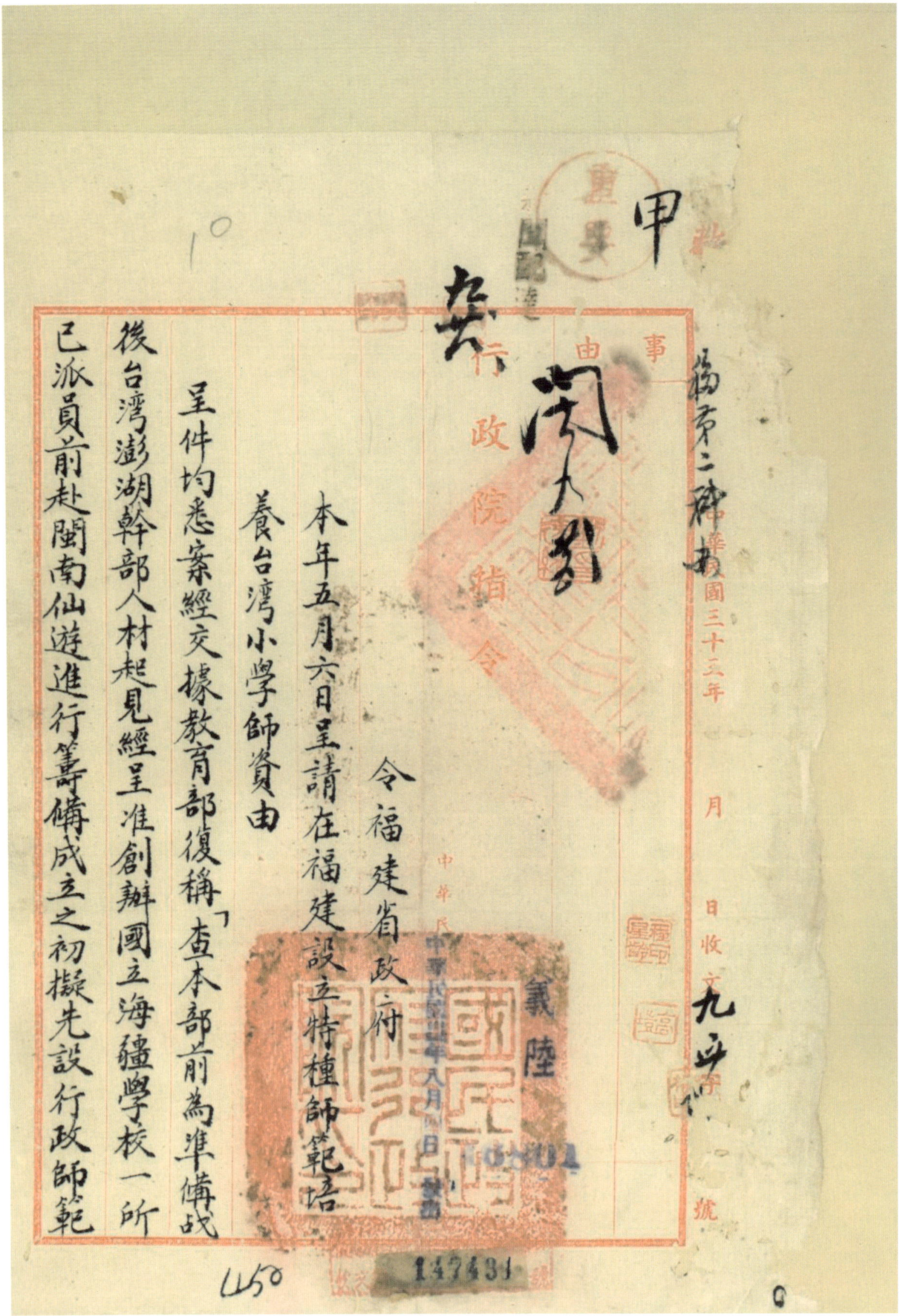

行政院指令

事由

中華民國三十三年　月　日收文　九五字　號

甲

令福建省政府

本年五月六日呈請在福建設立特種師範培養台灣小學師資由

呈件均悉案經交據教育部復稱「查本部前為準備战後台灣澎湖幹部人材起見經呈准創辦國立海疆學校一所已派員前赴閩南仙遊進行籌備成立之初擬先設行政師範

147431

行政院关于国立海疆学校成立后再酌设师范班给福建省政府的指令　　一九四四年八月四日

等專修科以培養中級公教人員依照該校計劃將來亦擬設立短期訓練班以訓練小學師資福建省參議會所請設立特種師範一節擬俟國立海疆學校成立後再令該校酌設師範班以應需要」等情仰即轉行知照此令

院長蔣中正

監印

校對

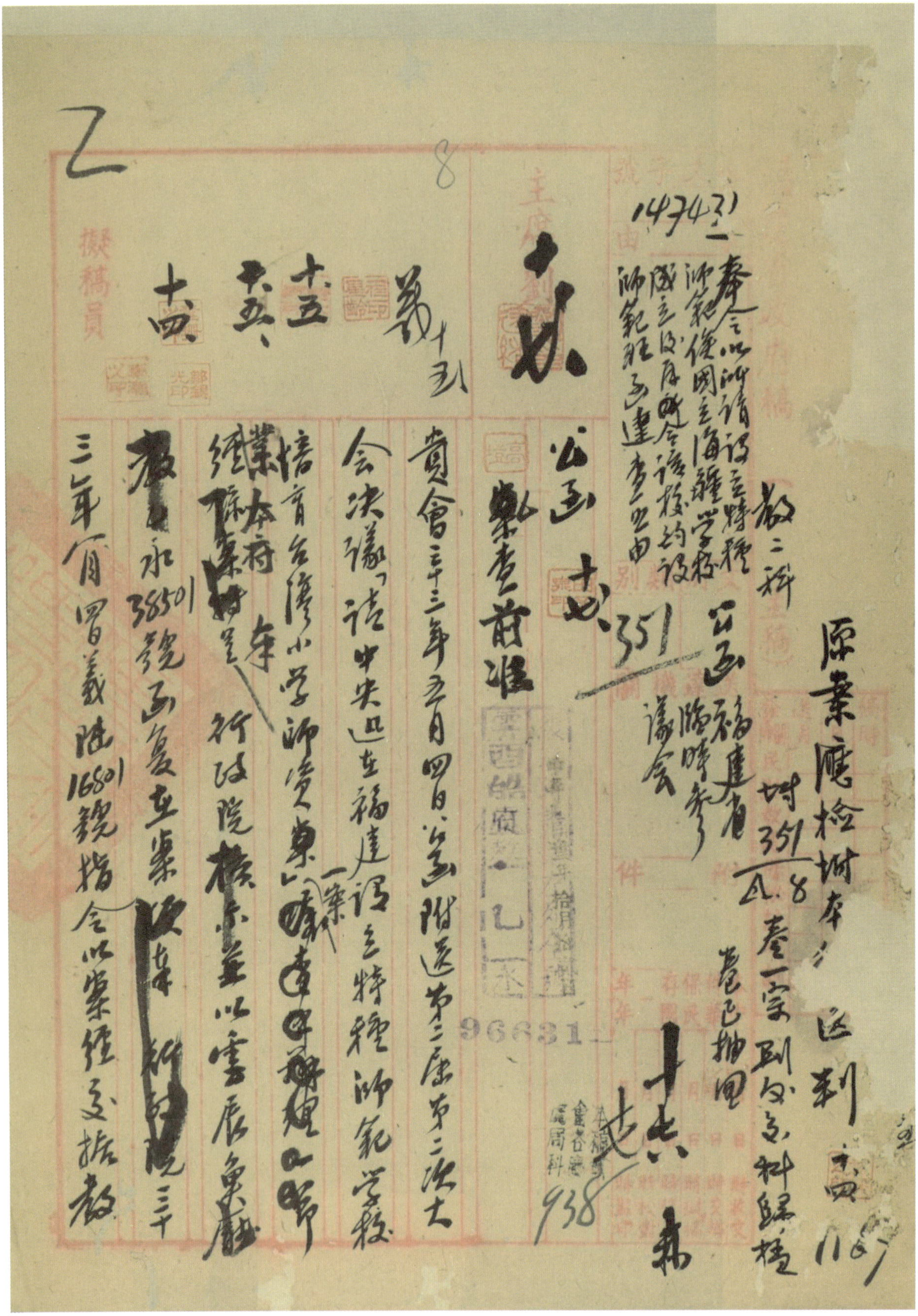

福建省政府关于行政院核示国立海疆学校成立后酌设师范班给福建省临时参议会的函

一九四四年十月十九日

貴部渝秘「六五壹叙呈」代特行知照。等因，相應函

請

查照為荷。此致

福建省臨時參議會

主席劉建緒

军委会关于陈肇英收复台湾准备工作意见书与中央设计局秘书处的来往函电

一九四四年五月—六月

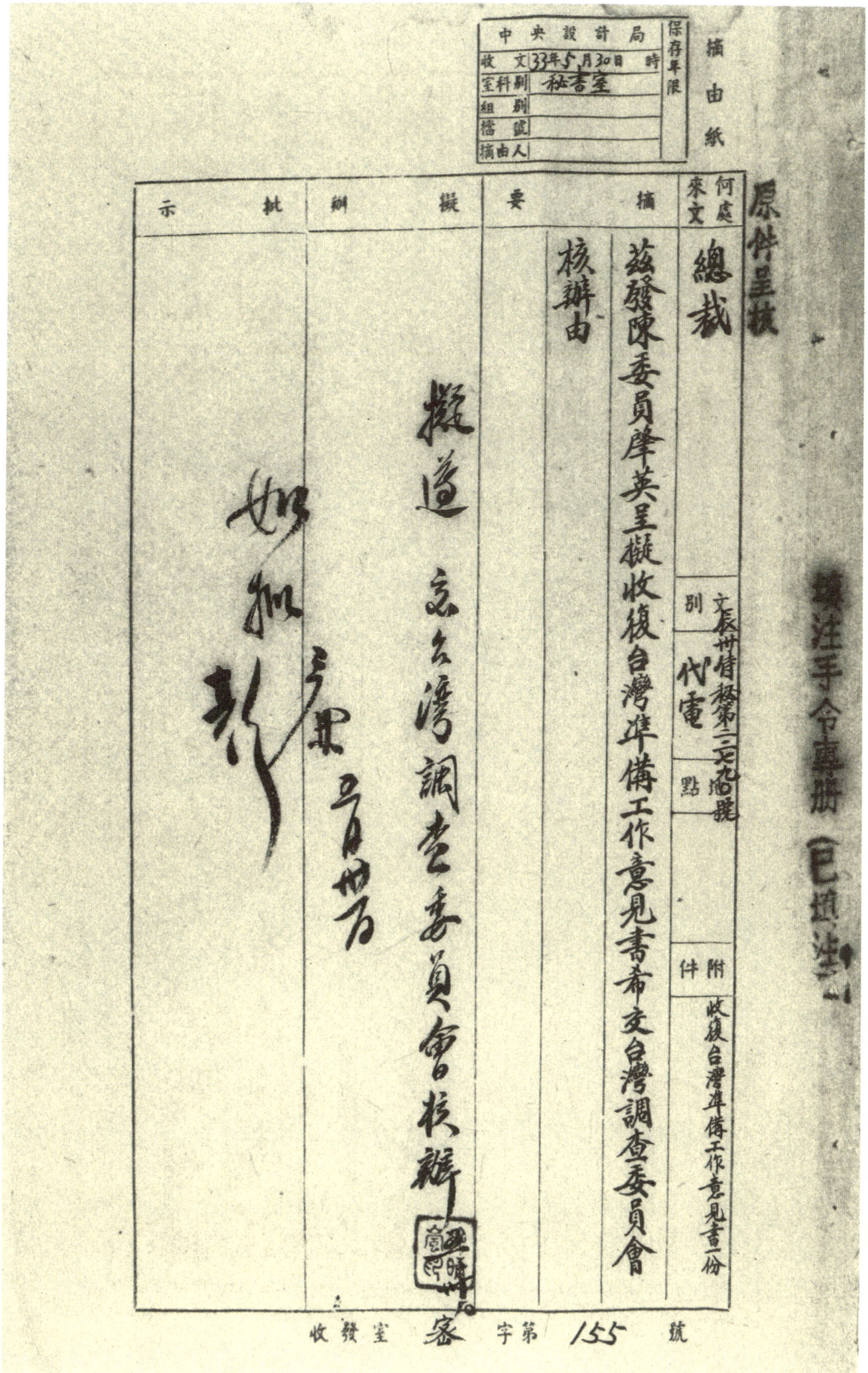
原件呈核

摘由紙

中央設計局	
收文	33年5月30日　時
室科別	秘書室
組別	
檔號	
摘由人	

保存年限

何處來文	總裁
文別	代電
點	
附件	收復台灣準備工作意見書一份
摘要	茲發陳委員肇英呈擬收復台灣準備工作意見書希交台灣調查委員會核辦由
擬辦	擬送台灣調查委員會核辦
批示	如擬

收發室　密字第155號

已注手令專册（已填注）

军委会关于陈肇英呈拟收复台湾准备工作意见书给中央设计局的代电（附：陈肇英呈）

一九四四年五月三十日

國民政府軍事委員會代電

回文務請敍明月日字號為荷

侍秘字第22790號

附記

中央設計局熊秘書長勛荃據陳委員肇英呈擬收復台灣準備工作意見前來茲將原件隨文附發即希交台灣調查委員會核辦為盼中正侍秘附

發收復台灣準備工作意見書一份

中華民國三十三年五月三十日發

第一頁（共一頁）本頁共　字

江西省民生印刷第二廠承印

收復台灣準備工作意見書

台灣位東南海中西望福建一衣帶水相距不過四百餘里人口近六百萬(除日人約二十一萬及土番約十萬外均為我國苗裔漳泉人居十之七八潮惠籍約十之二三)清初置府隸屬福建嗣改設行省地區衝要拱衛內海並海南島而稱為中國之雙眼洵屬恰當其西岸之澎湖列島形勢險要馬公港隘口不得方舟內澳可容巨艦千艘與福州之馬尾軍港遙遙相對成為中國海上之鐵門島上物產富饒蔗糖森林馳名世界樟腦產量尤推全球第一甲午戰後既為日本所奪屏藩頓失危機日深不特福建早有唇亡之虞即南洋羣島亦終受鯨吞之禍茲者戰事好轉勝利將臨開羅會議結果且已決定台灣仍當歸還我國消息傳來令人振奮顧台灣脫幅日久隔閡滋多似不可不先事籌劃以為收復後建設

張本爰就淺見所及略貢一得之愚幸垂察焉

(一)台灣番族凡十萬人尚度原始生活性情向極殘暴而生番尤狠殺戮滋事相習成風清日第一次辱國交涉即緣番人殘殺琉球商客而起至於其他台民或以奴化既深不免忘本急遽之間難無甘為日寇鷹犬之人過去閩粵各地台籍浪人之不法行為即其明徵是台灣收復後除派駐相當國軍從事鎮攝外更應派遣相當數目之優良警察警察須維持秩序此項警察幹部之培育警察之物色與訓練實屬刻不容緩此應先事綢繆者一也

(二)教育為立國大本人心向背攸關日人經略台灣靡不亟亟於此前我國台灣考察團調查其校數公立者計有幼稚園二十七所小學校公學校五〇八所中等學校二十二所專門教育八所大學一所私立者計有高等普通及補習教育機關等校九

所初等普通教育一所實業及職業教育四所盲啞學校二所其他教會學校五所旨為實施奴化教育之工具亦即加强殖民地化過程之工作又據調查團報告當時台灣籍受大學教育者不過四人肄業高等學校者亦僅七人而就學於農業學校者則全部為台灣人無一日本人此又可覘其教育純以培植單純技術人材供其驅遣為急務所以限制受高等教育者實恐其智識一旦啟發漸生民族自覺思想從而礙及奴化政策其手段之毒辣殆蔑以復加無怪乎一般台人已漸忘其祖國民族意識愛國觀念自日益淡薄將來失地既復全島教育均須澈底改革藉以文化力量溝通其民情習俗培養其種族思想俾元元子民誠心來撫顧最感困難者厥為師資問題國內師資年來雖積極培育質固難乎為準量亦未足分配將來台灣復歸我國需才孔殷師資奚出此實應先事綢繆者二也

(三)台湾气候温热，雨量充沛，农产饶足，米茶蔗诸产量尤著。米年收两次，品质甚佳。茶年采十二次，计达九百余万斤。甘蔗遍于全岛，制糖业甚见发达。甘诸、香蕉等产量均在一万万斤以上。林木尤为岛上盛产，丛者森林占全面积百分之八十以上，樟树特多，樟脑一项实足称霸世界市场。至于矿产方面，经已查明者有六七四处，总面积达六、一一二、〇九三公亩，其中尤以石炭业为盛，当年且曾运销福建，将来亦可供大量开采。惟开发各项物资，必须具备相当条件，如资本之筹集、人才之召致、计划之拟订，均须由国家先作一有系统、有步骤之准备。此应先事绸缪者三也。

(四)上述三项，均为台湾收复后急要之图。此外，如战后流亡之抚辑、秩序之恢复与社会事业之设施，亦均宜事前妥为筹划。查台民之在国内者为数綦众，其间忠义宏达之士亦繁有徒。中央组设台湾党部，藉以贯输主义，唤醒民魂，高瞻远瞩，意义甚深，惟為亦收復台灣之積極計在此國際形勢好轉之際中央似應更進一步仿照東北四省先例從速成立台灣省政府負責規劃台灣歸復後庶政之整理與建設一旦日寇逐出台灣我政府即可挾策前往按步設施是不特有志來歸之台民可以聞風而起即國內願往台灣工作與投資台灣者亦可接踵而至此應事先綢繆者四也

台灣收復以後建設工作經緯萬端惟教育警衛與經濟建設三項皆難一蹴而就設非事前籌劃難免臨渴掘井而省政府之設立更可使各項庶政掌理有人是尤為不可再緩之圖尤有進者台灣原隸福建政設行省始於六十年前割歸日倭為期尤近居民既大多由閩粵遷徙前往迄今其語言風尚與閩省之泉屬幾無二致與粵省之潮梅亦頗相同是此後對於教育警衛經濟及行政幹部人員除在居住國內之台民中挑選而外務宜盡量以閩粵兩省人員充任又閩粵兩省僑寓國外者為數不少此項

僑民擅長經營雖於資本政府經營台灣如有合理計劃自可招其投資以為建設台灣之助故台灣省政府更宜設於與台灣隔岸相對之閩省(台灣省黨部現設福建省會永安)俾得就地計劃延攬人才招致資金上述各項不過舉其梗概以備參考是否有當謹請

鑒核

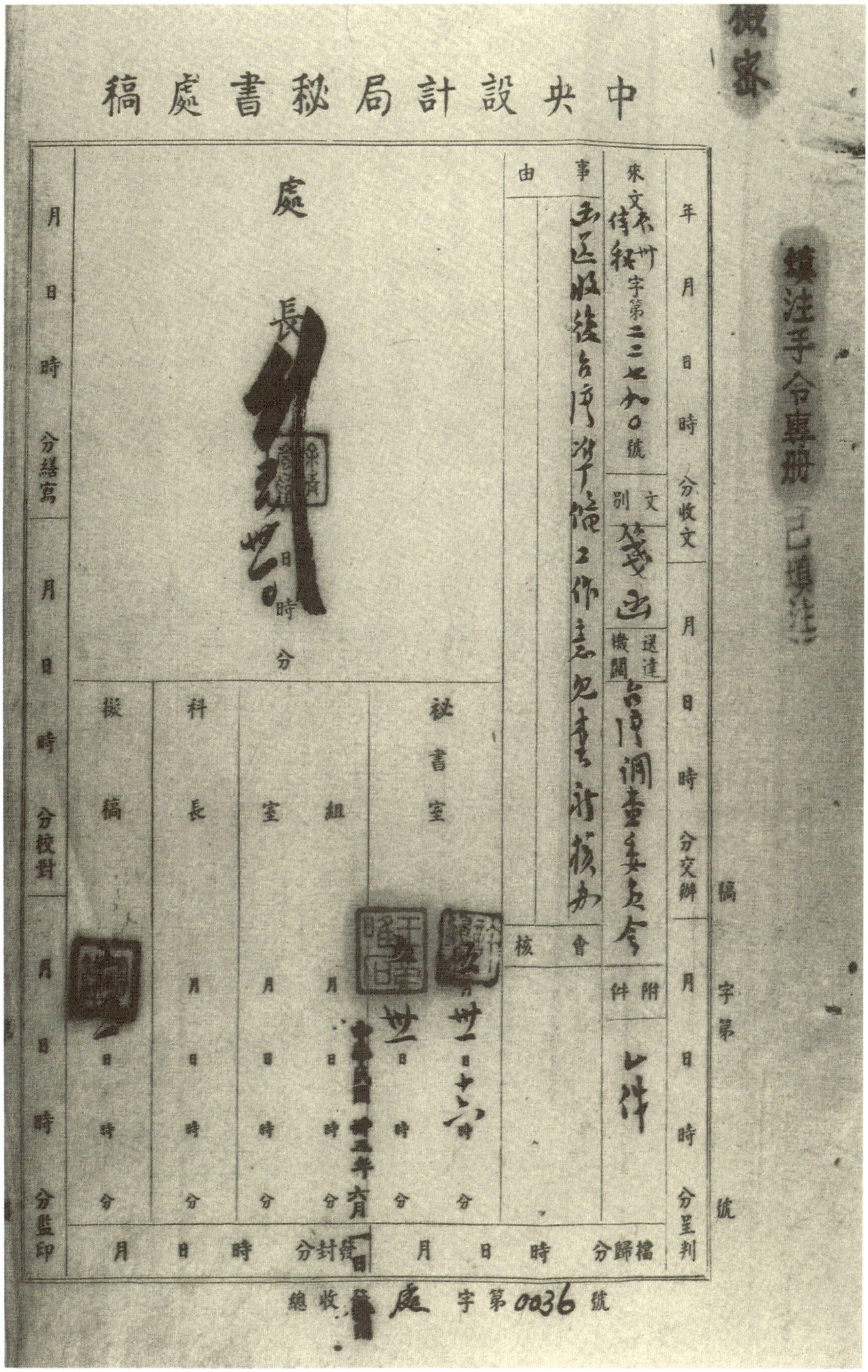

中央設計局秘書處稿

來文：侍秘 卅 字第二二七九〇號

事由：函送收復台湾準備工作意見書請核办

文別：箋函

送達機關：台湾調查委員會

附件：一件

處長

總收處 字第0036號

中華民國卅三年六月一日

機密

填注手令專冊（已填注）

中央设计局秘书处关于陈肇英呈拟收复台湾准备工作意见书给台湾调查委员会的笺函

一九四四年六月一日

奉
總裁交下陳委員肇英呈擬收復台灣準備工作意見書一份，飭交台灣調查委員會核辦，並奉
秘書長決定，送交台灣調查委員會核辦。等因，相應抄同原件函請
查照辦理爲荷。此致
台灣調查委員會
中央設計局秘書處啟 六月一日
中華民國卅三年六月一日 發
附件如文

福建省临时参议会、国民党福建省执委会等关于发动研究台湾问题加强民众认识的来往文电

一九四四年四月—一九四五年六月

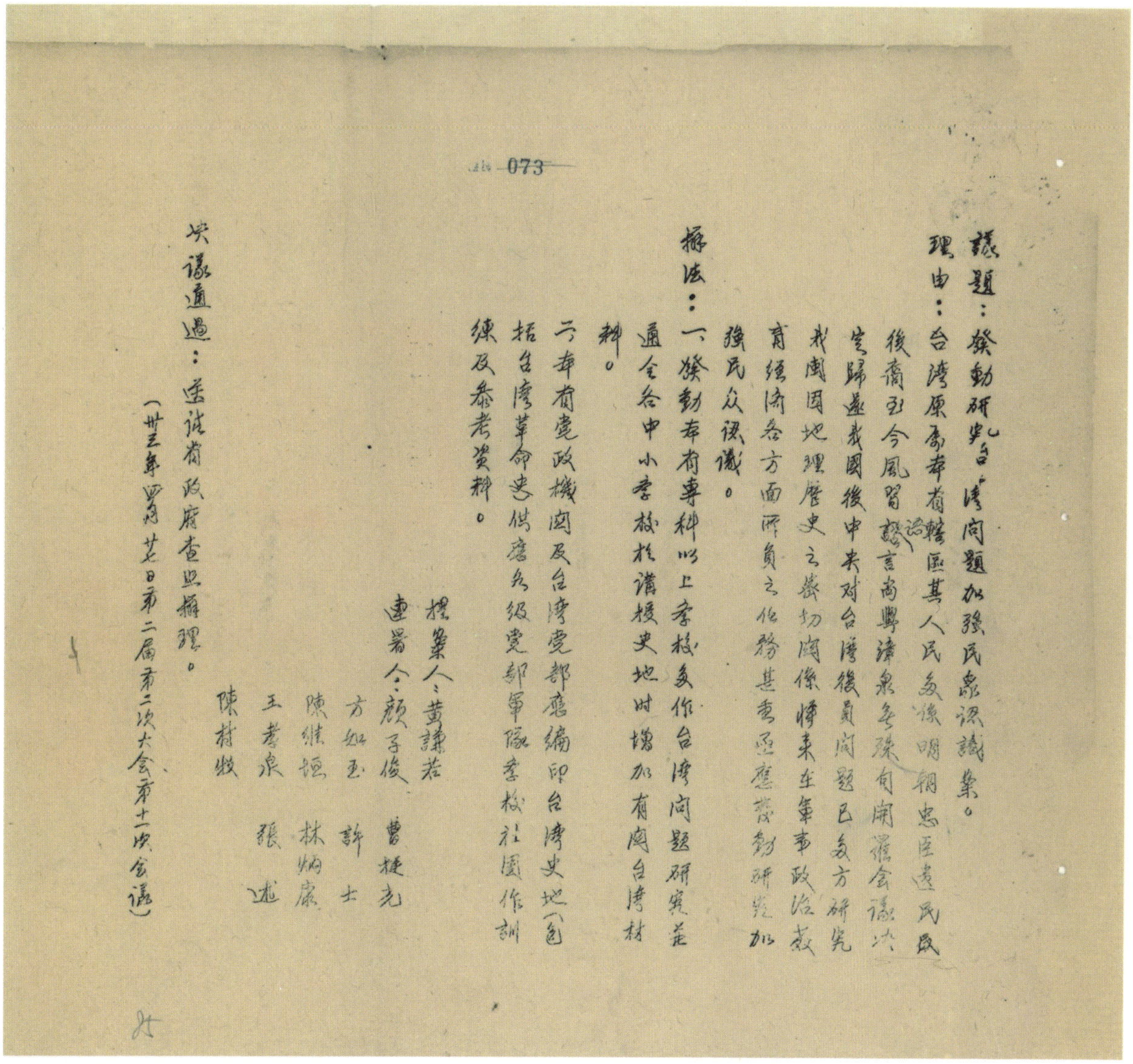

073

議題：發動研究台灣問題加強民衆認識案。

理由：台灣原屬本省轄區，其人民多係明朝忠臣遺民民族後裔，至今風習語言尚與漳泉無殊，有開羅會議決定歸還我國，後中央對台灣復員問題已多方研究，我國因地理歷史之密切關係，將來在軍事、政治、教育、經濟各方面所負之任務甚重，亟應發動研究，加強民众認識。

辦法：一、發動本省專科以上學校多作台灣問題研究，並通令各中小學校於講授史地時增加有關台灣材料。

二、本省黨政機關及台灣黨部應編印台灣史地（包括台灣革命史）供應各級黨部、軍隊、學校、社團作訓練及參考資料。

提案人：黃謙若

連署人：顏子俊　曹挺光　方知玉　許士　陳繼恒　林炳康　王孝泉　張述　陳村牧

決議通過：送請省政府查照辦理。

（卅三年四月廿七日第二屆第二次大會第十一次會議）

福建省临时参议会关于发动研究台湾问题加强民众认识的决议案　　一九四四年四月二十七日

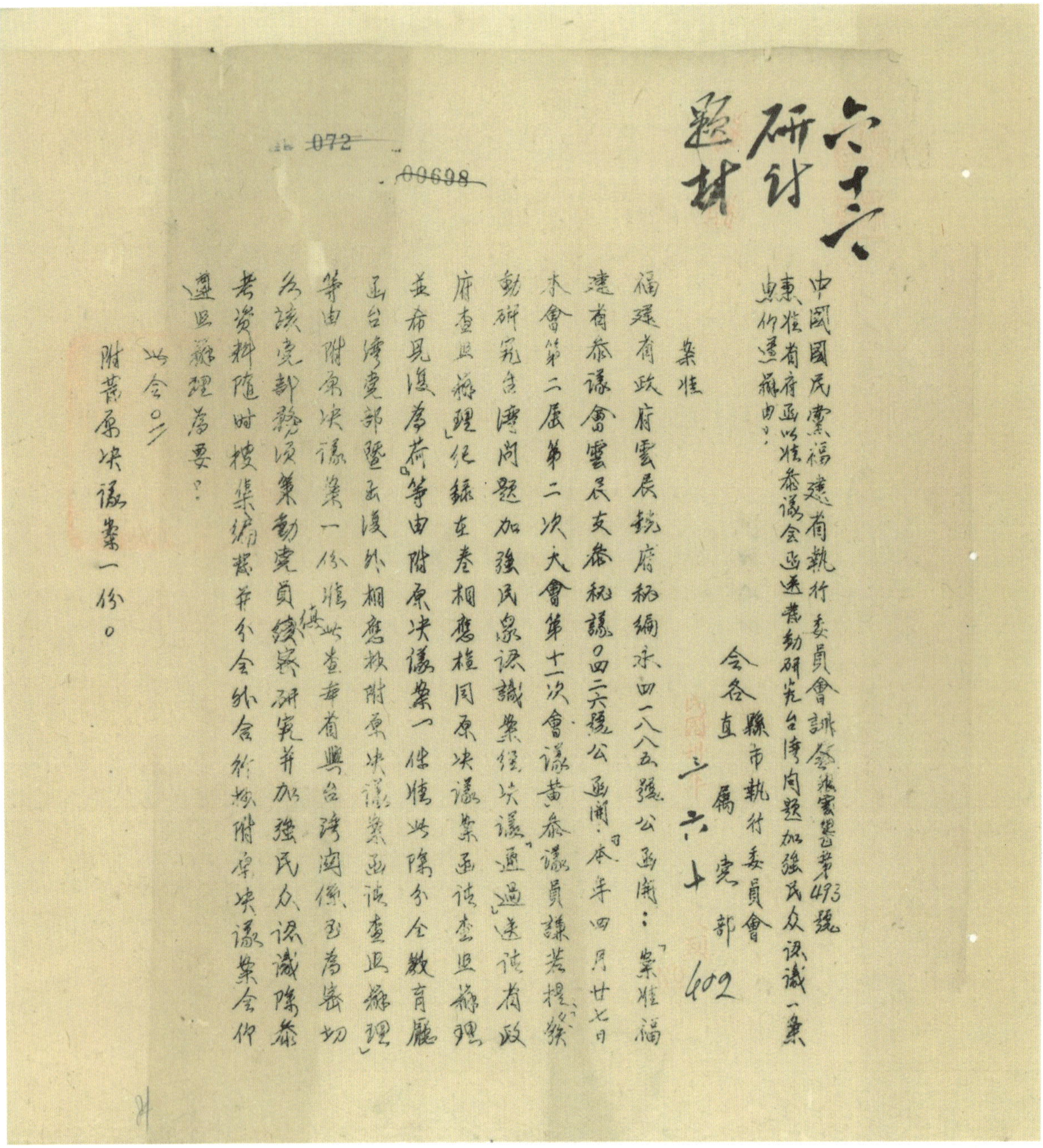

国民党福建省执委会关于发动研究台湾问题加强民众认识决议案给各县市执委会、各直属党部的训令

一九四四年六月十日

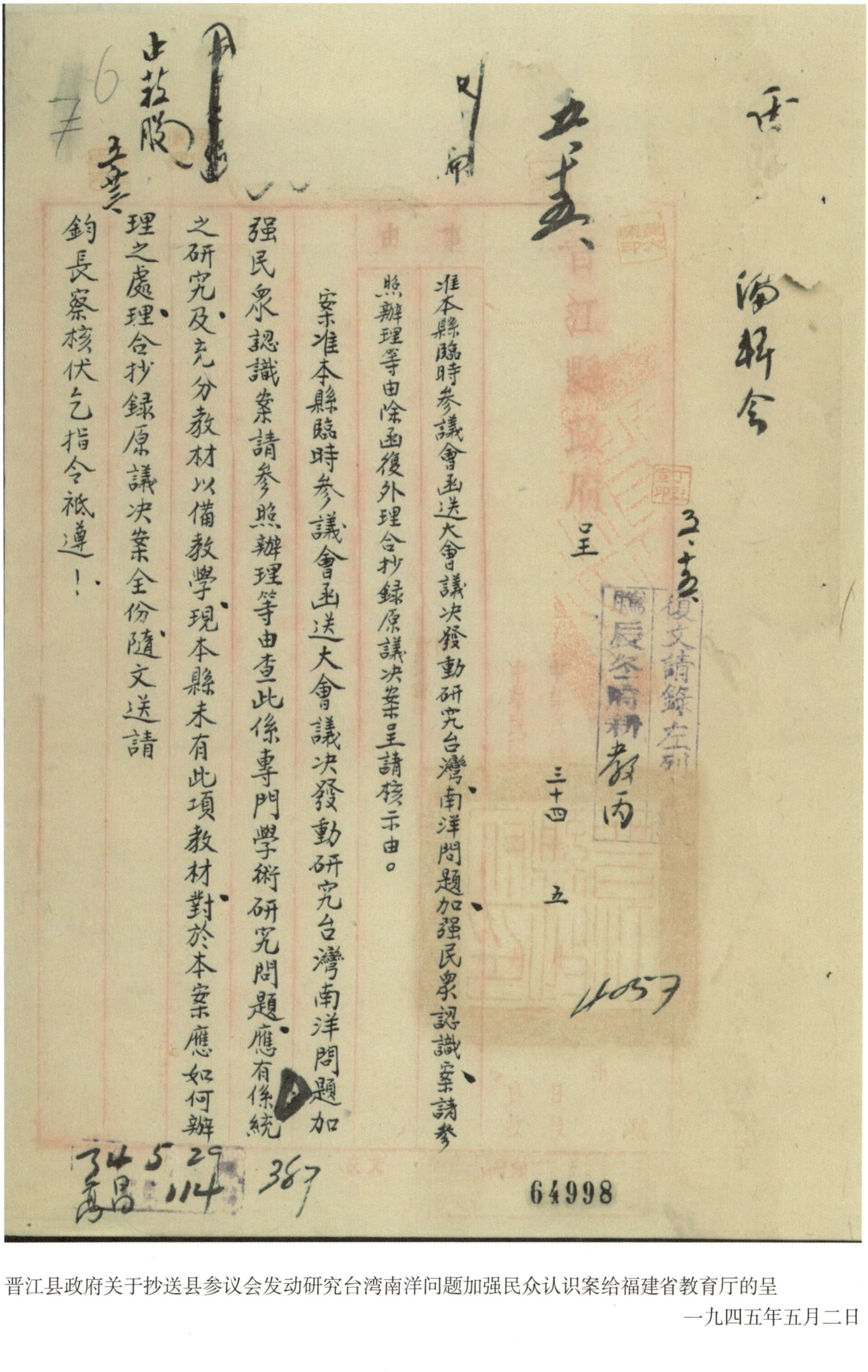

晉江縣政府呈

三十四 五

准本縣臨時參議會函送大會議決發動研究台灣南洋問題加强民衆認識案請參照辦理等由除函復外理合抄録原議決案呈請核示由。

案准本縣臨時參議會函送大會議決發動研究台灣南洋問題加强民衆認識案請參照辦理等由查此係專門學術研究問題應有係統之研究及充分教材以備教學現本縣未有此項教材對於本案應如何辦理之處理合抄録原議決案全份隨文送請

鈞長察核伏乞指令祗遵！

64998

晋江县政府关于抄送县参议会发动研究台湾南洋问题加强民众认识案给福建省教育厅的呈

一九四五年五月二日

78

謹呈

福建省政府教育廳廳長徐

附呈送抄録原議决案全份。

晋江縣縣長徐李元

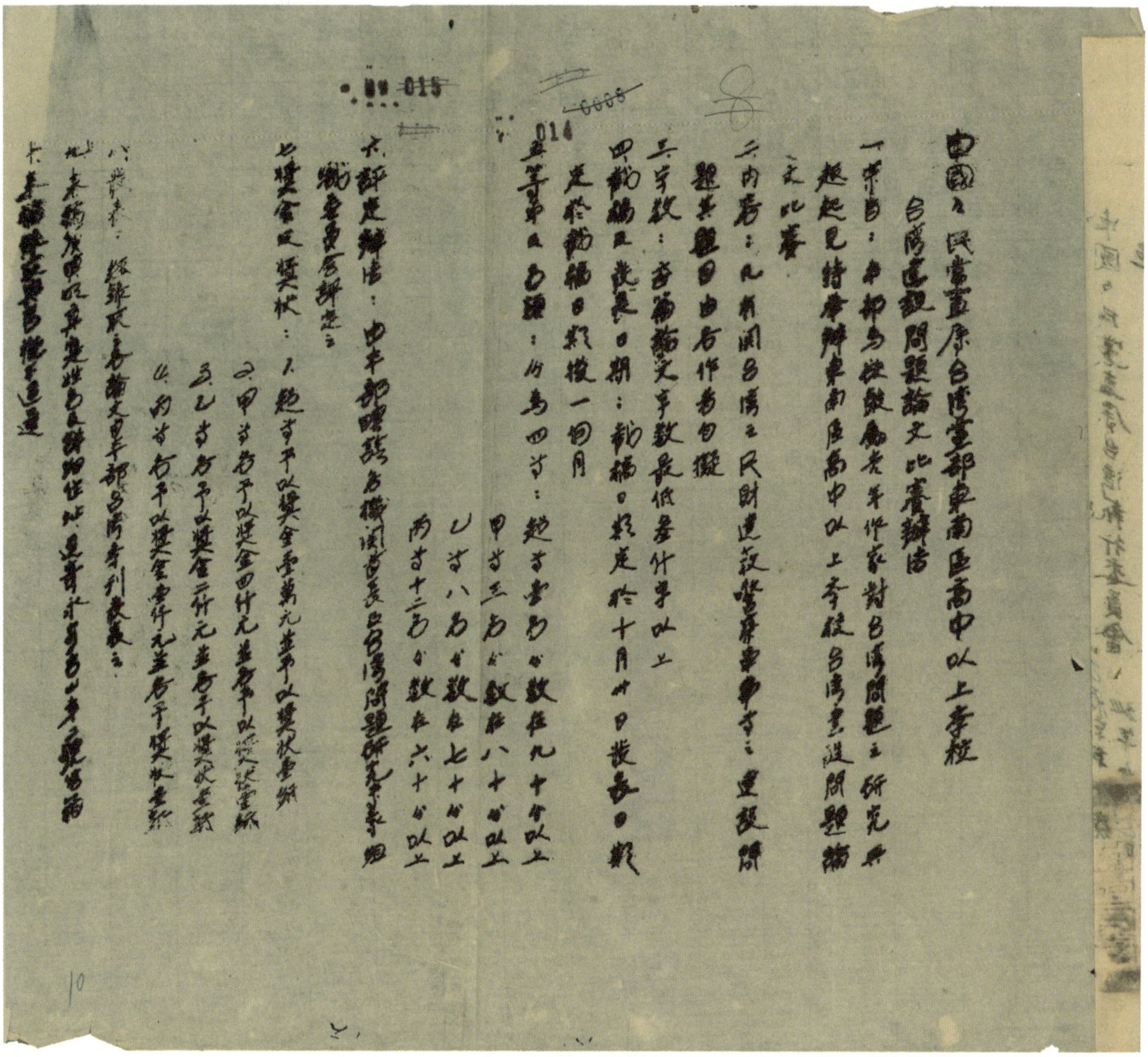
中國國民黨直屬台灣黨部東南區高中以上學校
台灣建設問題論文比賽辦法

一、宗旨：本部為激發青年作家對台灣問題之研究興趣起見，特舉辦東南區高中以上學校台灣建設問題論文比賽

二、內容：凡有關台灣之民財建教警保等事項之建設問題，其題目由各作者自擬

三、字數：每篇論文字數最低[illegible]一仟字以上

四、截稿及發表日期：截稿日期定於十月卅日，發表日期定於截稿日期後一個月

五、等第及名額：分為四等：超等壹名，分數在九十分以上
甲等三名，分數在八十分以上
乙等八名，分數在七十分以上
丙等十二名，分數在六十分以上

六、評定辦法：由本部聘請各機關首長及台灣問題研究專家組織委員會評定之

七、獎金及獎狀：1.超等予以獎金壹萬元並予以獎狀壹紙
2.甲等各予以獎金四仟元並各予以獎狀壹紙
3.乙等各予以獎金二仟元並各予以獎狀壹紙
4.丙等各予以獎金壹仟元並各予獎狀壹紙

八、發表：錄取之各論文由本部台灣專刊發表之

九、來稿須填明真姓名及詳細住址，並[illegible]

十、來稿[illegible]

國民黨直屬台灣黨部東南區高中以上學校台灣建設問題論文比賽辦法　　一九四五年六月十二日

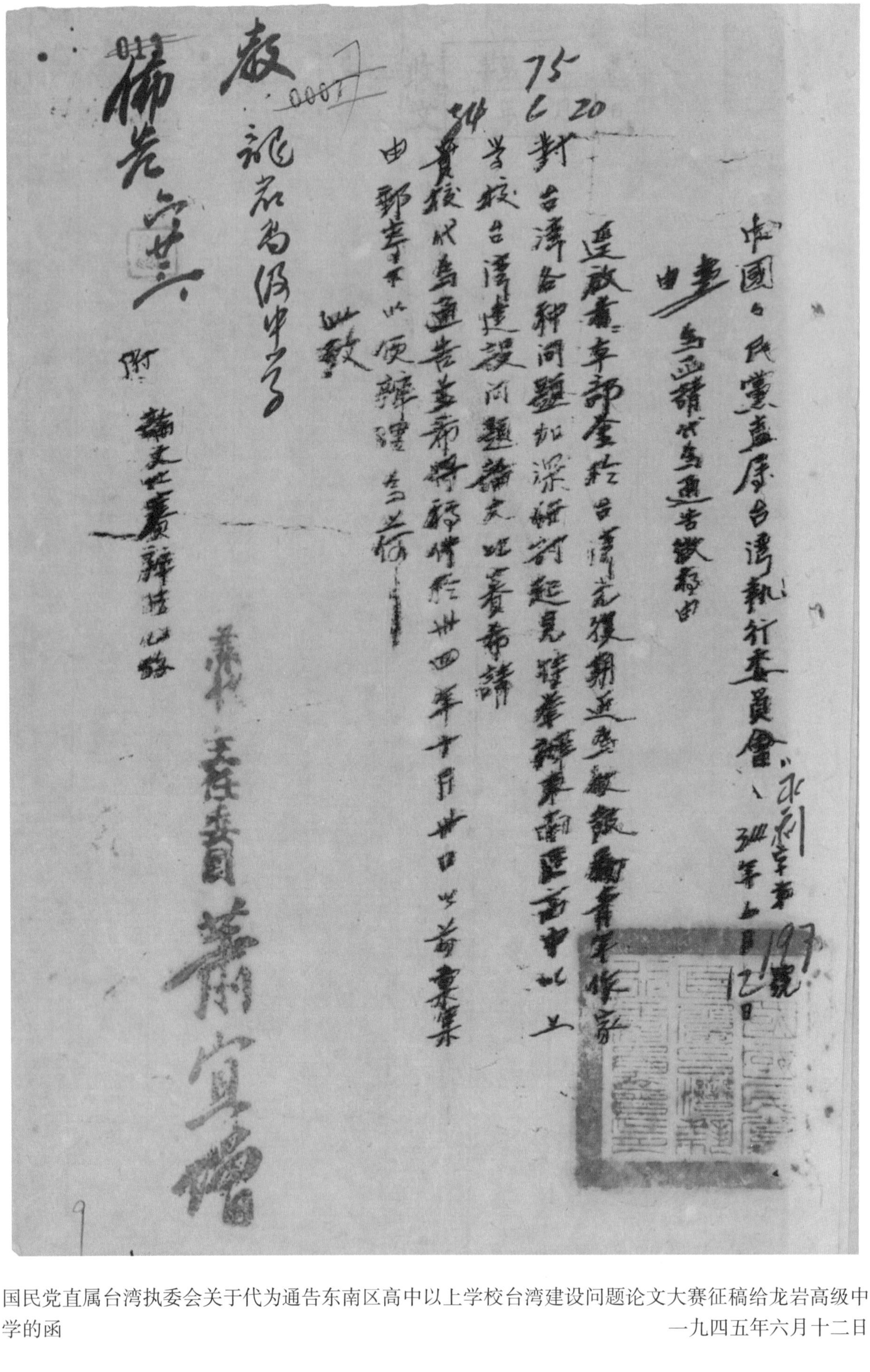
中國國民黨直屬台灣執行委員會公函 永利字第197號 卅四年六月12日

事由：為函請代為通告徵稿由

逕啟者：本部鑒於台灣光復期近，為激發青年作家對台灣各種問題加深研討起見，特舉辦東南區高中以上學校台灣建設問題論文比賽，希請貴校代為通告，並希將稿件於卅四年七月卅日以前彙集由郵寄本部，以便辦理為荷。

此致

龍岩高級中學

附論文比賽辦法一份

主任委員 翁俊明

國民党直属台湾执委会关于代为通告东南区高中以上学校台湾建设问题论文大赛征稿给龙岩高级中学的函

一九四五年六月十二日

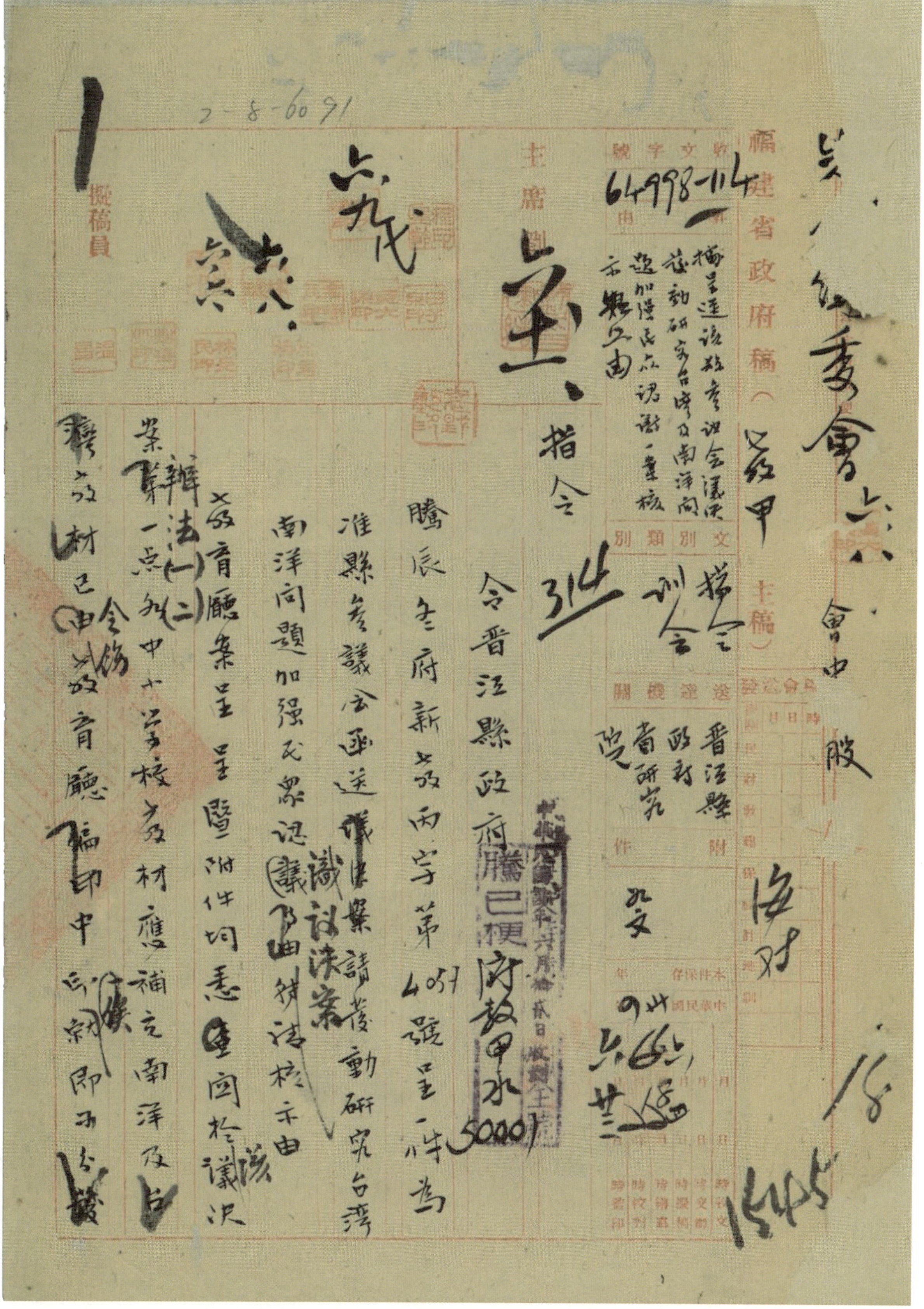

福建省政府关于发动研究台湾及南洋问题加强民众认识议决案给晋江县政府及省研究院的令

一九四五年六月二十三日

2

各校：关于第二点关于台湾及南洋问题之研究，已饬省研究院负责分别办理，仰知照。此令

训令（一据晋江县呈送县参议会发动研究台湾南洋问题加强民众认识议决案，仰遵令照办具报由）

令省研究院

教育厅案呈据晋江县县长徐季元呈送该县参议会发动研究台湾南洋问题加强民众认议决案，转请核示等情，查该议决案办法（一）关于补充教材部份，已饬由教育厅编委会编印分发各校教学，又办法（二）关于台湾及南洋

問題之研究應由該院辦理除指令外合行抄
發原決議案一份令仰遵辦報核此令
附抄發原議決案一份

本案出版第一点教材部份，已由编委會編印中，一俟印就，即可分發各校教學。第二点台灣及南洋問題之研究，似可飭由省研究院社會科學研究所办理，如何之處，尚請

貴股核办賜會為荷 此致

高教股

中學股 陸及先、

查本案関於教材部分，本會擬即編印台灣教材單元，刊載「教学資料」。至於不屬本会業務範圍。本案似請第三科辦理為荷。此致

編審会 啟 五.九.

本事移請貴科核办為荷！此致

第二科

第三科 啓

中国警察学会福建分会关于发动研究台湾警政问题以及建议选拔台湾警察干部给中国警察学会总会的代电、呈

一九四四年八月—十一月

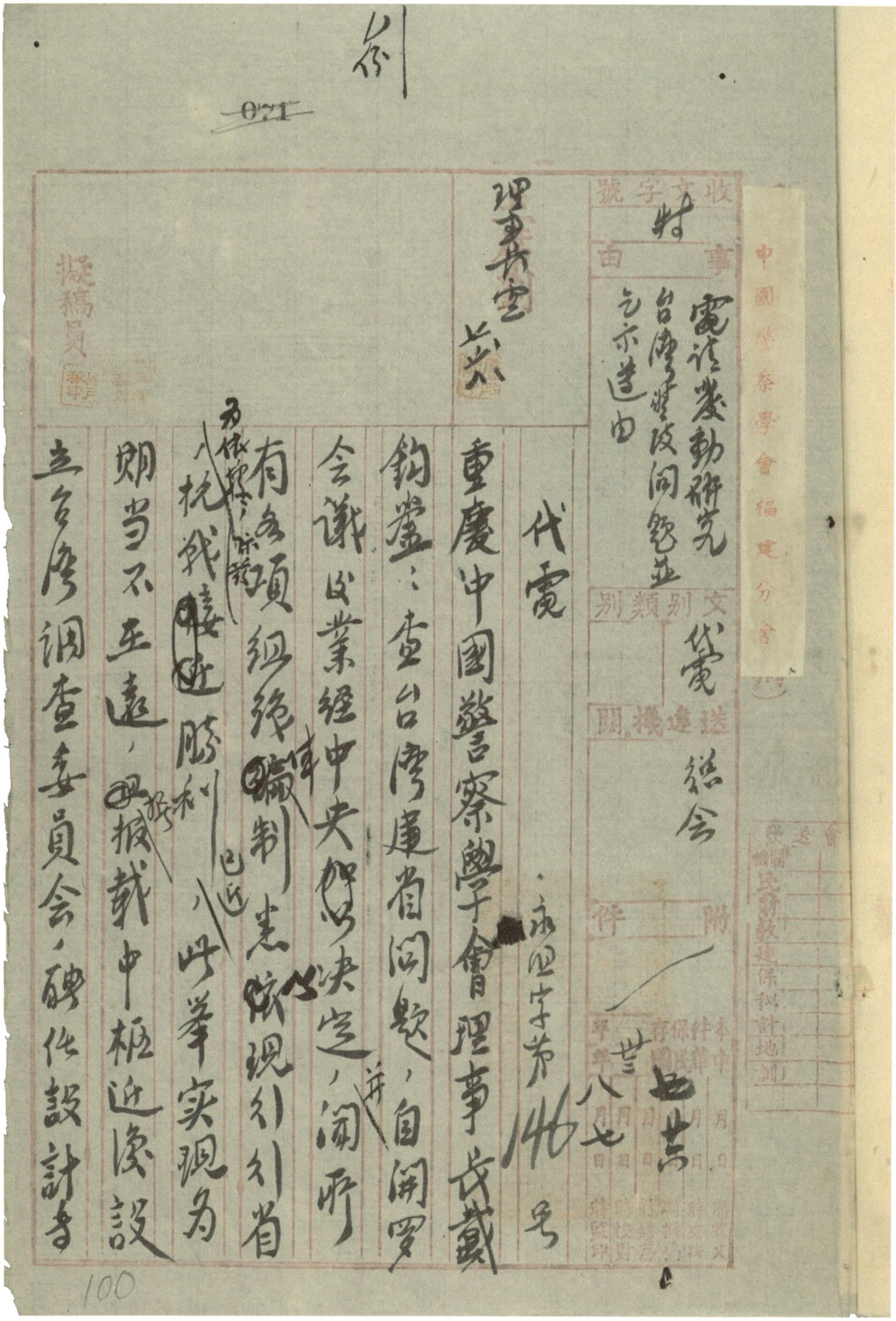

收文字號 特

事由 電請發動研究台灣警政問題並乞示遵由

文別 代電

送達機關 總会

理事長室

代電

重慶中國警察學會理事長戴 酉字第146號

鈞鑒：查台灣建省問題，自開羅

会議後業經中央明令決定，閩府

有关各項組織編制並依現行省

抗戰勝利已近，此等實現為

期当不在遠，且根據中樞近設

立台灣調查委員会，研作設計等

中国警察学会福建分会关于发动研究台湾警政问题给总会的代电　　一九四四年八月七日

門委員，集僑一切事宜，或見台湾解放後，關於警察行政不可不及时注意，以應事會欲導其建警之重任，用敢電請鈞會及早規劃關於台湾警察宜應制度，並發動台籍會員研究，建議政府搜文獻，建議政府採納施行，一面選派對於台湾問題素有研究之人員，盡量參加台湾調查委員会或其他有關協会，以發生欲導作用，藉以進行，是否有當，伏乞示遵。福建分会理事長丘念台。（永組印）

101

門委員，與僑一切事宜，我國收回台灣解放後，
關於警察行政不可不及时注意，以应事实
需要，欲達建議之重任，用敢電請鈞会及早規
劃關於台灣警察法律制，並發動各律
會員研究[illegible]建議，廣搜文獻，追
[illegible]面選派對於台灣問
[illegible]量参加台灣調查
[illegible]其他有關協会，以發生領導作
用，藉以進行。當否仍乞示遵。福建分会理
事黃雲路〇〈亦組叩〉

101

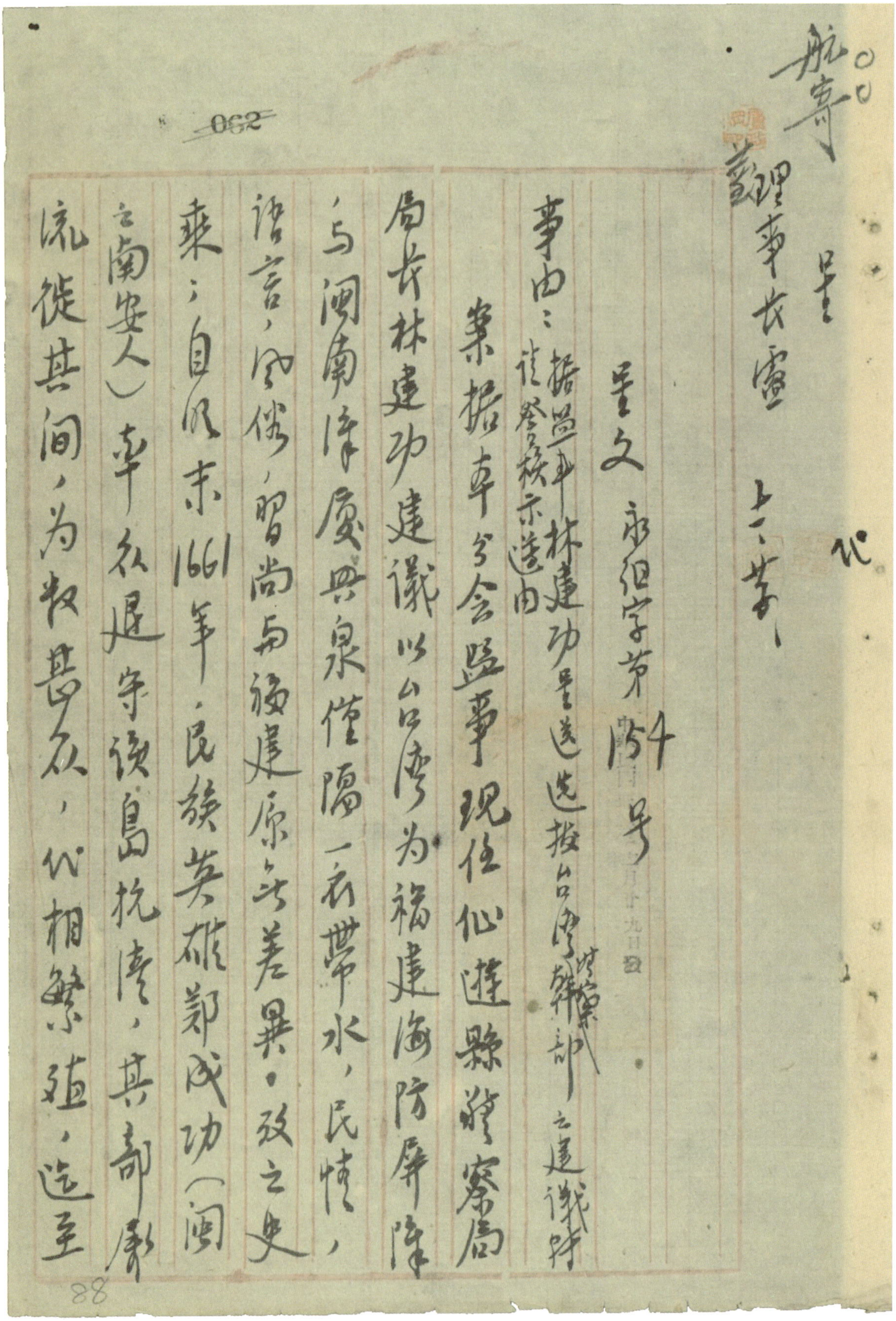
062
航寄
呈
总理事长重 上
代
呈文 闽组字第154号
事由：据监事林建功呈送选拔台湾警察干部之建议请鉴核示遵由
案据本分会监事现任仙游县警察局局长林建功建议以台湾为福建海防屏障，与闽南漳厦与泉仅隔一衣带水，民情、语言、风俗、习尚与福建原无差异。考之史乘，自明末1661年，民族英雄郑成功（闽之南安人）率众退守该岛抗清，其部属流徙其间，为数甚众，代相繁殖，迄至
88

中国警察学会福建分会关于建议选拔台湾警察干部给总会的呈（附：林建功选拔台湾警察干部之建议）
一九四四年十一月二十九日

063

今日，福建人佔該島人口總數十份之七強，其通常語言，以閩南語最為普遍，客話次之，於一八九五年為日本侵割，在文化經濟上，並一再遭受敵人暴力之高度壓迫與摧殘，人民備受種種奴化，惟其社會組織及底層政治基礎，則甚健全，人民智識水準，亦較提高，現值中樞準備光復台灣，加緊擬劃戰後復員，對於各部門行政幹部之培植，莫不針對要求，銳意部署，查警察如內政之靈魂，為

89

~~024~~

因事用人，吻合地方实际需要起见，对于解放台湾警察干部之选择，亦应针对人民知识，社会组织，政治基础，风俗民情及语言习惯，以具有高深学问，坚强意志，端方品行及富有能力修养之分，并须兼顾从事警察工作之丰富经验与明瞭台湾之风俗民情，精通方言语传佈，始能深通民情，启迪民膜，推行政令，确收预期之成效。若徒偏重学问能力，而忽于警工经验及民情风俗习惯方

90

言等实际问题，则最接近人民之警察人员，即最易对与人民发生隔阂，不惟工作无法推进，且必引起台胞对祖国之不良印像，酿成反感，尤堪顾虑，若偏激于经验方言，而缺乏学识能力，不学无术，则对其人所操职务亦不能胜任愉快，基于选贤与能及人地制宜之旨，对于解放台湾警察干部之选拔，品学智能与经验方言习尚等，均须兼筹并顾，而不可稍忽，谨拟具培训办法如下：

（一）由本会特呈内政部函请福建省政府就现任福建警察中挑选优秀干部，按期选入中央警官学校或该校驻闽东南训练班加以严格之训练。

（二）严格招致精通闽南话、客话之优秀青年，加以长期之学术技能训练，其招致训练事宜，均由中央警校东南训练班办理之。

以上所拟是否可行，敬乞特呈
总会采择施行。

等情；据此，查闽粤台湾警政问题经
本分会于八月七日承组字第一四六号代电
请及早规划在案，该员所称各节，不
无见地，理合备文呈请
鉴核示遵！
谨呈
中国警察学会理事长戴
福建分会理事长雷□沛。

代电　据选送拔台警干部之建议已转呈核纳施行由

甄选小组林组长勋鉴：选拔台湾警察干

選拔台灣警察幹部之建議

理由：查一台灣為福建海防屏障，與閩南漳廈與泉僅隔一衣帶水，民情、語言、風俗、習尚與福建原無差異。攷之史乘，自明末1661年，閩南安人鄭成功率衆退守該島抗清，其部屬流徙其間，為數甚衆，代相繁殖，迄至今日，福建人佔該島全數，達十之七强，其通常語言，以閩南話最為普遍，客話次之，於1895年被日本侵割，在文化經濟上，雖一再遭受敵人暴力高度壓迫摧殘，人民備受種種奴化，但其社會組織，底層政治基礎，確有相當健全與進步，人民智識水準，亦較提高，現值中樞準備光復台灣，復員計劃，對於各部門行政幹部之培養，莫不銳意部署，針對要求，唯政治之良窳，尤以警政為前提，政令之執行，無一不賴警察傳達與推動，為因地制宜，因事用人，吻合地方實際需要起見，台灣警察幹部之選擇，亦應針對人民知識，社會組織，政治基礎，風俗民情語言習慣為着眼，除應具備有高深學問，堅強意志，端方品行，超然能力，高尚修養以外，復應配合曾經從事警察事業之豐富經驗，與明瞭風俗，民情，習慣，方言諸條件，則可溝通民情，啟廸民瘼，應付裕如，確收預期成效，若徒偏重學問能力，而忽於警工經驗，及民情風俗習慣方言等諸實際問題，則最接近人民之警察幹部，即最易於人民發生隔閡，不惟遭受困難日多，勢必引起台胞對祖國之不良印象，釀成反感，尤堪顧慮，如偏溺於經驗方言，而缺乏學問能力，則亦不足勝任其職務，基於選賢與能，及人地制宜之旨，故台灣警察幹部之選拔，品學智能，與經驗方言風尚習慣，亟應相互并重，而不可稍忽也

辦法：1、亟福建省政府挑選現任福建警官中優秀幹部，按期送入警校東南訓練班加以嚴格之訓練。

2、嚴格指攷閩南話、客話之智識青年，加以長期之學術技能訓練、其指攷訓練，均由警校東南訓練班辦理之。

以上所擬如屬可行敬乞轉呈中國警察學會轉呈內政部採擇施行！

謹呈

中國警察學會福建分會

福建省仙游示範縣警察局局長林建功

林建功章

中國書局

福建省临时参议会关于建议中央增设台湾国民参政员名额等案办理情况表

一九四五年七月

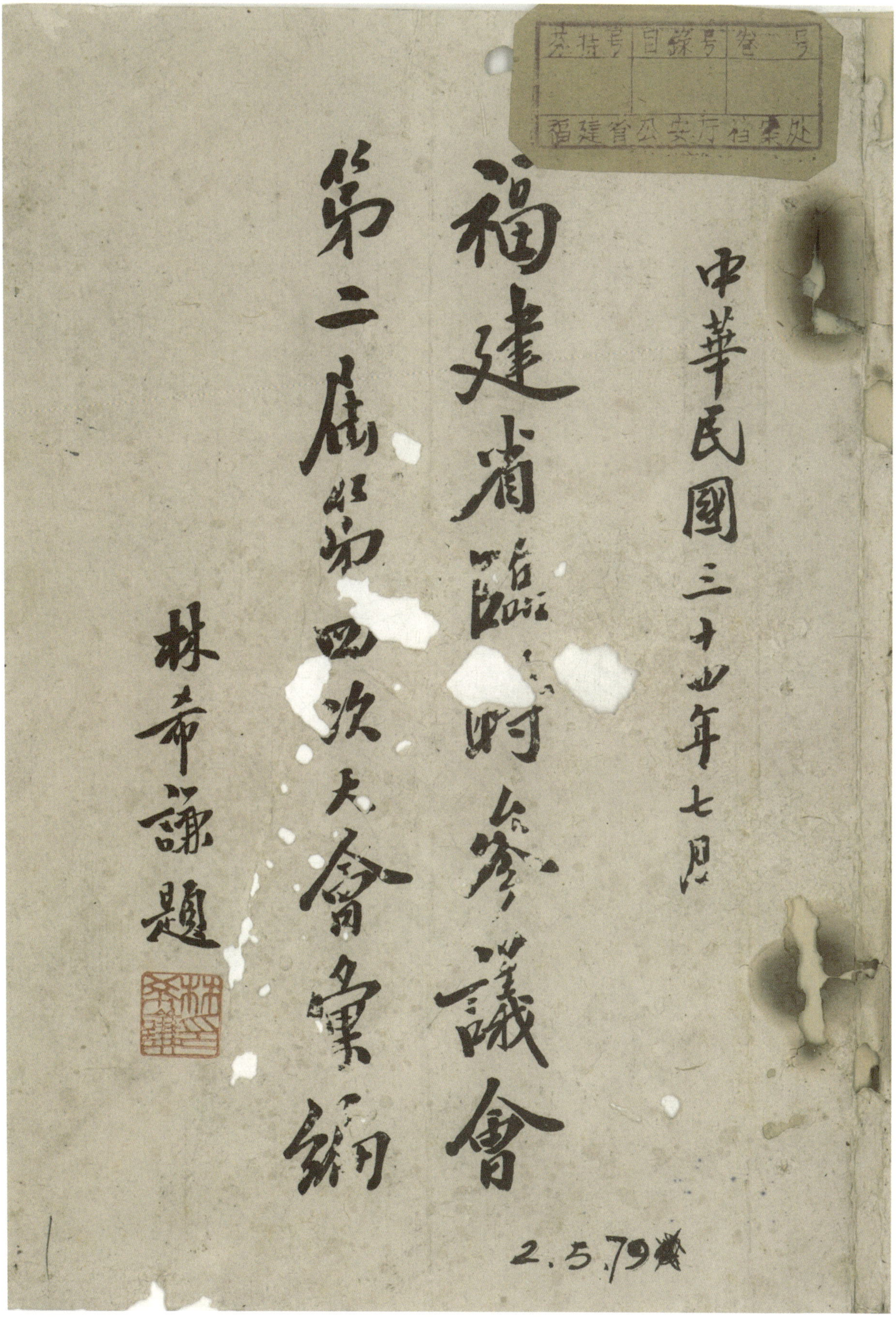
全宗号 目録号 卷 号
福建省公安厅档案处

中華民國三十四年七月

福建省臨時參議會

第二屆第四次大會彙編

林希謙題

2.5.79

福建省临时参议会关于建议中央增设台湾国民参政员名额等案办理情况表　　一九四五年七月

一、大會宣言

本會第二屆任期已滿本，次會議爲本屆最後一次，同人等檢討過去，瞻望將來，不能不揭二義，爲我邦人父老告。

一、國所興立紀綱爲重，信賞必罰，法治斯明，矧憲政實施在邇，所有舉措，尤宜以民意向背爲依歸。苟循斯旨，則澈底釐奸，勿稍徇縱，改善役政，勿稍遲疑，懲治貪污。勿稍寬假，善後救濟，勿稍偏頗，均爲今日當務之亟，此自消極方面言之，政府富有以副吾人之期望。

二、待時乘勢，古訓所垂，勝利在望，建國方始，此誠千載一時之機，宜懍九仞爲山之戒，姑揭其要，若者爲集中民衆意志，增强反攻力量，若者爲完成地方自治，樹立憲政基礎，若者爲戰後復員，如何準備，若者爲經濟建設，如何推行，凡此諸端，胥賴羣力，此自積極方面言之，其有待於政府開誠布公通力合作者，尤屬殷功。

同人等忝承選任代表民意，宜撵民隱，既以風雨同舟之誼，不惜曉音瘏口，與政府共任抗建之鉅艱，際茲歐戰結束。東方敵人瞬即敗亡，世界憲章已告成立。益以湘桂大捷，閩海重光，金廈台澎不日收復，尤足予吾人以奮勵，深望國人在此緊要階段，更盡最大之努力，而同人等亦决不因改組在即，稍懈其協助政府代表民意之初衷，用攄誠悃，希共鑒諒，謹此宣言。

二、會議紀要

本會第二屆第四次大會，於三十四年六月廿五，日在本會會刱會甘遠至七月八日閉會，茲將大會情形摘要紀述於左：

一、到會參議員

代議長林希謙 參議員 鄭玉書 張述 陳維垣 郭公木 林景潤 王孝泉 邱長康 許士 林步室 鄧超今 眞堯忝 黄 誥 宋開宗 曹挺光 胡夢洲 陳濟民 葉慕賢 方如玉 蔡鼎銘 黄光毅 陳永康 郭薰風 盧智鋸 高連魁 翁贊平 陳韻臬 陳文成 邱瘦鶴

二、會務分配

（一）第一審查委員會

郭公木 林步堂 陳永康 黄 誥 許 士 方如玉 龔履端 曹挺光 翁贊平 鄭超今 陳韻臬 黄光毅

召集人 郭公木 林步堂

4

	加強本省體育設施培養體育師資案	九	葉慕賢	送請省政府查照辦理	准省府卅五府教乙永一一五一七號公復畧稱：一、本省體育場已設有省立體育場一所，各縣市設立體育場所或民教館運動場一所。二、前經訂定練習國術器械圖釋助各縣轉飭遵辦。三、各級學生體格經一再通飭各校對學生運動營養衛生之改善暨之檢查訓練疾病之預防矯治均應分別注意。四、永安體師師導兩校充實體育設備已由糧谷加工補額項下撥款務使逐漸充實	本案辦理情形與原決議案所列辦法大致相符應予報告大會	第十二次會議通過
其他	請省政府轉呈中央遴重國民參政會建議從速設立台灣軍政機構案	一	張述	送請省政府查照辦理	准省府函復已轉呈行政院核示請查照	本案擬俟行政院核示後併案彙報大會	第一次談話會通過
	建議中央增設台灣國民參政員名額案	二	張述	送請省政府查照辦理	准省府函復已轉電行政院核示請查照	本案擬俟行政院核示後併案彙報大會	第一次談話會通過
	糾正政風學風民風以正人心而固國本建議案	三	王孝泉	送請省政府切實施行	准省府函復已將本案辦法各點分飭各主管機關切實注意辦理矣	彙報大會	第一次談話會通過
	修正省臨時參議會組織條例建議案	四	林希謙	通過	准省府函復已轉呈行政院核示請查照	本案擬俟行政院核示後併案報告大會	第一次談話會通過
	修正本會駐會委員會辦事規則案	五	葉慕賢 員詰	通過施行			

行政院、内政部关于谢东闵在国民党六全大会统一加强对台湾工作之领导等提案的来往函

一九四五年八月—九月

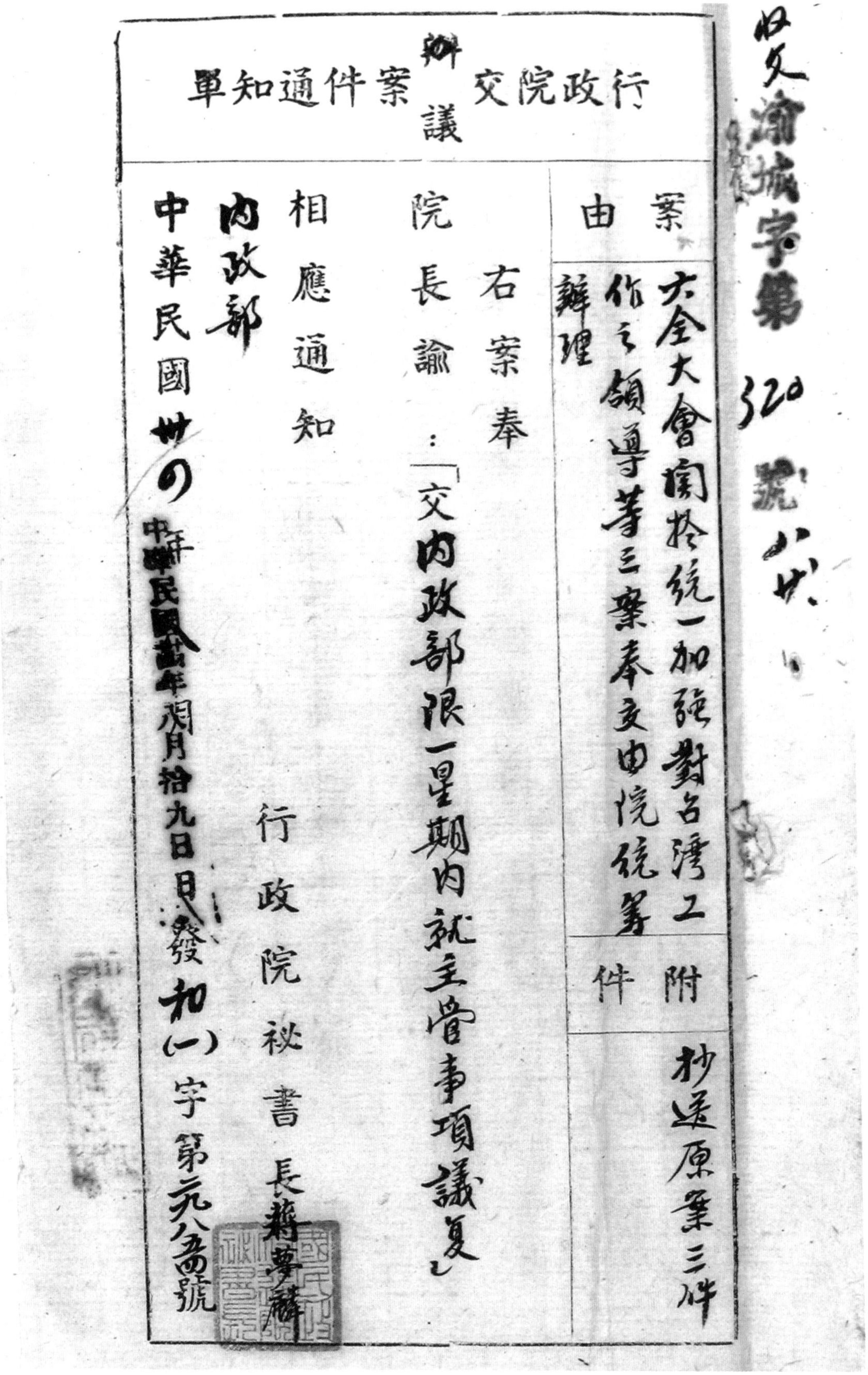

收文 渝城字第320號 八卅

行政院交議案件通知單

案由：六全大會關於統一加強對台灣工作之領導等三案奉交由院統籌辦理

附件：抄送原案三件

右案奉

院長諭：「交內政部限一星期內就主管事項議復」

相應通知

內政部

行政院秘書長蔣夢麟

中華民國卅四年八月拾九日發

和(一)字第一九八四號

行政院交内政部议复国民党六全大会关于统一加强对台湾工作之领导等提案的通知单（附：谢东闵等提案三件）

一九四五年八月十九日

抄件一

擬請中央統一加強對台灣工作之領導案

提案第一一五號

謝代表東閔等十六人提

謹按：目前台灣黨部工作人力物力尚屬有限力量尚不充寬容現條件尤感困難無庸諱言僅欲藉此達成光復使命及光復後鞏固本黨在台灣之領導權於不可動搖之地位勢所難能則國內有志之台胞亦尚未盡羅致在黨部之內其有組織之各單位隸屬不同不免工作參差故統一與互相配合不甚緊湊因而損及工作效率但在台灣島內固有之政派與共產黨之地下工作頗根深蒂固本

黨良不免相形見絀今台灣光復在邇發展本黨實力尤為急切要圖謹就管見條舉辦法如左：(一)欲擴大黨之組織宜先放寬尺度洞開門戶以便延攬台灣人才充實黨之幹部庶人地熟悉有利於工作之進行。(二)光復在即台灣人心必大振奮故台灣黨部之工作可能突飛猛進隨時開展故其活動費用頗難預算其工作方式仍應採秘密組織故亦無法依照一般手續報銷祗須領導人選得當經費應大加寬籌並設特別秘密開支項目使能因利乘勢便宜行事以免掣肘窒碍難行。(三)國內台灣各革命團体力量尚未能完全集中拟請中央加以援助並隨時指導使之形成抗敵鉅大力量使能協助國軍光復國土不

交通部用箋

字第　　號第　　頁

查照惠示以資參攷為荷此致

經濟部

交通部啟

五月拾捌日

中華民國　　年　　月　　日

丁4（192×272公厘）一會安印　　交總庶 No.3.34,1,2.60000

獨可以減少犧牲並对國際觀瞻收刮目相看之效顯示台胞確

抱重歸祖國之決心而免其他覬覦譏訕之流弊。

以上各項提請

大會公決

提案人　謝東閔

連署人　孫　箴等十五人

（卅四公尺×27公厘）印會

抄件二

擬請中央從速確定台灣法律地位案

提案一二七號

謝代表東閔等十六人提

謹按以往國內台灣人因日本利用少數台人助惡致不免受其影响而遭祖國政治法律之歧視但自
領袖親臨開羅會議得議決將台灣歸還祖國至是以後台灣人即回復為中國人已得正名之效視感為之一變然按我政府措施明令多未及此點五五憲草當時情形不同台灣未得列入中國領土前此台灣之愛國人士服務政府機關者仍多改寫省籍固屬

T4（192×277公厘）會印

不得已然時至今日已決收回而台灣上無省政府之設下無民意代表之選如不速加規定勢同上下扞格一如中國仍無台灣此一領土者然國內台胞對此頗多紛議陷區及島內台胞仍難免心存觀望深感徬徨本黨在朝當政不可不先以事實証明仿照東北各省辦法正式儲置省政府以示收復台灣之決心。

辦法：

(一)六全大会應有決議案向將召開之國民大会建議在憲法上列入台灣為中國領土之一部份。

(二)向淪陷區及台灣島內宣布台灣人今後應享有与祖國人民同等之權利義務由宣布之日起三個月以內當已明

省政府成立后再办

知中央決策而仍助敵者視同漢奸，忠實於國者一律保護其生命財產。

（三）本屆參政員無一台灣人，獲選將來決定國民大會代表時台灣民意勢不能上達，實有損於台灣地方民主之權利及其自尊心，擬請中央設法補救，務使台灣下情得有機會在中央上陳。

以上各項提請

大會公決

提案人 謝東閔

連署人 徐　馥等十五人

0

抄件三

擬請有關台灣事業之軍政機關儘量錄用台灣人案

提案第一四一號

謝代表東閔等十六人提

理由：

謹按日本統治台灣五十年台灣事情頗多變化語言體通行「廈門」「客家」兩種文化隔閡法統不同習慣亦漸差異凡此皆格於事實未能立即更改亦非台灣以外人士所能深切明瞭其溝通之道厥為首先起用國內台胞然台胞在國內人數甚少人事關係最多中央應予

了4(192×27?公厘)會印

優遇提拔以資感召而宏後效台灣与各省原屬一体吾人生長台灣及理解台灣者皆熱望其能有機會献身党國為鄉國尽責服务

辦法：

(一)今臨國軍配合盟軍大舉反攻之際淪陷區台灣人約計有二十五萬以上雖或良莠不齊宜加甄別妥為處置以保善良而免傷及興革致損國軍令譽但懲惡不懲亦不足以振法紀而戒來茲此種分別事頗繁複擬請中央准許台灣党部台灣革命同盟会台灣義勇隊及台灣工作團等聯合派員隨軍出發隨時協助調

查分别良莠及处理善后以期妥善。

（二）台湾调查委员会对收复台湾办法正在详细研究分别设计并罗致台湾人士得贡献意见惟将来设有立法草拟规章是否能尽适用及有无改变之必要为另一问题中央在遴选省政长官之时应特别注意录用台籍人士以期人地相宜使本党对省政府发生良好之影响

（三）入台国军为国际观瞻所系且须准备血战中央必拣派良将精兵自无问题但将来作战需要内应响导以期减少牺牲与破坏本党应注意训练台胞特殊人才

并使国内愿意参加军事之台胞预知其所应负担之任务，俾能有所效力，如训练得宜，能及时工作，应可策动岛内外武装之台民反正，藏免粤谓之牺牲，其有助于收复台湾，收效必大。

以上各项提请

大会公决

提案人 谢东闵

连署人 徐 嶽等十五人

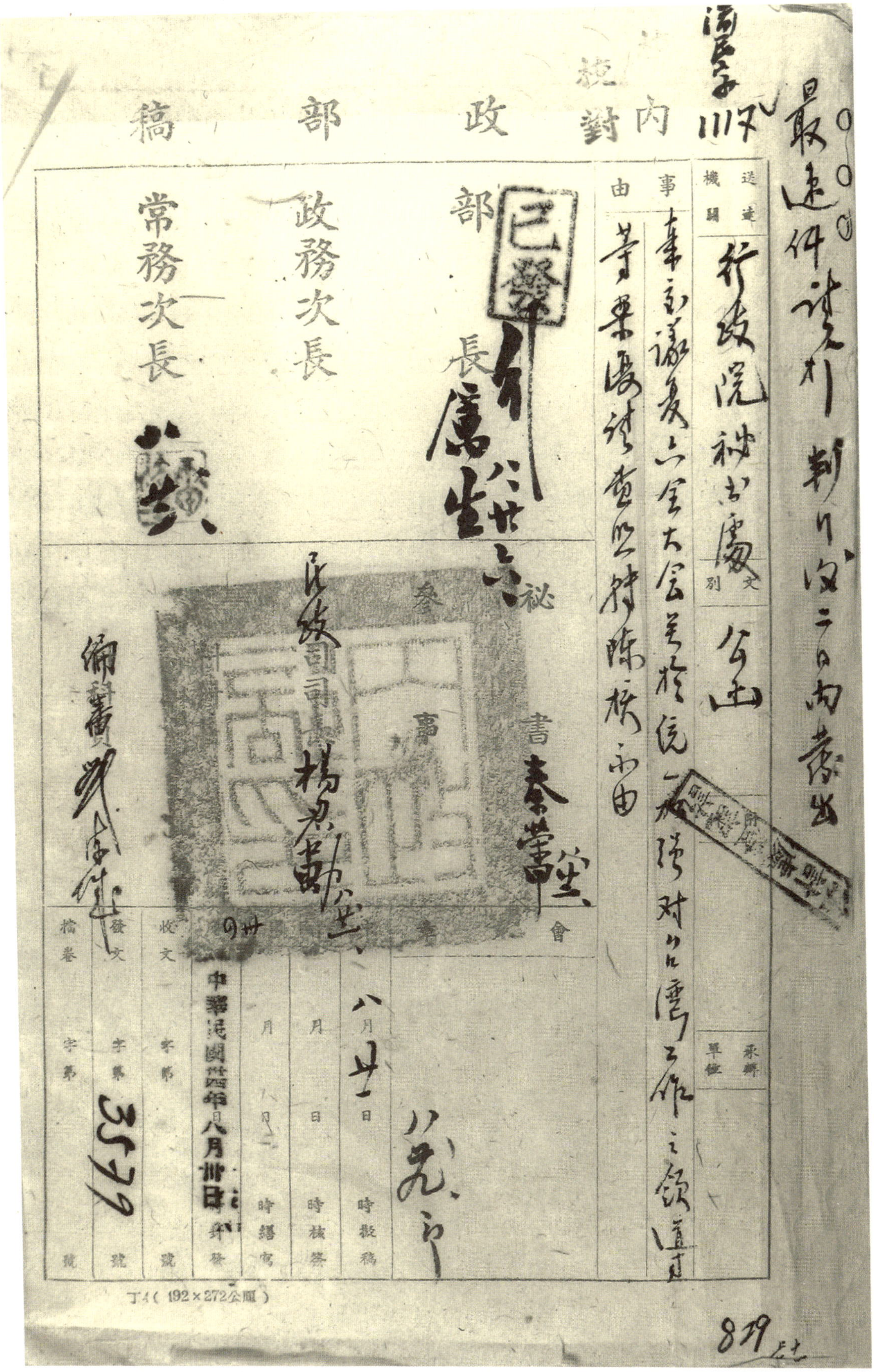

内政部关于统一加强对台湾工作领导给行政院秘书处的函　　　　一九四五年八月三十日

公函

准

貴屬本年八月十九日初(一)字第二九八五〇號通知：單以六全大會關於統一加強對台灣工作之領導等三案，等因；請交本部限一星期內就主管事項議復等因，通知到部。茲將本部意見分述於左：

甲、關於謝代表東閔等提：「加強中央統一加強對台灣工作之領導案」

一、原案辦法第一項「關於延攬台灣人才充實党之干部一节，目的在于熟悉有利于工作之进行，用意至善，似可转中央执行委员会核准施行。

二、原案办法第二项关于台湾党部活动费用应予宽筹，并设特别秘密开支项目一节，似应请中央执行委员会决定。

闽党部王泉笙　会有此必要

三、原案办法第三项关于集中国内台湾籍革命团体力量，期能协助国军光复国土一节，查现在敌寇已投降，局势已经变更，但此种革命团体似应予以组织，于适当时机遣往台湾，协助办理

惟据查台湾革命团体人事亦甚复杂，
似中央应兼容并收，不宜偏倚，精诚团结，
以完成其重归祖国各项建设工作。

乙、关于谢代表东阁等提议拟请中央从速确定
台湾法律地位案

一、原案所请第一项：关于在宪法上应列入台湾为中国领土之一部份一节，查台湾光复在即，应予拟请转台湾建省问题，
钧院初定法院来宪中，决定案将来在宪法草案中予以明确规定，俾有根据。

二、原案所请第二项：关于向沦陷区及台湾岛内宣布台湾人民享有与祖国人民同等之权利义务，其协助敌者视同汉奸，患害祖国者一律

保護其生命財產一節，即目的在鼓舞人心，增强其向心力，似亦可行。且為書甚之事，但宣布之方式，似可加以考慮。

三、第案办法第三項關於添設台籍參議員，使台灣民意能得上達一節，應俟台灣省政府正式成立之後再行办理。

丙、關於謝代表東閔等提議凡有關台灣事業之軍政機關儘量錄用台灣人才一案，办法第一項關於准許台灣党部等機關團体派員隨軍出發，隨时協助調查甄別台灣人之良莠，妥為處置（理善後）一節，俟現在戰时之任務結束，

似可照第一案办法第三项本部意见办理。（拟）

二、原案办法第二项，关于遴选有政治官吏应特别注意录用台湾人士，以期人地相宜一节，查台湾沦陷已经数十年，情形特殊，与内地各省不同，且语言习俗文化等亦与他省不尽相同，即特意选拔者，其行政组织似宜注重简练，以应实际需要，以有政治官吏之遴选，（该部亦宜特别注意录用台湾人士）务须遴派台籍人士担任，似应尽量选拔熟谙该地情况之人员充任，以资因应。

三、原案办法第三项，关于训练台湾特殊人才

丁4（192×272公厘）

作為內應，以期減少犧牲與破壞一節，查原建議用意甚善，惟此事現已[illegible]來目前急需訓練在台大批行政及技術人才，以便時機成熟之際前往接收各級行政機構及交通生產等機構，似可俟台灣行政首長之人選決定後統籌辦理。

奉交前因，一併議呈，是否有當，相應復請

查照轉陳核示為荷！此致

行政院秘書處

立印 夏潤之

丁4（192×272公厘）

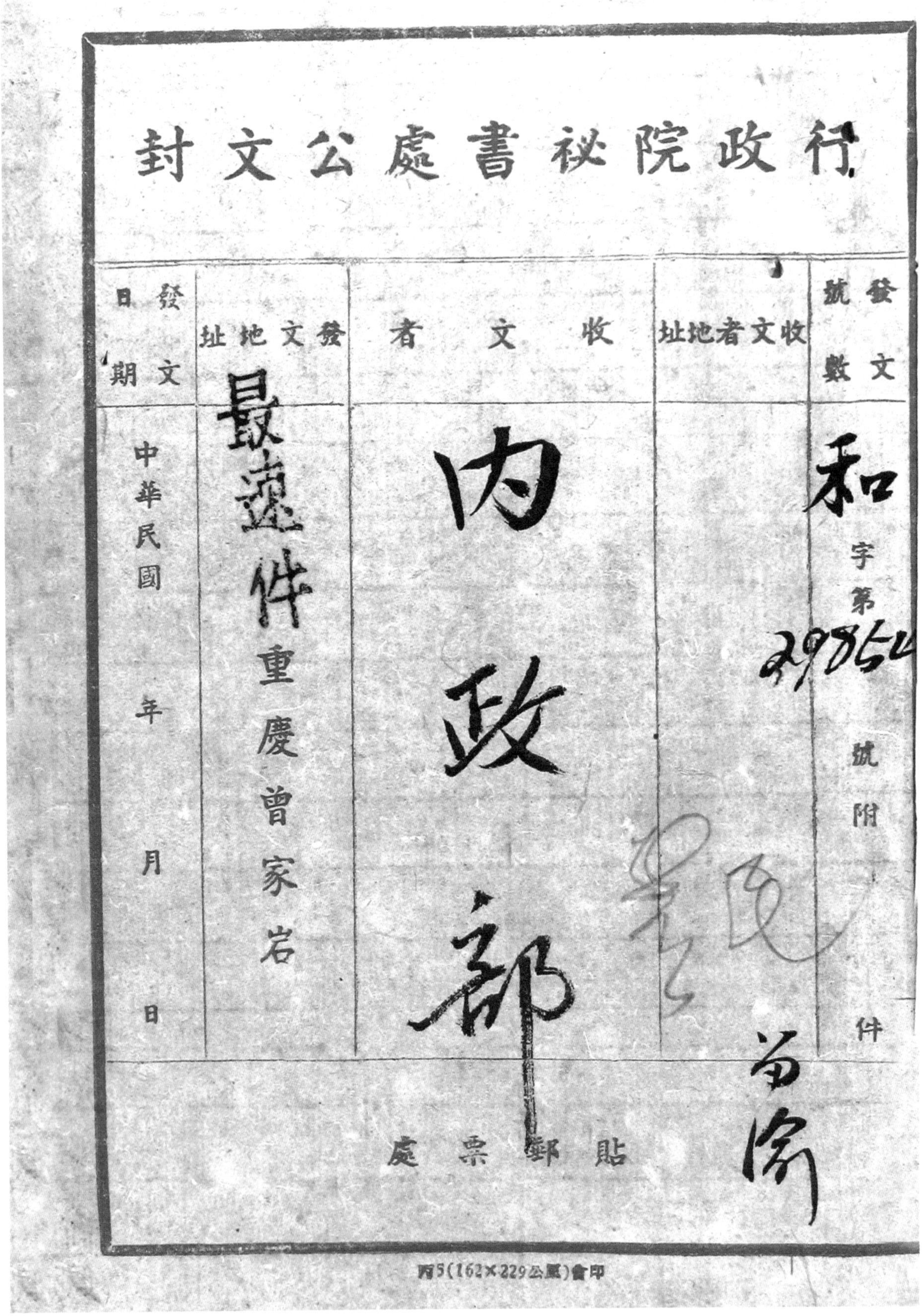

行政院秘書處公文封

發文日期	發文地址	收文者	收文者地址	發文號數
中華民國 年 月 日	最速件 重慶曾家岩	內政部		和字第29854號 附 件

貼郵票處

丙5(162×229公厘)會印

行政院秘书处关于统一加强对台湾工作领导给内政部的函(附:抄送行政院复国防最高委员会秘书厅函一件)

一九四五年九月十五日

渝民　卅四年九月九日收　號

統計處登記訖

中華　年　月　日收

發文　字第　號

附

中華民國　年　月　日發

中華民國卅四年九月拾五日

行政院秘書處公函

事由	擬辦	批示
六全大會關於統一加强對台灣工作之領導等三案	擬存　九.廿	

貴部本年八月卅日渝民字第三五七九號公函誦悉第六次全國代表大會關於統一加强對台灣工作之領導等三案已由

J4（192×272公厘）　　字第　號

院将办理情形函复国防最高委员会秘书厅相应抄同原

稿函达

查照为荷

内政部

附抄送院函一件。

秘书长蒋梦麟

校对　监印

丁4（192×272公厘）　国营中心印书局承印

抄院函

貴廳本年八月十一日國紀字第五六一四五號公函誦悉第六次全國代表大會關於(一)統一加強對台灣工作之領導案事屬黨務已函請中央組織部核辦見復後准復到院再行函達(二)從速確定台灣法律地位案查台灣現已設省將來國民大會制定憲法關於領土之規定如採列舉主義台灣自當列入台灣既已設有台灣人今後當然享有與祖國人民同等之權利義務無庸再予宣佈台灣接收後如國民參政會繼續召開則台灣參政員似應斟酌當時實際情形依照國民參政會組織條例由該省參議會選舉或由中央遴選(三)有關台灣事業之軍政機關儘量錄用台灣人案經函准軍事委員會函復已令飭軍政軍訓兩部遵照本院於指示台灣用人行政時當令該省行政長官公署注意拔用台籍優秀份子或熟悉台灣情形之人員相應復請

查照轉陳為荷

江秀清撰写提供的材料

一九四五年九月

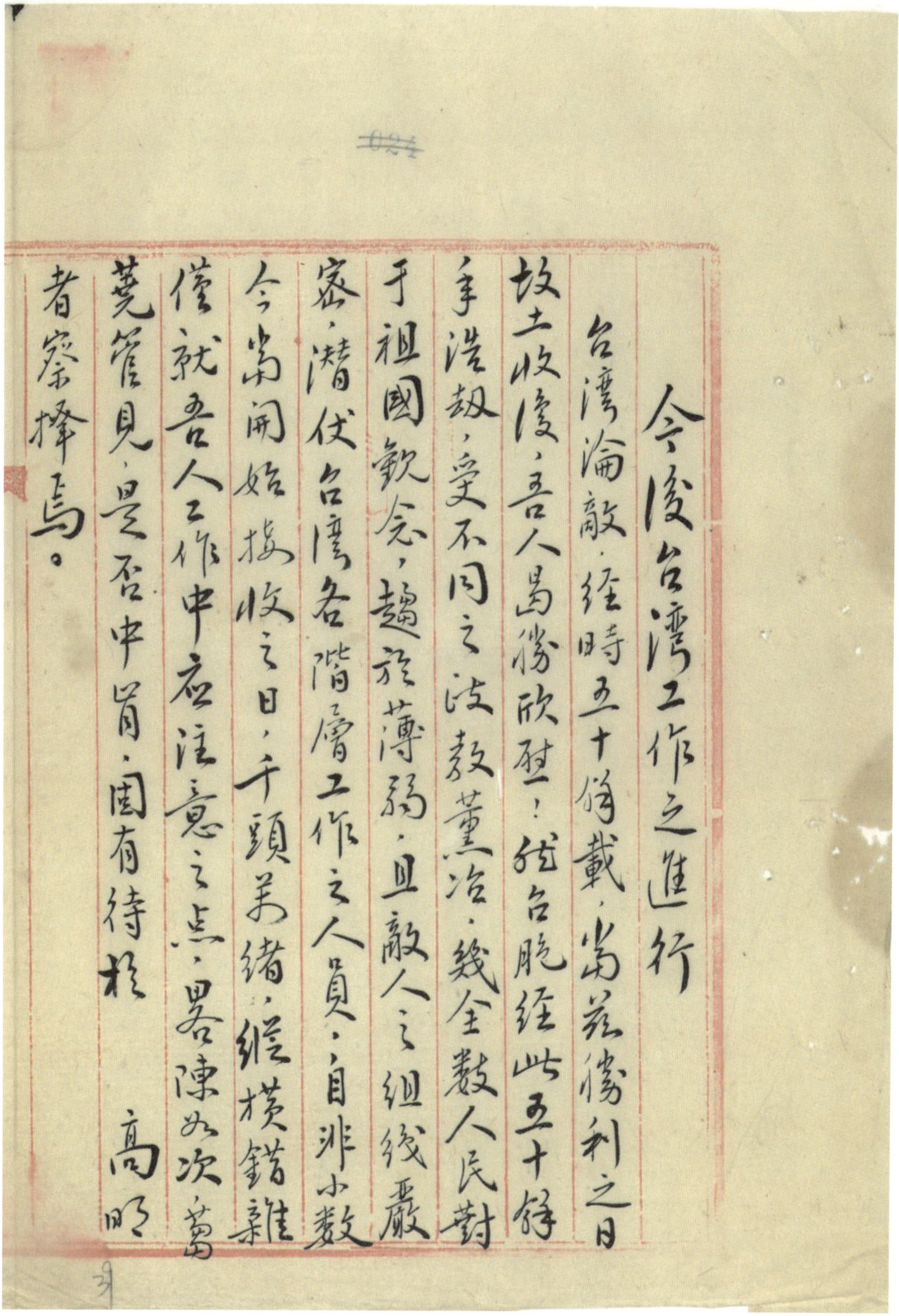

今後台灣工作之進行

台灣淪敵，經時五十餘載，當茲勝利之日
故土收復，吾人爲勝欣慰！然台胞經此五十餘
年浩劫，受不同之政教薰冶，幾全數人民對
于祖國觀念，趨於薄弱，且敵人之組織嚴
密，潛伏台灣各階層工作之人員，自非小數
今當開始接收之日，千頭萬緒，縱橫錯雜
僅就吾人工作中應注意之點，畧陳如次，藉
莞管見，是否中肯，固有待於 高明
者察擇焉。

江秀清《今后台湾工作之进行》稿　　一九四五年九月

一、分區調查戶口：

台灣戶口，在敵人管制之下，向有精確之數目，但自戰爭以還，台胞壯丁迭受抽調，及今移棲，人口來往頻仍，數字難以確定，勢所必然，為便利管理，及明瞭一般狀況起見，亟宜先予以詳確之調查，以杜奸宄之潛伏，作為一切設施之依據也。

台灣地域遼廣，人口眾多，如同時舉行調查，殊非易事，故宜按台灣之地勢，及以往之習慣，分區舉行之（劃分為台北、台南、台東、台西

40

台中、水上、等區）詳細調查，加以統計，再對照接收之戶籍，嚴格核對，自不難明瞭也。

二、分別日人、台人、朝鮮人、生熟番、暨各地寄居台灣之僑民，加以詳細調查。

戶口調查清晰後，再將各屬人民劃分，加以公開秘密詳細調查凡屬居民日常之生活、與敵人關係之深淺，過去生活動之情形，暨手在台灣所佔之地位，均應詳查，以為管理之南針，監視之路線。

三、秘密工作人員與便衣隊之接收：

將其秘密工作人員及便衣隊集中一地，分别其工作地區或部門，編為若干隊或組，施以訓練，在訓練期間中，嚴密注意考核其思想，加強其對秘密信仰，再擇優秀者運用之；其与日人間係密切，而中心無誠意者，則予以淘汰，惟淘汰後仍須加以監視，以防他变。如係日人，則遣回日本本土，使其關係斷絕，或予以密禁設廠留置服工，使無活動机会。

四、儘量搜集日方對付台湾之材料：

日本對台灣之控制，手段至為陰狠，其控制之計劃，極為祕密，故搜集日方控制台胞陰狠手段之材料，亦為重要工作之一，此種材料，不特可以揭發日人奸陰之用心，作為宣傳之資料，使台胞痛定思痛，今後不甘為虎作倀之人，且可察知其管理成敗之所在，作為吾人今後工作之殷鑑，亦深具價值也。

五、社會各階層之調查統計：

社會之調查統計，亦為施政重要之

參致，台灣氣候暖和，土地肥美，四面環海，不但土產饒富，漁業尤爲旺盛，自日敵佔據後，逐漸建設，台灣之輕重工業亦頗繁多，且交通方便，故社會情形亦因之複雜，於各階層所就職業之人數，應予精詳之調查統計，分其良莠，剔其莠惡，以爲監視之根據。

六、集中其政治人員，俟全編遣後，隨各部門工作之狀態，作極密切的配合。

44

台湾之政權，早操於日人之手，凡屬較高級之政治工作人员，大部均為日人，故重要之政事，台人無參與之機會。於接收之时，应将各政治工作人员，逐步集中，如属日人，即予遣回日本本土，另以為台人，视其思想之如何，然後委以職務，以争取台民之心。

七、政治犯之起用：

台湾淪亡雖經五十餘年，而有志之士起而革命者，為数甚多，然以力量單薄，未得成功，或流居他鄉，或被捕下獄，凡属此種人才之（奸党份子除外）應分别起用，以慰其心。如有日人之政治犯，而属于技術部门者，亦可试予錄用，惟须監視，以防其变。

八、检查机構之設立：

各種检查机構之設立，應迅以補秘密工作之不足，如郵電、碼頭、車站之检查，亦應于接收时同时成立，俾免奸究漏網，而防違法事件發生。

九、其他調查：

他如各工廠之機器、馬力、出產量、漢奸產、林業之生產

46

九、其他調查：

他如各工廠之機器馬力、出產量、海產、林產品之數量，一般人民之生活狀況，教育之現狀，皆均應詳為調查，以供施政參考之資料。

~~029~~

一、前言

台灣地勢險要為扼近亞洲大陸東部之最大島嶼西隔台灣海峽與我國福建相對東臨太平洋東北由琉球群島與日本本土相接南與菲律賓群島僅有巴士海峽之隔控制南海北端與海南島犄角對南洋群島故昔視為太平洋之直布羅陀亦為我國海疆屏障國防重鎮島上氣候溫和（北回歸線橫貫中部介于溫熱兩帶之間）物產豐盛（林產森魚鹽礦藏富饒工商業發達）經濟富足（一九〇〇年之入預福建の倍八千餘萬日元）交通便利（全島鐵道公路交織如網航空站所星羅棋佈郵電局所遍及各島）日人佔領期間視之為「南洋發展之樞軸」其地位價值可知今既為我收復自當視同特殊政治之設施軍事之佈署民心之收攬農工礦業之振興

48

小陆室

教育卫生之促进，交通之开制，敌奸潜力之搜缴，其责任之重大，绝非以往
仍循继踏以往殖民教育之例，可以为治，更因日本投降急骤，我方一切准备均未臻妥
建设人才（包括党政军学及技术人员）之缺乏，财政之困难，在在
均须积极克服，以赴事功，而敌人勉强退还之余，必将潜放阻力，增我
困难，故学会负将之训练，替当地之素质，风气之训正，安全之保持，皆
为吾人当前之任务。我国留日较久，且在闽省多年之工作，更闽日情
引以为虑，爰就报告已得资料草成计划呈请
审核，如有机缘，赴台一行，赓续详细审察实况，作更有系统之拟具
呈备 参考 蔡谦将意见到港手存之

49

二、工作之重要性

一、肃清推行新政障碍贪污：中央已选定台湾为实施三民主义政治之特别行政区，但此次所派为首任行政长官当负建全省子而革同赴台之军宪警察，除青年师外，平时均须整肃纪律，使其（及其所属之党政军各级干部）能充分秉承领袖意旨，修除以往作风，以建设新台湾为我责任，张非领断，故对于贪污沉溺腐败之分子应随时训练，促进其（社会实况掩护台胞）实高之理想与完美之政治政策得以如期实施实现。

一、维持治安，保障社会风气：日本治台期间，谋尽方法同化台胞，使其愚昧驯伏外，又培养大批生活设施之浪人，驱使在我沿海各省活动营私舞弊

50

弊破坏风气扰乱治安今日此辈又復回归台岛对于社会风气及治安之影响自在意中亟应极早设法清除以收釜底抽薪之効

一、阐扬党义建立中心思想
争取台胞回向服从国民重要：六百万台胞[illegible]疏离五十载对于祖国文化尚大部保存唯彼等受敌亂向宣传之深刻而平以往国内政治黑暗以及台民在沦陷扰乱所引起之感情冲突其种种因素足使台胞怀存疑虑而若辈党徒在过去期入台佈置活动争取民众破坏政令故对于潜存之旧台民及其党份子亟须早予清除或抑制其活动并加强利用教育及宣传方式

效之
宣传阐扬党义
三民主义对于三民主义
予回归信仰时
革命领袖绝
对于政治

51

~~031~~

一、纠正国际视听，提高国家声誉。忆去年旧金山会议时，美国当局曾有一部份顽固人士发表台湾应予国际共管之言论，而敌人亦曾表示愿将台湾交与国际共管，不欲交与中国政府，而效之中国官吏之手，恶意宣传台湾归复后政治统制之严，华人心之向背，短期内难免无畸形之现象，足供偏见之国际人士讥评，故对于居留及过境之国际人士应设法使其了解真象。

一、清查公有物资、敌产。日人治台政策，纯操压榨剥削之殖民地制度，五十载之经营，搜刮台湾财富殆尽，全为日人所移占，接收时恐被先期分散转移匿藏

52

案调查统计历年损失及危害社会安全

53

~~032~~

（四）应付敌人遗留之潜力

一、亲日份子：此辈（皆系曾任台湾总督府及退休之官吏与颇有社会地位之知识份子之被敌利用者）深受敌人教育及生活优裕之影响，对于祖国情况模糊，未受再教育前，能自动或被动的为敌宣传，离间政府与民众之感情。

一、原任敌人政府机关之中下级官吏：根据一九三五年之统计，各阶各级行政人员（年俸二千四百余万元）除雇用人员达二万八千八百余人外，共计二万五千七百六十八人，其中中下级人员占绝大多数。此辈（均系知识份子）[illegible]颇奉仇已久，倚仰生活所依赖，一旦失职，必感怨恨敌人，可利用其原有之关系，贿赂供其运搅敌政。

一、原任警察官署之人员：据一九三五年之统计，警察

54

人员共计有一万一千二百七十八人（内回台及警手约九千九（后方各级人员之）
百七十人）此辈均受有工厂教育或警政训练且（组织之严密）与台湾人民
间（平均每一警务人员管理人民四百七十四人）其语言生
活习惯与一般民众毫无差别彼等潜伏地下该辈
发挥其宣传之作用外亦能破坏治安扰乱秩序及危
害我干部人员

一、资本家地主劳工：此辈曾被敌人利用为间接统治台湾之
●工具彼等吸吮台胞血汗造成自己之财富对于
三民主义之均产制度必深感不利于本身之利益冲突
必设法利用其地位向引起意志薄弱之官吏阻滞新

55

政之推行，或直鼓動人民違抗法令亦所謂為

一、地痞流氓：此輩原為敵人豢養，用以搗亂我國之走狗，一旦失其憑依，又無正當職業，甘（自）心為能作歹，破壞秩序治安。

一、特種間諜：此輩無論日人或台人，均係絕對忠日本之份子，彼等于接受委命後，可以各種方式（如歸化者）滲透我政府之信任，從事極其長期之潛伏工作，待機活動。

一、半開化之番民：彼等生活習慣與漢人迥異，其開化之程度，以接受日本文化之（深淺成正）比例，彼等政治意識模糊，唯民族性特強，每為感情所衝動而引起

56

580)6500000(1120
580
700
580
1200
1160
4000
3480
5400
408
13

不安与扰乱（此系日本同化民毒之留毒系间接潜力）

一、民刑罪犯之潜伏：台湾为我收复，敌人自怨恨，故对于最近十六年之民刑案件资料自应有意加以窜动或烧灭，以增加我维持社会秩序之困难。

一、国内逃台之政治犯：以从闽南一带政治思想之份子较为复杂，奸宄匪徒多，以台湾为逃捕薮，甘贱视国家民族利益，今既失庇护，倘能悔过自新，固为安置，其顽固者，则无形为敌间接工作也。

51

七、中心工作之確定

甲、公開的

1.普查户口：台警處主權如係我方掌握，查編户籍工作自應盡力爭取，否則亦當設法[illegible]從旁協助所屬之警政機構徹底查編（胡福相在閩招訓之中下級幹部雖有六七百人，惟份子複雜，程度不齊，工作効率恐不甚高）

據查台灣人口根據一九四〇年（昭和十五年）之統計全台人口為六、〇七七、四七八人，內台灣人五、六八二、二三三人（其中除十六萬土番外，其餘全屬我閩粵兩省同胞，其中粵籍僅佔極其少數，餘均為閩南人，其言語、風俗習慣由闽南人来台分别）日本人三〇六、六六三人（按内改留台之日战俘尚有二三十万人不计在内）朝鲜人二、二九九人外国人四六、二八三人（所谓外国人除极少数之欧美人外几全部为我闽南在台侨居之人民据最近统计此类华侨已增至七万余人）其职业工业农业各依事数

2、社会各阶层之调查统计 台湾工农备受日寇及[倚殖民地经济制度所有在台日人皆系企业份子]特殊阶级之压迫剥削一般均在贫穷困苦之挣扎之后社会分化成为两个阶层份子复什复极端倚乎为一思想急进之甚而至于共产无不（备至）此等人之实际情况亟应调查分晰作为策施之根据在查

~~035~~

3、进出口之检查：

60

山、邮电新闻之管制：根据第十次中常会决议并经委座批准之「废除出版检查制度办法」第二条规定收复区复员工作尚未完成者，及军事戒严区域之交通管制，而邮电之检查自应保持。台湾为沦陷区，交通发达，教育普及（据一九三四年统计台湾共有邮局一五七所，全年书函邮件共收七七、四三五、○○○件，普通电信局二所，无线电信局三所，全年拍发一六四三、○○○件，全岛可通用之电话（用户计）一万六千余户，全年通话达一万万次，公共电话四所，通话九万次（一九三五）；电话线路计陆上线路一、二一八公里，线条五、四六○公里，地下线线条

61

八公里，水底线线路及线条各六十八公里，学校方面（一九三九）有公私立幼稚园七一所，小学校一四七校（九六日校，中小学校），公学校八一三校，无线电广播台二所，社教一六八の二所，电影机一六一架（一九三四），收音机一五、五九二架，图书馆七九所，博物馆の所，盲哑学校二所，以及家长会、成人教育之六の所，主妇会二の一所，工商业界论座二三所）停办，严密管制影响施政殊大，其管制期限自应延长至秩序安定时为止，检查人员应即调派通晓日语文之干部职员招训台籍青年。

5. 担保之公有物资及日人对产讼案之清查，公有物资另被日敌隐藏化为私有而应从严核准，延时日在所难免。

伪日对产（土地、房产、金银、珠宝及古物、商业等）之禁行转移隐匿藏自属亦免。至于弹药武器之分散于民间（包括土番及良民），尤不可……倘不严密追究，时日一久，不易查缴，易遗害治安，更属可虑。

62

（六）

乙、人员之运用：

1.基层干部之训练与考核：一、干部人员之籍贯应全量选拔台籍优秀青年（初中以下）其次为闽南一带之高中肄业或高毕业者之学生（兰仙漳外）训练方针应以提高三民主义之革命政治意识为原则（包括政治经济军事史地国际现势为其主要课程）其次求特工常识之灌输（包括情报行动暨政治之特技）训练期最少一年训育方针以[illegible]为贵又务为当仁不让为硕[illegible]开学者考核重点应以迅速确实缜密为中心以养成个个皆能苦干苦守任劳任怨守静忍耐[illegible]大坚强之标人才俾为实现三民主义而牺牲奋斗

四、对国人员之吸收：抽选在台被敌捕去之优秀政治犯及思想健全之青年学生与原有邮电铁路等交通机（员工与具有经验之原有行政人员（包括警务））关之优秀份子施以短期训练仍派其原有职业身份界予之适当任务

五、地方潜势力之争取：二、本岛之资本家与地主为最易接近之份子可晓以大义使其心服三民主义使不（保持）其财富与身份三、所有台籍高等以下之行政人员均尽量罗致给予优厚待遇保障其生活使其无复误入歧途之苦四、所有社会有地位之知识份子应设法使其明晓并拥护祖国文化与三民主义之崇高理想五、原有对日

一、吸收台湾革命份子：台湾自一八九五年以来曾先后十二次革命运动均因功败垂成此台人抱日情深仍在台湾实台人可利用之以从事宣传政治理想之奋斗

64

各人员乃台民，除极少数保留运用外，其余全部集中管理，畀予生产工作，或遣之于若干地质较佳之海南岛上从事垦植工作，既可减少施政阻力，而亦可增进工作效率。

六、开化土番，要使接受我人之文化。彼等思想单纯，易于诱导，俾选拔优秀，施以优遇（生活简单，惠而不费），亦能为我服务，安定十六万番民之情绪。

七、外籍人员之利用：日本之自由主义份子于其本国民主政体未实现前，其精神上之苦闷有增无减。台湾之海洋气候与岛居生活，颇似彼等聊以寄足，无论其民主政治之理想有何差别，而其追求人类和平幸福之出发点则无二致，故吾人可利用其弱点，诱导其认识三民主义之崇高理想，启迪其共同奋斗，以促日本早日实现民主政治，奠定太平洋之和平基础。至其他各国侨民为数甚微，且彼等在台均负有政治或经济之特殊使命，不易诱导收效。琉球归属之土民与台民习惯相近，而受敌人之欺侮压迫更甚于台胞，吾人或能诱致其共同工作也。

日据统治台湾时，以警察为政治上的原动力。一九三七年时台湾的警察数[illegible]千[illegible]即有一名警察，台民的生命财产都受其限制，对于社会各阶层之调查监视的[illegible]，较中国[illegible]成于警察之[illegible]。此次赴台接管者，对于警察[illegible]负[illegible]相当[illegible]训练[illegible]干部[illegible]人[illegible]员[illegible]力量[illegible]精神[illegible]台北一市[illegible]

六、工作之配备：

甲、机构之建立（接收之争取）

1. 警察行政权之争取与运用：一、由内政部设法争取警务之忠实同志俾能开展实际工作，或训令在闽警政机构工作之本省同志以个别方式活动赴台服务并以台湾通务部门争取重要职务为原则，以奠立健全之基层工作。二、在本市南班增设政工班训练知识青年一、二中队，由中央令派配属于台警处之当局高警，明确实权作用。

（高级警官之首长能由我方派充固佳，若别无良策，闽大[illegible]须予以实际任务秘密任务，指挥专人负责之）

乙、交通[illegible]之控制：A、交通下层人员之潜入与吸收：

陆上交通概况表

数 交通工具	铁、公路等		

查台湾现有官民营铁道线九百九十九公里，车站二百二十三场，据一九三一年统计，已有机关车二三七辆，客货车四、八〇九辆，公路全长一五、三七六公里，据一九三〇年统计，全台有汽车三、二二九辆，人力车三、〇九〇辆，机器及普通脚踏车二一九、〇九〇辆，战争期间因全岛密筑飞机场及军运需要，公路线及车辆之数字自亦大为增加，惟限于资料，无法明查列。至水路交通，除台北与淡水间可行航只外，其他河道多不通航，运惟海运方面，台湾据一九三〇年统计，全台计有五五一千吨之汽船二六六艘，五五〇百吨之帆船有七七〇艘，故台……

又航空方面台湾除闽航线有台北经台中台南台东花莲港宜兰之环岛航线外，其他人口繁密之地亦均设有航空站所。

~~010~~

通信之控制殊为重要。A、交通下层人员之潜入与吸收：(一)将现有东南训练学生尽量设法继续不能再任新职者用以与台侨最为接近之人士（前闽省贸易公司中级人员可在闽省竞择若干闽侨）之于闽台联合社、台湾交通处及水陆交通官民营机关充当职员。(二)吸收厦门水陆交通机关之员工（包括机工及港口卫生人员）就地集中短训，逐渐由干部工作同志个别负责每人训练十人为最低要求。B、争取水陆交通之对象：将现在台公开服务之高级分佈于台北、新竹、台中、台南、高雄及花莲港、台东等重要水陆交通机构负责

68

调查统计，极供本局参考，以作将来争取其权之准备。

岛上铁路纵横，陆上交通（环岛铁路）公路纵横交错，而海运输频繁，台湾交通（水陆）发达，关于航路建设事业，本局对于航空交通之安全，尤须设置一专门机关，以资控制，以维我方之事权，而足扩张吾人工作之推行。

[illegible]

69

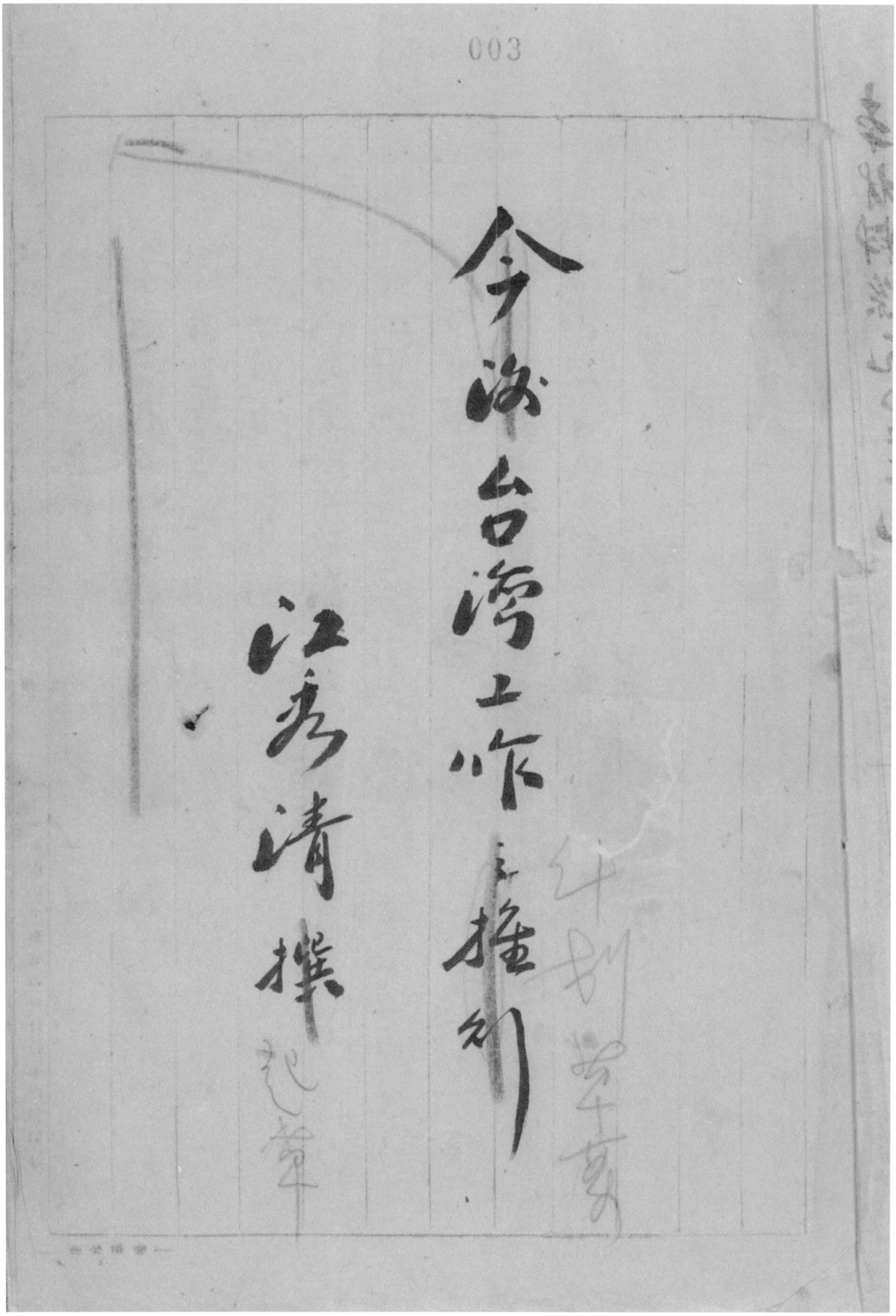
003

今后台湾工作之推行

江秀清 撰

江秀清《今后台湾工作之推行》稿　　一九四五年九月

004

今後台湾工作之推行

目錄

甲、工作路綫之爭取

乙、工作人員之運用

丙、通訊聯絡之配備

(五)目前工作中心問題

(六)今後工作之方式與步驟

(七)其他

(八)結論

—目錄完—

今後台灣工作之檢討

（一）前言

台灣地勢險要，港汊縱橫，為接近亞洲大陸東部之最大島嶼，西隔台灣海峽與福建相對，東臨太平洋，東北由琉球群島與日本本土相接，南與菲律賓群島僅巴士海峽之隔，控南海北端，與海南島犄角，對南洋群島取監視態勢，為太平洋之直布羅陀，亦為我海疆屏障，國防重鎮。島上氣候溫和（北回歸綫橫貫中部，介於溫熱兩帶之間），物產豐盛（農林漁鹽礦存富饒，工商業發達），經濟富足（一九〇〇年歲入預算達〇億八千餘萬日元），交通便利（全島鐵道公路交織，航空站設星羅棋布，郵電網遍及全島）。日人佔領期間視之為「向南洋發展之扇軸」，其地位可知。今既為我收復，自當視同珍寶，政治之設施，軍事之佈置，民心之收拾，農工礦業之振興，教育衛生之促進，水陸空交通之管制敵奸潜力之搜殲等責任之重大絕非若以往因循泄沓敷衍之作風所可以苟存更因日本投降突驟我方一切準備均未臻妥善善後人才（包括党政軍学及技術人員）之缺乏財政之困難在在均須積極充実以赴事功而敵人既降交通之餘更有潜伏阻力增我困難故对於貪污之糾察潜毒之肅清風氣之糾正安全之維持皆為吾人當前之急務　職　早歲負笈東渡遊学台湾且在閩省工作有年多與台邦人士接近耳聞目睹時加研討爰敢根據諸般資料草擬計劃呈請

察核如有機緣趁赴台工作更能細察実況作更多系統之報告呈供參考茲謹將意見列陳如左

（二）台湾接管後之工作重要性

甲　監督新設制度確保革命政權

台湾沦敌经时五十年，已成为相当工业和高度农产商品化的地区。此次还治祖国，不但增强国防上的屏障，同时为祖国在国际经济竞争上坚强的堡垒。倘此不能善为保持固有现代性之物质，力求新的发展，非仅减损国防经济前途，丧失六百万台胞对于重归祖国的殷切希望，而且妄见识的盟邦重肇宰割的危机。故以对於重建台湾推行新政，尤宜審慎。候以参故，应严加督察，检举，树立行政人员廉洁的风气，告幹之工作精神，严惩贪污及腐化不良份子，以确保革命政权。

乙、安定社会秩序，抚绥流亡台胞

日寇治台期中，除尽量设法同化台胞，使其愚昧驯伏外，又豢养大批生活放纵之浪人，驱使入我国沿海一带，勾结不肖官吏，串通奸匪为非作歹，破坏地方秩序。现此种恶势力回蘇台岛，散布各地，影响新政之推行甚大，尤应極早清除，以安定人心。对於流亡内地之义民，更宜策励

设法抚绥收其归附，还须加紧重建工作

丙、阐扬三民主义，坚定台胞中心信仰

沦离祖国五十年之六百万台胞，对于祖国文化虽尚有遗存，但彼等深受日寇皇民化、武士道、黩武主义、资本社会主义之奴化教育毒素的麻醉，五十岁以下之台胞对于祖国观念、民族意识均已渐渐淡忘，甚且认贼作父，仇视祖国同胞之心理，益以受敌寇离间宣传之深刻，与乎过去祖国内地政治窳败之印象，造成台民在国境内之特殊心理与仇救华人的各种因素，现还治祖国一般台胞对于三民主义之国策未能了解，对于政府威信未臻信仰，尤于我政之措施更怀疑虑，而共产党份子又乘机潜入台湾，先期布置，煽动民众阴谋破坏政令，此种现象在所不免，故消极的对于亲日份子及思想不正确之台民应制抑其活动，设法粉碎歼灭其组织，积极的应利用警察之管教养卫并施行教育及各种宣传方式深入民间阐扬三民

9

主義領袖言論與政府法令潛移默化使其深切了解心悅誠服建立其中心信仰服從領袖擁護政府擁護國策以鞏固革命政權

丁、糾正國際視聽提高我國家聲譽

憶本年舊金山會議時美國國內有一部份頑固人士曾發表台灣應交國際共管之言論當時日寇亦曾表示願將台灣交與國際共管不願交與腐敗中國官吏之手等惡意宣傳誘以台灣歸治後政制之安草人心之向背這形內諧免有顧此失彼鞭長莫及之現象此均足供偏見之國際人士譏評苛刻淆亂國際聽聞作歪曲之宣傳故對於過境或居留境內之國際人士應誘導解釋使其瞭解真象以取得盟友邦之同情與幫助

戊、清查公有物資（包括軍需品）及敵產之保存

日寇治台政策純係以壓榨剝削殖民地制度五十年之經營搜刮台灣

财富资源以及工商业等几全为日人所独占此次接收时间较为迟缓难免先行被其毁弃分散匿存尤以军需工业之原料早为特务故亟应严密调查搜索设法破坏或利用之

(三)今后台湾工作对象之认识

甲、日寇遗留在台湾之潜势力

1.亲日份子——多为资本家地主及退休之官吏与在社会颇占地位之知识份子等深受敌寇奴化教育及生活风尚所影响对祖国情况隔离和未受教育前者易能自动或被动的为敌所离间或利用

2.原任敌人政府机关之中下级官吏——根据一九三五年之统计台湾各级行政人员除总督外共计二万五千七百六十八人年俸二千四百余万日元其中中下级人员(雇用人员达一万八千八百余人)以台胞占大多数此辈均系知识份子靦颜事仇已久倚仰生活所依一旦失职无存怨恨心理敌人可利用其

~~008~~

原台之關係，唯使其作阻撓我政之推行。

五、原任警察官署之幹部員警——據一九三五年之統計，台灣警察人員共有一萬一千二百七十八人（內係低級之人員及巡查及警手佔九千九百七十人）。此種警察為過去敵人統治台灣宰割台人之唯一最利害工具，其智識水準較高，久受嚴格之特殊訓練，組織亦甚嚴密，深入民間（平均每一警察管理人民六百七十四人），其語言生活習慣及其工作時刻與民眾接近，打成一片，接管時此項原台台警若不妥善處置，任其閒散，誠恐貽禍將來，彼等潛伏地下受敵利用破壞治安，阻撓我政，並危害我工作人員。

六、特種間諜——日寇素以間諜國之稱，其對於間諜組織之嚴密，周之週到，真無孔不入。此次雖受盟國之限制，解散各種間諜組織，禁止其活動，但其散佈在各階層之間諜份子，到處皆是，且均訓練有素，忠告妥國之精神特別濃厚，可以各種方式潛入我方政府各階層，從事長期活動

12

此亦足貽害將來，尤必徹底防止粉碎之（防害我工作人員之活動）。

乙、中央派赴台灣行政人員之政治關係

此次中央派赴台灣之行政長官陳公洽氏為政學系之主要人物，其各部門主管（如論黨務［改］軍憲特等）多起用過去在閩與之相當歷史關係之幹部，然其中亦各各派系冶於一爐，今後治台政之措施陳氏當以本其治閩一貫之作風以務治台灣，其能否與吾人革命工作相協調，亦成問題。僅就台灣警務（方面）來看，此次派台主持警務之胡福相氏係中警校李士珍派系之幹部，對我方之工作向來素存歧視心理，陰謀打擊我方工作確有不免。現赴台之台警幹部全係胡氏在渝訓練之台幹班學生及當時人，彼等散佈台島，對我方工（作）人員未見融洽與協助，故吾人欲推展台灣工作，必先爭取台灣建警權。

丙、國際派在台灣之第五縱隊

台湾在军略上之价值与国际之重要性，引起一般国际朝野人士之重视，了唱国际共管与委任统治之论调，足见各国对台湾这一块禁脔未尝一刻忘怀，故今后台湾一切的措施均足引起友邦之注视，在台湾本土内之国际策士纵横活动，当然密如穿梭以刺探一切，吾人[redacted]对兹岂能坐视不加注意而防范乎

丁、地方党派之活动

1、台湾民族运动团体滥觞于一九二五年台湾志士林献堂、蔡培火、蒋渭水等所组织之文化协会，以谋台湾人之社会及文化的向上为目的，嗣以被台湾无产青年团连温卿所把持，一般旧干部遂另创台湾民众党，为台湾政治结社之出现，接受我三民主义之指导，近又另组台湾工友总联盟，受该党之指挥

2、台湾无产阶级运动：一九二六年台人连温卿组织台湾无产青年

團會員二十餘人潛入文化協會控制文協幹部改定章程將文化協會改定為無產階級運動團體受日本共產黨之指揮 此為外人組台灣農民組合為外圍組織受該文化協會之指揮

丁.敵寇統治下奴化運動份子之餘孽——所謂防諜運動份子——防諜聯盟皆民協會保甲聯合會婦女保甲團官民防諜團以及工場戲院餐館各公共場所均有防諜聯盟台灣敵人以重利收買無靈魂者令其時刻監視及壓制台灣漢人之革命思想及行動此類餘孽遺留各階層者甚多

戊.資本家（之家）地主與瘡痕

1.資本家地主——此輩曾受敵寇利用為間接統治台灣之工具吮吸台胞血汗造成自己之財富對於三民主義之均產制度必認為與本身利益衝突必設法利用其他何可結合不肖之官吏阻撓破壞之推行甚至把持地方一切鼓動人民反抗政府

15

又地痞流氓——此種痞氓多為無靈魂者，受敵豢養以搗亂我國沿海各地之浪人，喪心病狂認賊者，值其國難認賊作父，一旦失其憑依，又無正當職業，勢必挺而走險。

己、半開化之番民

日寇統治台島，對於佔全台人口百分之二強之生熟番民，經數十年苦心經營之理番政策，由侵服手段改為懷柔手段，由急進政策趨於緩和政策，收效頗大，蓋此種番民生活習慣與漢人迥異，其開化程度以接受日本文化之深淺成正比例，彼等政治之意識模糊，對於祖國毫無印象，但其民族性特強，易為感情所衝激而引起暴動，擾亂治安，亦足顧慮。

（四）目前工作方向

甲、工作路線之爭取

1、台灣建警工作之爭取——警察為政治之原動力，社會之管理員，

16

民众之保姆，过去日寇统治期中警察在政治上占显著之成效，在社会上占特殊之地位，接（以给民众以保姆之印象）管后台湾警政设施之良否，关系新政推行工作之成败。此次中央派胡福相率领之台警干部为数仅七百余人，且素质低劣，力量脆弱，按台湾全部需官警一万一千二百七十八人（按一九三五年之统计），以此区区低能之干部尚不够分配于台北一隅，此先天不足、后天失调的现象，充分包含失败的因素，存在吾人务要趁时争取急起直追，切实掌握台湾建警权，其方式如下：

A. 由向本部设法举荐忠实之警察工作同志派赴台湾主持建警要政，俾可展开实际工作

B. 策动警察工作同志以个别活动方式渗透台警各部门工作，争取重要职务

C. 掌握台警训练教育机关，以造就基层建警干部，奠定健全基础

D. 派遣特警人员（东南班台训队毕业学生）配合各级台警机构主持特警工作

E. 利用秘密工作人员，从台湾蒐集关于胡福相工作之缺点资料，揭发其领导作用

~~011~~

乙、水陆交通线之控制 *（水陆交通为登陆运输兵员要道对于交通线之控制殊为重要）~~查台湾现有交通概况根据一九三五年统计如左~~

A、台湾现有交通概况 根据一九三〇年统计如左

a、陆上交通：

交通线：铁道线——全台现有官民营通车铁道线 九九九公里 车站二二二场

公路线——全台公路全长一五、三七六公里

交通工具：汽车——客货运车机关车计 三、二二九辆

机器及普通脚踏车——计二九、〇九〇辆

人力车——三〇九〇辆

数年来战争进行期中全岛添筑飞机场及军运需要公路（铁路）及车辆之数字自必大有增加因限于资料无法查列

b、水上交通——查台湾水路交通除台北与淡水间可行船只外其他河道多不通航运唯海运方面尚为发达其（全台船只）数概况如左 计有

18

汽輪——五千噸至一千噸之汽輪六六艘

帆船——五百噸至四百噸之帆輪七七四艘

C、航空——全台航空亦甚發達之開航线有台北經台中台南屏東花蓮港宜蘭之環島航线外其他人口繁密之地亦均設有航空站所

B、交通控制之方式

a、秘密潛入——將現在東南班台籍之學生（或熟悉台灣情形之工作同志）以個別方式設法分共參（台交通處長）業務接近之人士滲透入台（各級水陸）交通機關充當職（外勤稽查等職務）或參加台交通處設立之交通人員（或担任訓練幹部）訓練機關受訓以發生細胞作用

發家之途

b、吸收（運用）原任水陸交通機關之員工（包括機工及港口衛生人員）加以考察吸收其本身就地施以秘密短期訓練以資運用或由幹部工作同志個別負責每人訓練十八為最低要求

3、水陸交通警察力量之爭取——台灣交通發達（曉）為公路錦互水

~~012~~

之港汉纵横向运输频繁，对于水陆之交通安全问题尤须设置水上交通警卫武力以资控制，此种努力之争取亦足以开展吾人之实际工作，其方式如左：

A.如台湾主持警务机构为我方所掌握，则可利用全台警务处之职权统制办理水上警察队、交通警察队、铁路警察队等组织，设立训练人员管理集权于警务处。

B.因经费与人才之限制，可以策动与台湾当局关系之警察工作同志或军事干部，亦可以个别方式活动介入担任此项工作，能取得其训练机关更好。

乙.工作人员之运用

1.基层干部之训练与考核：我方关于台湾工作干部之训练，仅有东南班之台训队学生二百二十余人，其中真正之台湾人尚不及百分之五六，也多为闽南人，对于台湾实际情形亦鲜有通澈之认识，故欲开展台湾之工作

20

必先培植工作幹部方可以决定一切其方式如左

A.專設訓練——於台灣境内專設一台工人員訓練班專收當地確係台籍之初高中畢業學生優秀份子施以六個月至一年嚴格教育精神思想之政治技術之訓練充作基層幹部

B.寄托訓練——如因經費人才或其他環境之限制不能專班設訓可利用其他訓練教育机関以為掩護或派遣幹部潛入秘密個别訓練其方式如左

a.争取國立海疆學校來訓育權——國立海疆專科學校（現設立仙游）為台灣行政幹部之唯一教育机関其校長為梁龍光氏（原任福建省黨部訓練處處長）為中央C.C.派系人物我方可派遣軍事幹部以個别方式介入充任軍事教官或訓導人員以秘密吸收基層工作份子施以個别訓練

b.利用台灣警察訓練班——由向本部選派警察工作同志介荐充任台灣省警訓班教育長職務以便訓練特警幹部並基層警察人員

不要浪費

21

3、

乙、外围份子之吸收——由各级负责干部工作同志尽量吸收台籍之优秀青年及台社被敌捕禁之革命份子及政治犯、思想纯正之学生、原先邮电、铁路等之交通人员、公务行政人员，表现较好施以个别训练，仍保持其原有职业，施以运用，给予适当任务。

4、

乙、地方潜势力之争取——地方潜势力为封建之残孽，应设法争取以为我用，若顽固不灵、愚昧无知，则应使分化消灭之，其争取对象其方式为左：

A、争取对象：

a、地方资本家、地主、士绅

b、原有之台籍在敌寇统治时之官吏及警察各级人员

c、地方党派之首领及其干部

d、原在敌人统治下之各级评议会议员及保甲长

e、敌寇统治时之间谍、运动干部及其份子

b. 半開化之番民酋長及其知識份子

B. 爭取之方式

a. 感化—曉以大義激發其國家民族觀念

b. 利誘—以重利收買之

c. 威脅—以強硬手段使其就範否則不保障其生命財產

d. 分化—利用其矛盾現象以挑撥互相火拼使其自相殘殺分化其勢力

5. C. 外籍人士之運用

A. 日本自由主義之份子—此項份子目的在求本國政體之改革實現民主政治推翻日本天皇之革命份子應設法誘導使其認識三民主義之崇高理想促進世界和平能運用其特殊地位以利吾人之工作

B. 各國在台之居留人士與傳教士—各國在華之居留人士僑民及傳教士等多以其國家立場上負有特殊之政治或經濟使命吾人社

27

以私人友谊方式予以联络，增进相其情感，以套取其资料供给我方军事外交之参考。

丁、通讯网之配备

通讯之良否，为决定吾人工作之成效，故对通讯网之配置，应按当地交通经济之实际情形以为根据。但对于通讯工具之携带与技术之纯熟，尤为工作人员必备之要件。凡派出担任专责之通讯人员，以每区（小组为单位）拨带一具小型简便无线电机为原则。每一情报人员均须娴熟技术，俾能收发装置，以资随时联络，以求工作之迅捷与确实也。

（五）目下工作

台湾接管伊始，重建工作千头万绪，吾人负荷特殊使命，对于台湾工作之开展，实为刻不容缓之要图。兹目下工作之迫要略举其要数端如下：

24

甲、分区调查户口

台湾户口在敌人管制之下向乏精确之数目，但自战争以还，台胞迭受抽调及分移，接人口来往频仍，数字殊难确定，势有不然。为便利管理及明瞭一般状况起见，亟宜先予以详确之调查，以杜奸宄之潜伏，作为一般设施之依据也。惟台湾地方辽阔，人口众多，若同时举行调查，殊非易易，故宜按台湾之地势及以往之习惯，分区举行（划分为台北、台南、台东、台西、台中、水上等区）详细调查，加以统计，再对照接收之户籍，严格校对，自不难明瞭也。

乙、举办特种调查（分别日人、台人、朝鲜人、生熟番暨各地寓居台湾之侨民，加以详细调查）

户口调查清晰后，再将各该人民划分，加以公开秘密详细调查，凡属居民之日常生活、与敌人关系之深浅、过去活动之情形，暨其在台湾政治之地位，均应详查，以为管理之方针、监视之路线。

丙、警察机关及秘密工作人员与便衣队之接收

台湾各级警察机关接收后应将其原有设备对於警察速查一警手之各员及秘密工作人员便衣队先予集中之，分别其工作地质或部门编为若干队或组，施以训练，在训期间中严密注意予考核其思想，加强其信仰，再择成绩优者运用之，其与日人关系密切而中心无诚意者则予以淘汰，唯淘汰后仍须以监视以防他变。如系日人则遣回日本本土，使其关系断绝，或予以密禁设厂留置服工，使无活动机会。

丁、尽量搜集日方对付台湾之资料

日寇对台湾之控制手段至为阴狠，其控制之计划极为秘密，故搜集日方控制台胞之阴狠手段资料亦为重要工作之一，此种材料不特可以揭发日人奸险之用心，作为宣传之资料，使台胞痛定思痛，今后不至为虎作伥之人，且可察知其管理办法之所在，作为吾人今后工作之

26

殷鑑亦深具價值也

戊、社會各階層之調查統計

社會之調查統計足為施政重要之參考。台灣氣候暖和，土地肥美，四面環海，不但土產饒富，漁業尤其旺盛。自日寇佔據後，逐漸建設台灣之輕重工業，亦頗繁多，且交通方便，故社會情形亦因之複雜。於各階層所就職業之人數，應予精詳之調查統計，分其良莠，別其善惡，以為監視之根據。

己、集中其政治人員，使令編遣適各部門之狀態作極密切的配合

台灣之政權早操於日人之手，凡屬較高級之政治工作人員大部均為日人，故重要之政務台人無參與之機會。於接收之時，應將政治工作人員逐漸集中，其屬日人即予遣回日本本土，倘為台人，視其思想如何，然後委以職務，以爭取台民之心

庚、政治犯之起用

台灣淪亡雖經五十餘年，而台民之志於革命者為數甚多，然以力量薄弱未得成功，或流居他鄉，或被捕下獄，凡屬此種人才（奸黨份子除外）應分別起用，以慰其心。此等日人之政治犯，而屬於技術部門者亦可試予運用，唯須監視，以防其變。

辛、檢查機構之設立

各種檢查機構之設立，足以補稽察工作之不足。如郵電、碼頭、車站之檢查，亦應於接收時同時設立，俾免奸宄漏網，而防違法事件發生。

壬、其他調查

他如各工廠之機器馬力、出產量、海產、農產品之數量、一般人民之生活狀況、教育之現狀等，均應詳為調查，以供施政參考之資料。

癸、各種情報之蒐集

台湾接收敌寇之阴谋未已，尤多方阻挠我政之设施重建工作之推行，彼不免故其潜伏地下之势力造成多种事件之发生，以淆乱国际之视听，利用我政府行政人员之劣点作挑拨离间之宣传，使台胞对我政府发生反感，致重建工作陷于棘手。凡此现象，须料足吾人之顾虑，故对于各种情报之蒐集，如敌寇之阴谋，对法之人员劣点之行为，外来国际人士观感之误会等，均须为采取情报之对象。

(六)工作之方式与步骤

甲、工作之方式

A、原则——对台湾工作之开展，依事实上之需要，须争取公开机构以为工作之掩护，惟环境之限制，如个人争取一时似有困难，故吾人对台湾工作之伸展，以蚕食之姿态与渗透的方法，使人放弃我敌之精神，步步延伸，以求全面工作之扩展。

B、方式：

a、以旅行或参观方式组织旅行团或考察团，完全以参观人之身份从事调查工作，以避免各方面之注意，且可联络当地人士取得好感，以开展工作。

b、利用外地华侨团体或其他社会团体名义，组织台胞宣慰团，渡台宣慰台胞，考察台湾现势及台胞对祖国新政之观感，以作系统之工作布局。

乙、工作步骤

A、原则——依工作进展方式之推进组织类似旅行之调查团体从事工作，根据工作环境之需要应以分类调查、分期着手、分层负责为工作步骤之原则。

B 步骤

a、分类调查——依工作之需要，应于旅行团中按性质之不同分为军事、外交、政治、经济、交通各部门，分专组指定由团员中具有该项专长

~~018~~

各級之工作同志負責工作之系統之調查統計以備運用

在分期着手——調查工作着手與運用並預計一年為試办期間

分為四個時段每期三个月分配如下

第一期——準備時期——組織台湾考察团擬羅致外交政治交通經濟

各部门分組從事調查統計工作並注意吸收各部门之外圍份子以備運用

第二期——着手時期——調查工作完畢後即開始各部门之運用組織

以各種方式滲透潛入工作

第三期——運用時期——各部门運用組織工作初步完畢後即應掌握以運用之基礎加緊開展全面工作

第四期——總檢討時期——本時期應將整個工作過程中之得失成敗

詳加研討以作未来工作開展之南針

右項各期詳細工作計劃另定之

以上分層負責——各期工作完畢後將台灣全面工作劃分若干

31

單位切實掌握運用，則如網在綱而收指臂之效也。

附記——關於台灣考察團之組織與工作計劃大綱另定之。

(七)其他——番民問題

台灣之番民佔全島人口百分之二，總因其理智與地勢之關係，頗難馴服，日寇之理番政策經數十年之苦心經營，或以教育方法撫育之，或行交易政策而感化之，或開墾番地以接化之，議尊其悍野之族類，良非易為，[illegible]現還諸祖國，此撫番問題亦不容忽視，吾人當以承先啓後之宏願，披荊棘，闢草萊，為此開拓番地改進教化之為盡番民之工作。

(八)結論

台灣已歸還祖國矣，吮吸自由的空氣，享受勝利無上的光榮，值茲還治伊始，百業紛雜，百端待舉，吾人負荷革命建國之重貴大會今後工作之推行，在於何撫綏台胞、安定秩序，在於何剷除革命障礙，確保革命政權，胥台賴吾我工作同志之奮鬥創造，寔踐革命建設以實現三民主義之新台灣。

筆者自維謭陋，不學無術，僅就事實上之觀察略抒淺見，是否中肯，尚乞祈　賢明者之指正焉。

——完——

三四、九、九寫於康峰——陳協勛

043

1.

台灣党部的略史

大概是在太平洋戰事發生的前後，由幾位熱心祖國的台胞，在香港籌備了台灣党部，該時的名稱為「中國國民党台灣党部籌備處」，籌備主任是台胞第一位參加中國革命同盟會老会員翁俊明先生。他是一位滿頭銀髮，精神飽滿的鑠老人，他曾在袁世凱當總統時，接受日寇二十一條件的當兒，就攜毒藥來北京把毒殺那國家罪人，後因毒藥失效不果。他是一位科學家，曾在浙江創辦製造樟腦的唯一工廠，对祖國的經濟貢獻甚大，他又是一位医学家，他有許多医藥的發明，曾在滬、港、渝等地開設医院，活人無

72

台湾党部的略史 一九四五年九月

数，他对中国哲学甚有研究，著有《大同篇》，还有几位筹备员也

学识丰富、民族观念深刻的人。[redacted]在港秘密活动，亦有潜

岛内潜隐，落后（则与中央失去联络后），[redacted]留几人在其所活动，翁先生暨几工作人员来渝[redacted]述职。

[redacted]后翁先生感工作困难，屡向中央辞职，而中央坚持不肯，遂于卅年筹设闽西训练班

拔高人材，协助工作之进展，该班[redacted]寄训江西泰和青训团，由翁先生兼班

主任，训练学员有卅二名，均由台湾有机关调训及招考粤有关台湾之

有为青年，课材情报侦察行动之各种技术，是年十二月五日结训，翁

先生即飞渝报告工作，一面呈述中央未能照预定计划进行，缩小范围，而

训练学员只四十余人，亦有未尽人员其用之憾，是时分发福建而

年余，卅二年[redacted]春奉令由赣迁漳，四月一日正式成立，改名为中国

73

黨直屬台灣黨部，委翁先生為主任委員，開始進行島內海外及國內工作，頗為順利，但十一月前翁先生已患病長逝矣，不免有出師未捷身先死之嘆。翁先死後其部務即為該部執行委員兼書記長林忠代理。林先生亦是台灣人，是日本帝國大學畢業的，做事亦很精幹，平是自翁先生死後，他有受了無限的打擊，他想工作進展的平靜很快，即向中央辭卸該部人員職務，平日在中央看他很能幹，只准他辭兼書記長職，不久林先生因飛渝了。林忠辭兼書記長，中央即派蕭宜增接充書記長，該時的主任委員還沒有委定，亦由他代主任委員。蕭先生日在廣東梅縣人，日在中央組織部又又偽幹事，是辦理關於台灣黨部的事項，所以他很倒悉，翁先生死後，林先生辭職，他所說他有懷異國論台灣黨部的工作計劃，頗有意見

的關係，蕭先生還未来前，已有奉令任永安，這也是該計劃書內的一件

這或是因地利人和的關係，恐在閩南會受阻碍，所說都是以

戰時的沿海前線為理由，起初已建议任梅縣，後只派任永安，其有先

戰鬥党部的意義，該部是卅三年二月任永安的，蕭先生亦是在永接任的，

翁先生任內其部內人员，約半是訓練班的學员，半为有力幹部，經驗

學識都比學員豐富，更是能征善戰的老身手，更是以非台籍非學员的

條件下淘汰了，惜哉！在永的人事狀況，蕭先生不承認請假的人员，因

为蕭先生一行十餘人要供其補，另有將內派外一部份，亦有人员不毋處理

而辞職，是時的所謂台籍工作人员不上三五人耳，蕭先生帶来的人员的素質

很差，都是辦理保政及教员的工作的經歷和可想而知，

台湾党部的组织

台湾党部内设秘书室，置秘书一人，会计室、人事室各设主任一人，组织科、训练科、宣传科、总务科各设科长一人、干事、助干各若干人，总务科下另设收发室、出纳股、庶务股、保管股等。除在岛内设站或据工作枢纽及经济来源组织党员、组训台胞、收集情报（包括交通联络调查）经费由中央秘书处发给。

76

台湾党部的组织　　一九四五年九月

[illegible]之理想发财为官的，更有异想天开者拟将来要求台湾成一独立国之无知团员。以上诸点为余请长假之最大原因也。团员中唯黄伯滔须特别注意，因其唱歌、看书、言论等等皆为苏联作风，实有左倾之虞（此人现已随青年北撤）。余曾一度细心研究，终未获证据。

团组织系统表由团长拟呈战政部及总队部备核。团长以下设总务、政训、宣传三组，组以下设事务、保健、会计、文书、文艺、歌咏、教育等股，再下为团员。团长直接由总队任命，各组各股各设置组股长一人，由团长任命报呈战政部及总队部备核。团长管理经济及团内一切事务，独揽大权于一身。

其工作对象为对敌宣传，如审问和慰问俘虏，对敌播送士兵喊话以代替播音机或追击之用；编制标语传单，散发传单，翻译敌书报，以作对敌宣传之资料为主要工作。

79

其活动范围为浙赣各地近敌之军部及师部。

其经费来源由总队部向军委会政治部领下再由战政部转发或由建阳总队医院转发。

80

7 史：台湾义勇队是民国廿八年在浙江金华成立的。当时人员只有一百多人，并且组织台湾少年团。民国卅一年又组织三民主义青年团台湾义勇队分团部。同时为青年也组织了台湾巡回团和青年报社，近来又在组织青年团台湾区团，这是其主体发展的经过。

组织：他是属于军事委员会政治部，其内部组织如下：

总队长：总队副：各一员：

总队部：总务组、政训组、通讯组、宣传组。

直属组织如下：第一支队、第二支队、第三支队、台湾少年团、青年报社、医院、巡回团、通讯处。

人事：李友邦，他是总领导者：日本东京师范、黄埔第二期、中训团第三期。

81

李秋三：他是副領導者，係隊長表兄，黃埔第三期，曾任軍校教官。

張士德：曾任副隊長：日本東京大學，黃埔第四期，[redacted]

[redacted]

蔡仁和：第一支隊隊長（後任醫院第一醫院之任）：日本醫大，中訓團第二期：

朱光祖：通訊組組長：日本音樂，中訓團第二期：

王正西：室保組組長，及前任巡迴團團長：日本大學，中訓團第二期：

涂京青：曾任巡迴團團長，及政訓組組員：日本帝國大學，

洪石柱：政訓組組長：日本農業，[redacted]臺灣的革命老前輩，

李奇然：軍校第八期，第二支隊隊長：

指纪青年总团团长为日本大学；

李辉中：政训组组长，军校第三期；

还有其他人员记不起来，因为人过多。

工作对象：1.对敌兵宣传；2.到各军教育我军士兵日语台语；

3.社会宣传；4.组训台胞；

活动范围：重要都市设有通讯处；活动地区：浙江、皖南、

江西、福建、广东、四川、台湾内地组有小组，

经济来源以会员之经济完全是军委会政治部供给。

[redacted]

以上该会之组织情形。

七十军军长陈孔达
副军长陈颐鼎
七十五师长
警备司令李世甲
随员严又华
彭瀛
陈东生
二〇八师长黄珍吾
警备[illegible]特务团长朱瑞祥
副谢永年
警务处长胡福相
副处长徐勋
民政处长周一鹗
林天明
袁国钦
二〇八师副主任吴瞬
副团长陈佑生
交通处长严家淦
实部处长郭天乙
公署秘书长　总部副参谋长
前进指挥所主任葛敬恩　副主任范诵尧　参谋主任苏绍文　参谋陈汉平
台北
空军司令林文奎　空军第一路司令张廷孟
地区
高等法院长杨鹏（前任甘肃高等法院长）
公署秘书处长袁学声
[illegible]署台[illegible]署长钱宗起
83

宪兵一连长许荣耀，二连长何承先
第[illegible]青年团
第二十五工作团团长刘启光
第三战区政治部义勇队队长李友邦
张国健
陈国梁
李民本
林渭访
许建裕
警备部参谋长柯远芬
二〇九参谋长[illegible]　师长[illegible]鸣剑
海军总部顾问李[illegible]一

~~022~~

台湾军行政长官公署暨军事交通经济重要人员调查表

现任台湾职务	姓名	籍贯	略历	政治背景
行政长官兼警备总司令	陈仪	浙江	日本士官学生 前福建省政府主席	政学系
行政长官公署秘书长	葛敬恩		日本士官生 前航空署署长	
~~民政处处长~~ 秘书处处长	周一鹗 夏涛声	福建浦城	前福建省政府秘书主任 留日学生 前福建粮政局局长	
教育处处长	赵迺传		留日学生 前教育部参事	
财政处处长	张延哲			
农林处处长	赵连芳			
工矿处处长	包可永	江苏	前福建建设厅厅长	政学系
交通处处长	严家淦	江苏	前福建财政厅厅长	政学系
会计长	王肇嘉			
警务处处长	胡福相	浙江	浙警校一期，日本警察讲习所毕业，前福建省警务科长，建阳县长，中央警校台干班主任	李士珍系

36

台湾军政交通经济重要人员调查表

职务	姓名	籍贯	经历	备注
警务处处长	徐励	浙江	浙江警校一期 日本内务省警察讲习所十七期毕业 福州市警察局长 中央警校教务处主任	前与本局亦关系
善后救济分署署长	钱宗起	福州	前福建民政厅科长 秘书	
省党部主任委员	林翼中	广东	前广东省政府委员	
省党部委员	郭天乙			
警备总司令部参谋长	柯远芬	浙江	前福建保安处参谋长	
副参谋长	范诵尧			
特务团团长	朱瑞祥	浙江		
海军第二舰队司令兼台湾要港司令	李世甲			
七十军军长	陈孔达			
七十军副军长	陈颐鼎			
一〇七师师长	黄华国			
青年军二〇八师师长	黄珍吾			
青年军二〇九师师长	温鸣剑			

37

023

二〇九師參謀長 連謀
海軍總司令部顧問 李擇一
航空軍地區司令 林文奎
憲兵第四團團長 高維民

38

020

台湾军政经济交通重要人员工作路线拟定表

现任台湾职务	姓名	籍贯	略历	工作路线（私人之关系）	备攷
台湾要港司令兼第二舰队司令官	李世甲	福建长乐	留英海军出身，为中国海军之巨头之一，历任舰队司令、马尾要港司令、闽江江防司令	在中国海军界中拥有相当声望，人亦尚有相当力量，做事有魄力，眼光尚称锐敏，与本人私人感情甚佳，至关系亦未十分密切	本局外围关系
行政长官公署交通处处长	严家淦	江苏	前福建省财政厅厅长	此人以干练称，能扶持人，接物亦谦和，在闽工作十年，为方面所器重，与本人私人谈话甚深，且公私之时，与其讨论政情，感亦融洽	
行政长官公署警务处处长	胡福相	浙江	浙警校一期毕业，日本警察讲习所毕业，曾任闽保安处警务科长，中央警校高等班主任	系日本警校同期同学，平日感情尚笃，惟渠此一年来关系少有通讯	
行政长官公署警务处副处长	徐励	浙江	日本警察讲习所毕业，曾任福州公安局长，中央警校特别班主任	本与本局工作关系直接，时较多往来，可以互相协助	
台湾盐务管理局局长	林斯贞	福州	保定军校一期毕业，历任闽军区兼办处处长，行政督察专员、福建省盐务局处长	系同乡关系，时有往来	
邮政管理局局长	林英瀛	全右	福州三一汉英中学校毕业	与本人同学关系，往还颇密，感情尚佳	
邮政储金局局长	林肇龙	全右	福州英华书院毕业	与本人友谊感情尚佳	
国立海疆学科学校校长	梁龙光	闽南	前福建省党部训练处处长	与本人友谊关系	中央（CC）派系
中国银行经理	林崇墉	福州	美国留学生，前兴	与本人友谊颇笃，其为人谦和易亲，来往亦密	
青年军[illegible]师师长	黄珍吾	广东	黄埔军校一期，前闽保安处处长		本局外围工作关系
行政长官随员	陈明时	全右	日本[illegible]毕业，闽省立高级商业学校校长	与本人学问[illegible]，有时通讯，[illegible]与本人友[illegible]	
陈仪之重要干部	张国键	安徽	福建省政府[illegible]室主任，福建省训练团教育长	友谊关系	
海军[illegible]司令部顾问	李拳一	福州	前福建省政府顾问	此人久居日本，与日政界人士多有接近，有"日本通"之号，其熟识日本国情及其人士肥原板垣之于中国者	
年委会台湾工作团主任	刘启光	闽南	前台湾归侨协会理事长，台湾革命青年团主席	意志[illegible]坚定，对于抗战[illegible]，与本人私人友谊尚佳	与本局工作关系

与本人友谊关系时多往来感情尚笃

改工作路线

附记
一、本表所列台湾重要人员系根据卅四年九十月份中央所发表之台湾人员而列定之。
二、本表随人员之变动而更改工作路线。

34

——晋公用——

台湾军政经济交通重要人员工作路线拟定表

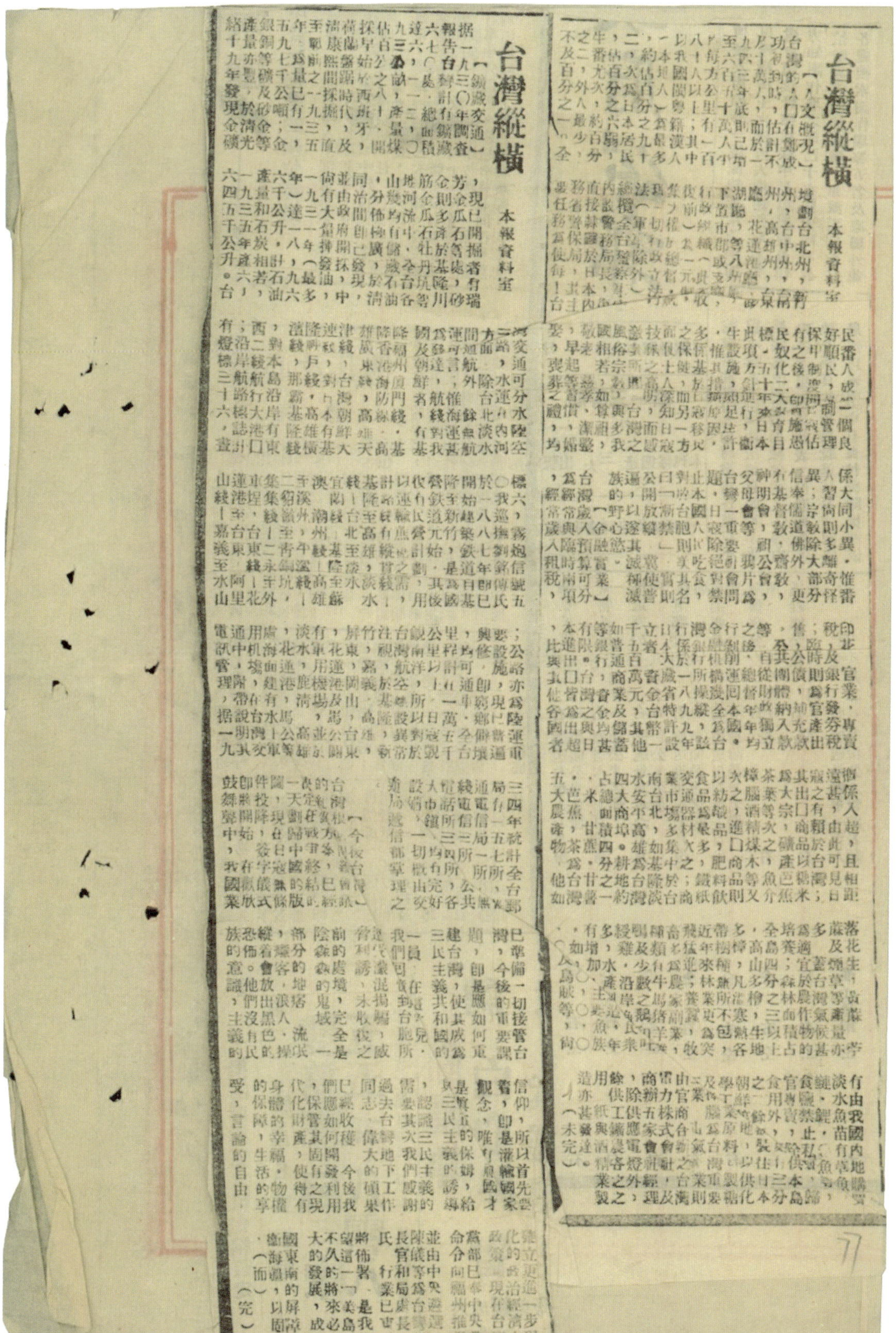

台湾纵横的报纸报道

闽粤台湾归侨协会及台湾革命青年团

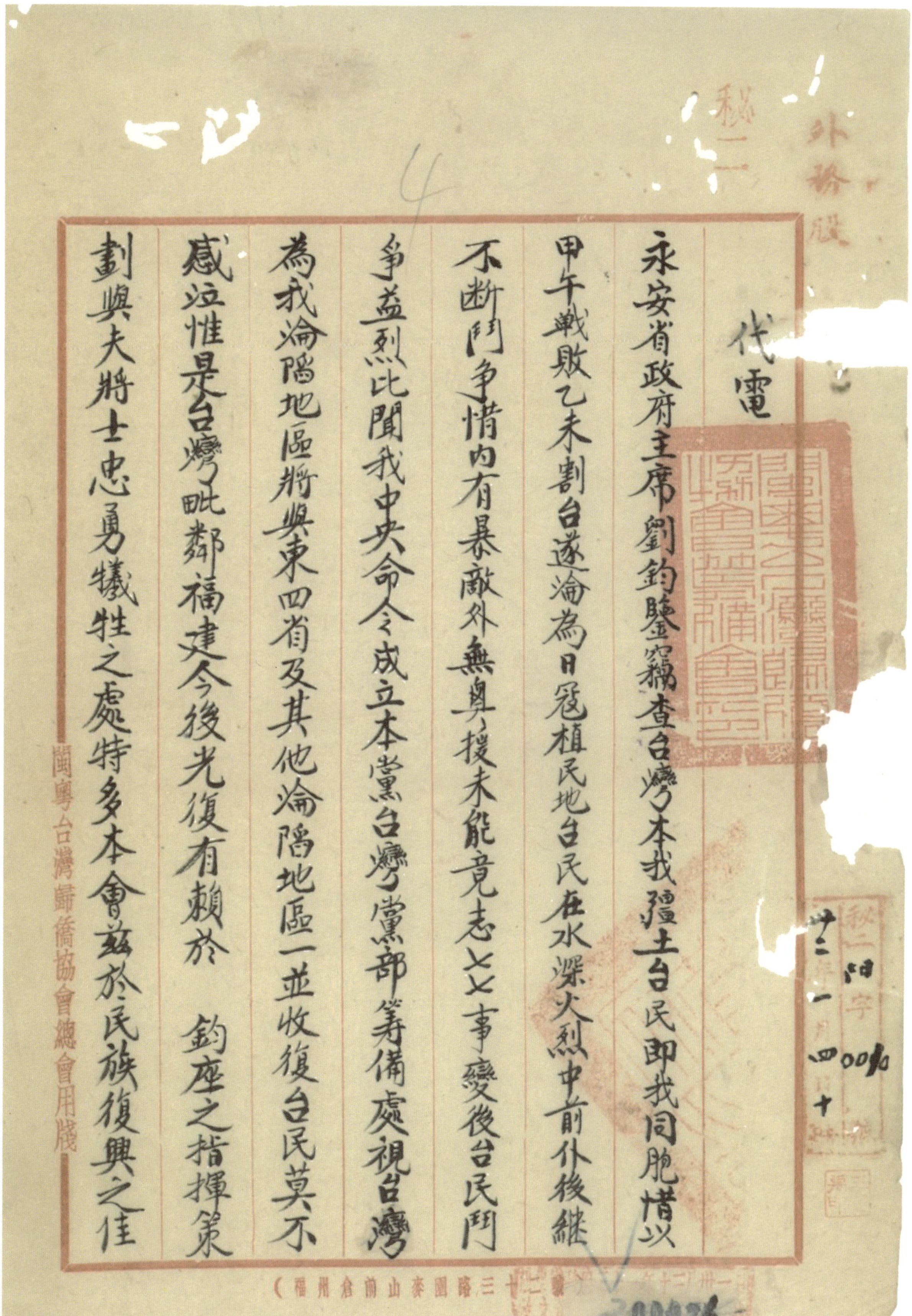

秘一
外務股

代電

永安省政府主席劉鈞鑒竊查台灣本我疆土台民即我同胞㬰以甲午戰敗乙未割台遂淪為日寇植民地台民在水深火烈中前仆後繼不斷鬥爭惜內有暴敵外無奧援未能竟志七七事變後台民鬥爭益烈比聞我中央命令成立本黨台灣黨部籌備處視台灣為我淪陷地區將與東四省及其他淪陷地區一並收復台民莫不感泣惟是台灣毗鄰福建今後光復有賴於 鈞座之指揮策劃與夫將士忠勇犧牲之處特多本會茲於民族復興之佳

閩粵台灣歸僑協會總會用牋

閩粵台灣歸僑協會籌備會

00426

闽粤台湾归侨协会总会关于举行协会开幕式给福建省政府的代电　　一九四二年十二月二十五日

節在福州開幕誓必團結兩萬台灣歸僑為政府後盾作
光復前驅謹電致敬並祝政躬康安閩粤台灣歸僑協會
成立大會叩有

閩粤台灣歸僑協會總會用箋

（福州倉前山麥園路十三號）

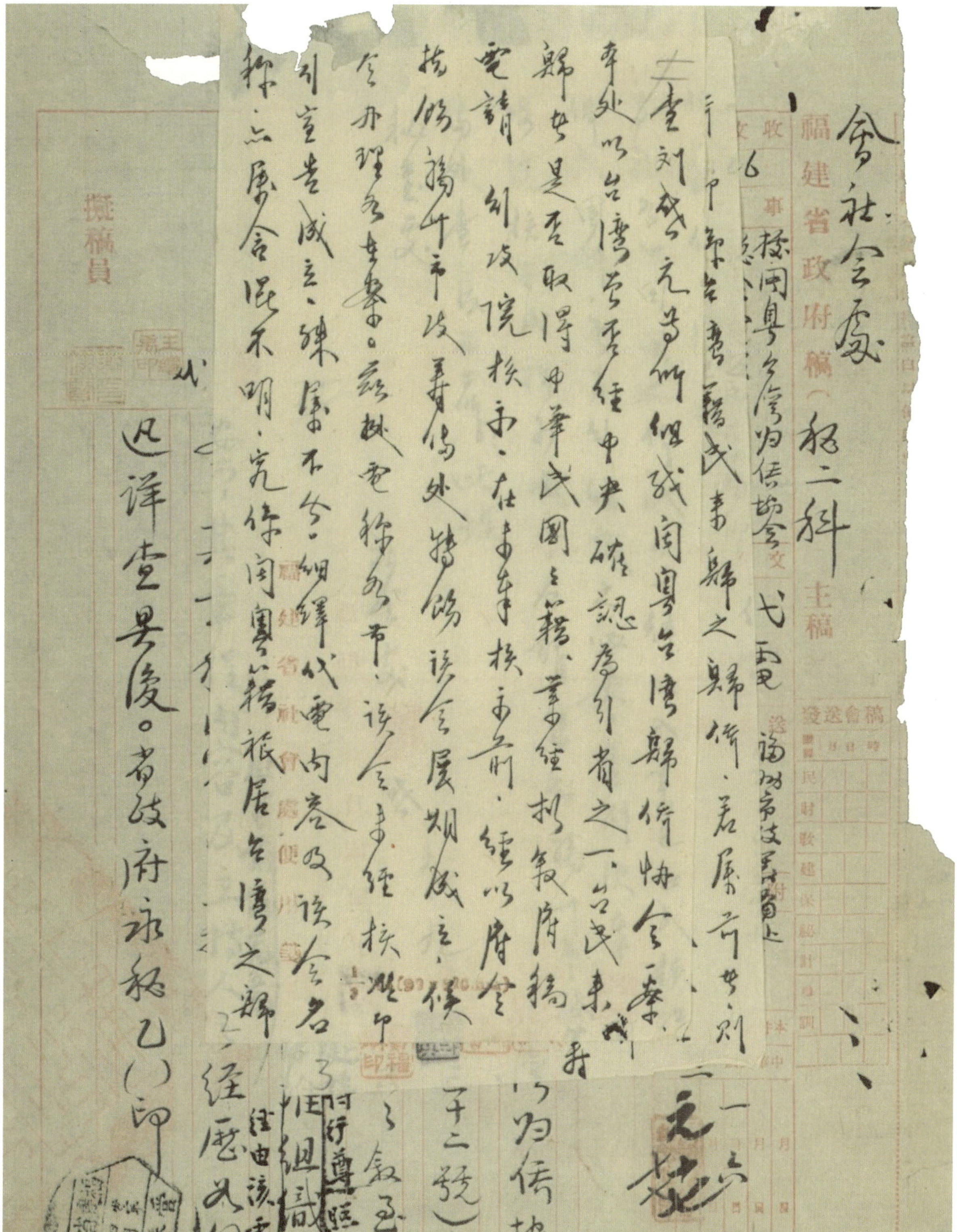

福建省政府社会处关于查复闽粤台湾归侨协会组织情形给福建省政府秘书处的笺

一九四三年一月九日

福建省政府稿（秘二科 主稿）

会社会处

事由：据闽粤乡侨为侨协会……

代电

送 福州市政府莫专员处

侨、部侨台湾籍民来归之归侨，若原在外则
当经各地同国之侨民可一律加入业已正式核准
侨民团体，无另组织之必要。兹列次来
该院核准成立，应请转饬福州市政府
饬兆查长为荷！此致
秘书处
社会处 启
元、九

……为侨协会（……年二号）有代……之叙函达……行尊照在案……组织有……经由该处核……其章程内容及主持人之经历如何，仰迅详查具复。省政府永秘乙（）印

元七

1/13

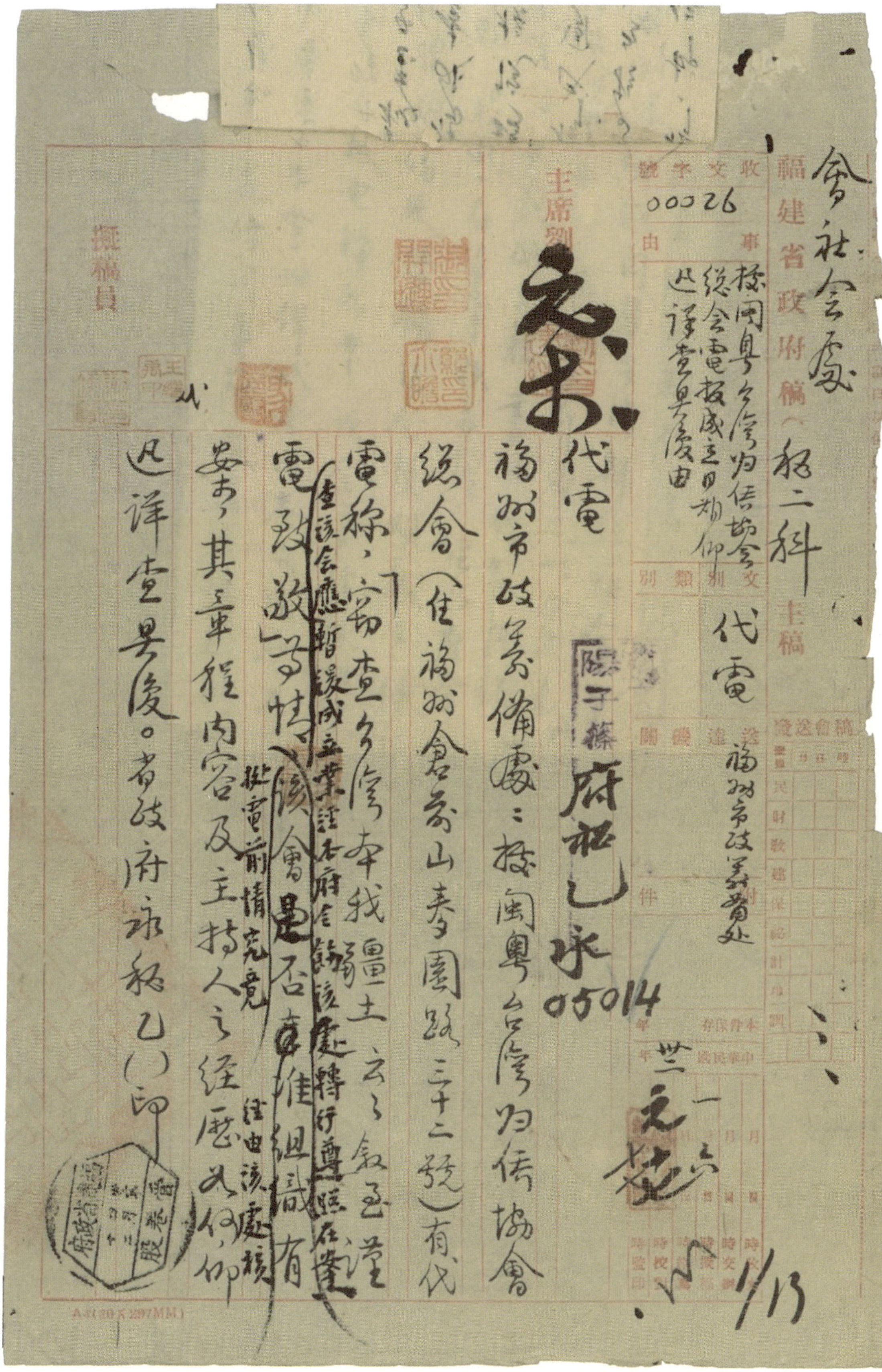

福建省政府稿（秘二科 主稿）

收文字號 00026

事由：據閩粵台灣歸僑協會總會電報成立日期仰迅詳查具復由

文別：代電

發送機關：福州市政籌備處

代電

福州市政籌備處：據閩粵台灣歸僑協會總會（在福州倉前山麥園路三十二號）有代電稱："竊查台灣本我國疆土，云云，敘至謹電敬乞"等情。查該會應暫緩成立，業經本府令飭該處轉行遵照在案。批覆前情，究竟該會是否經由該處核准組織有案，其章程內容及主持人之經歷如何，仰迅詳查具復。省政府（秘乙）印

福建建國府秘乙字 05014

福建省政府关于查复闽粤台湾归侨协会总会组织情形给福州市政筹备处的代电

一九四三年一月十七日

台灣革命青年團 閩粵台灣歸僑協會 爲戰後台灣問題聯合聲明

查本團會曾於本年一月廿日同意，由閩粵台灣歸僑協會具名電呈國民政府及國防最高委員會，請求正式宣佈台灣爲我淪陷省區，策勵光復；同時正密切聯絡推進工作，冀於我盟軍反攻太平洋戰綫，迫近台灣時，發動台灣人民奮起响應，驅逐日寇，光復台灣。頃閱一月廿五日浙江東南日報轉載立法院孫院長「戰後遠東問題」及大公報「中國必收復台灣」之論文，藉悉美國幸福·生活·時代等三大雜誌曾於去年八月間聯合發刊討論戰後太平洋問題之備忘錄，提議戰後將台灣劃歸國際共管，不許台民投票要求復歸中國。披閱之下曷勝駭異！

復查台灣原屬中國，台民中百分之九十二點七保有中國血統，乃係盡人皆知之事實。甲午戰敗被迫割讓後，台民不堪奴役，不斷反抗，五十年來犧牲達百萬人以上。其目的云何？曰：驅逐日寇，復歸祖國！七七事變後，台民或參加祖國抗戰，或破壞敵寇後防，功雖未著，志應可嘉。其目的云何？曰：打倒日寇，復歸祖國！

今者盟軍作戰日趨優勢，台民方摩拳擦掌，佇候反攻太平洋之早日降臨；乃該雜誌等竟忽略歷史事實，違反台民願望，提出上述不合理不公平之建議，殊堪惋惜！該雜誌等既不明遠東真相，且所言盡是不負責任之民間擬議，本無申辯必要；然鑑于該雜誌等在美國言論界之地位，頗慮其對于各方正留意研究之戰爭善後政策有所影响。本團會茲特代表六百萬台灣人民表示擁護孫院長及大公報關于戰後台灣問題之正論，並嚴正聲明中外：戰後處理台灣問題，除將台灣之領土主權完全歸還中國外，任何維持現狀或變更現狀之辦法均爲台灣人民所反對！議此聲明。

中華民國三十二年一月三十日

（通訊處：福州倉前山麥園路三十二號）

台湾革命青年团、闽粤台湾归侨协会发表为战后台湾问题联合声明　　一九四三年一月三十日

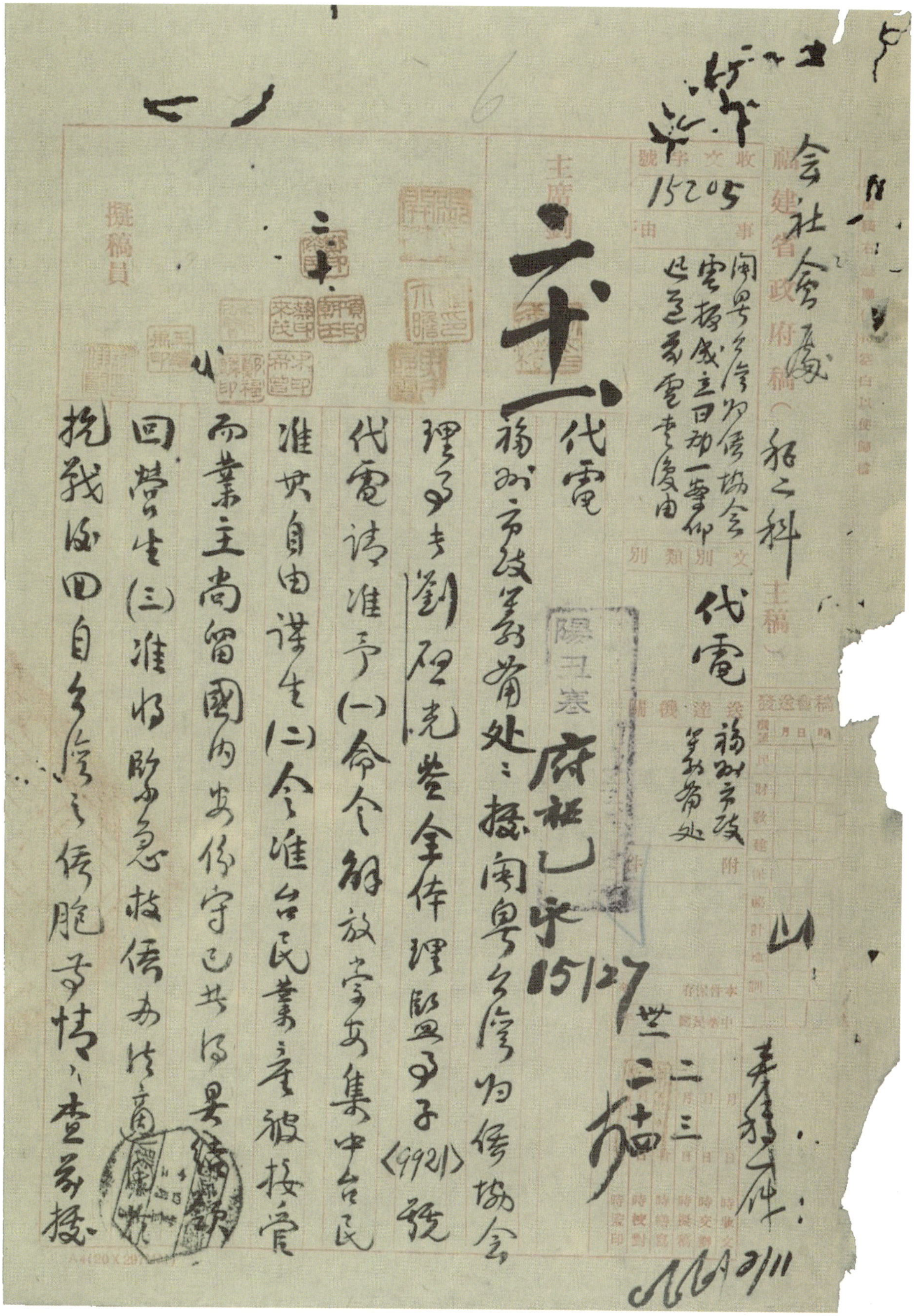
福建省政府稿（社二科主稿）

收文字號 15205

事由：闽粤台湾归侨协会迄未据成立日期……呈复由

文別類別：代電

發達機關：福州市政筹备处

代電

福州市政筹备处：据闽粤台湾归侨协会理事长刘启光暨全体理监事子〈9921〉號代電请准予（一）命令解放安集中台民准其自由谋生（二）令准台民业产被接管而业主尚留国内安份守己者得回营生（三）准将……救济侨……挽我……自台湾……侨胞……查……援

府社乙（卅二）字15127

福建省政府关于催查闽粤台湾归侨协会成立情形给福州市政筹备处的代电

一九四三年二月十四日

此處請右邊線保持空白以便編訂

該会背代電報告成立日期，經以「查該会應暫緩成立，業經本府令飭該處轉飭遵照在案，據電前情，究竟該会是否經由該處核准組織有案，其章程內容及主持人之經歷若何，仰迅詳查具復」等語，於本年一月十七日以湯子篠府秘乙永0514號代電飭令該處在案。茲據前情，合再電仰迅遵前電查復，以憑核辦。

本政府主秘乙（）印

福建省政府

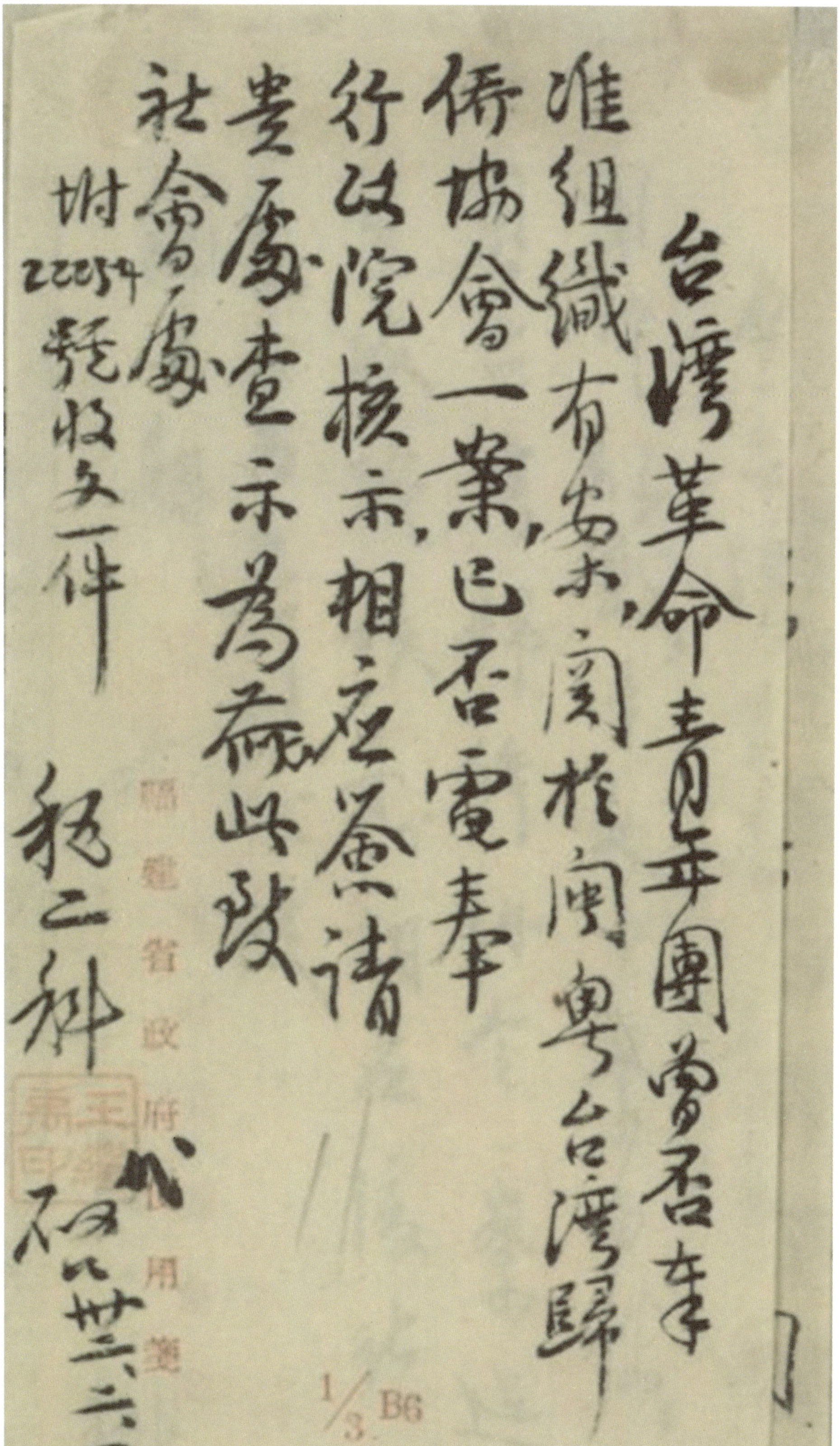
台湾革命青年團曾否奉
准組織有案，閩粵台灣歸
僑協會一案，已否電奉
行政院核示，相應函請
貴處查示爲荷，此致
社會處
附22054號收文一件
秘二科
卅二、二、十八
福建省政府用箋
1/3 B6

福建省政府秘书处关于查示台湾青年团是否组织备案、闽粤台湾归侨协会是否经过核示给福建省社会处的笺

一九四三年二月十八日

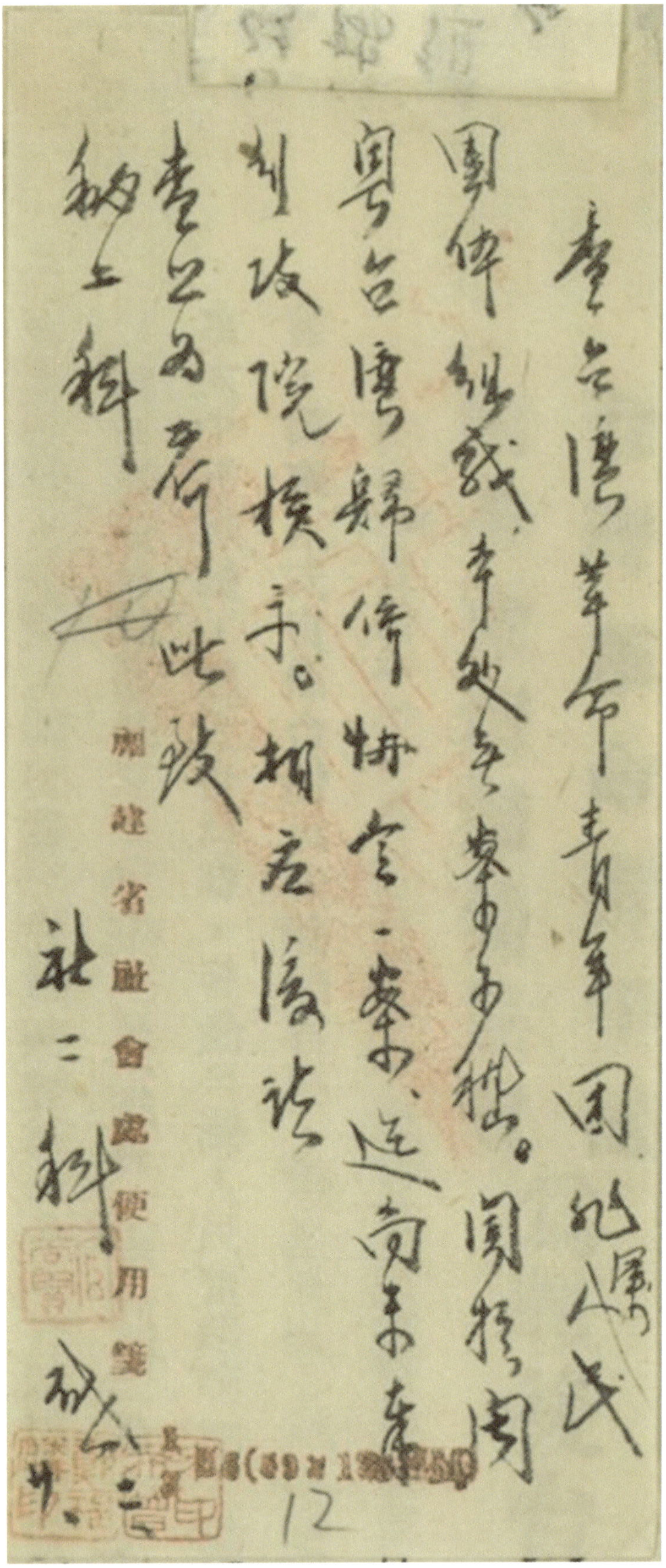

福建省政府社会处关于台湾青年团无案可稽、闽粤台湾归侨协会未经行政院核示给福建省政府秘书处的笺

一九四三年二月二十日

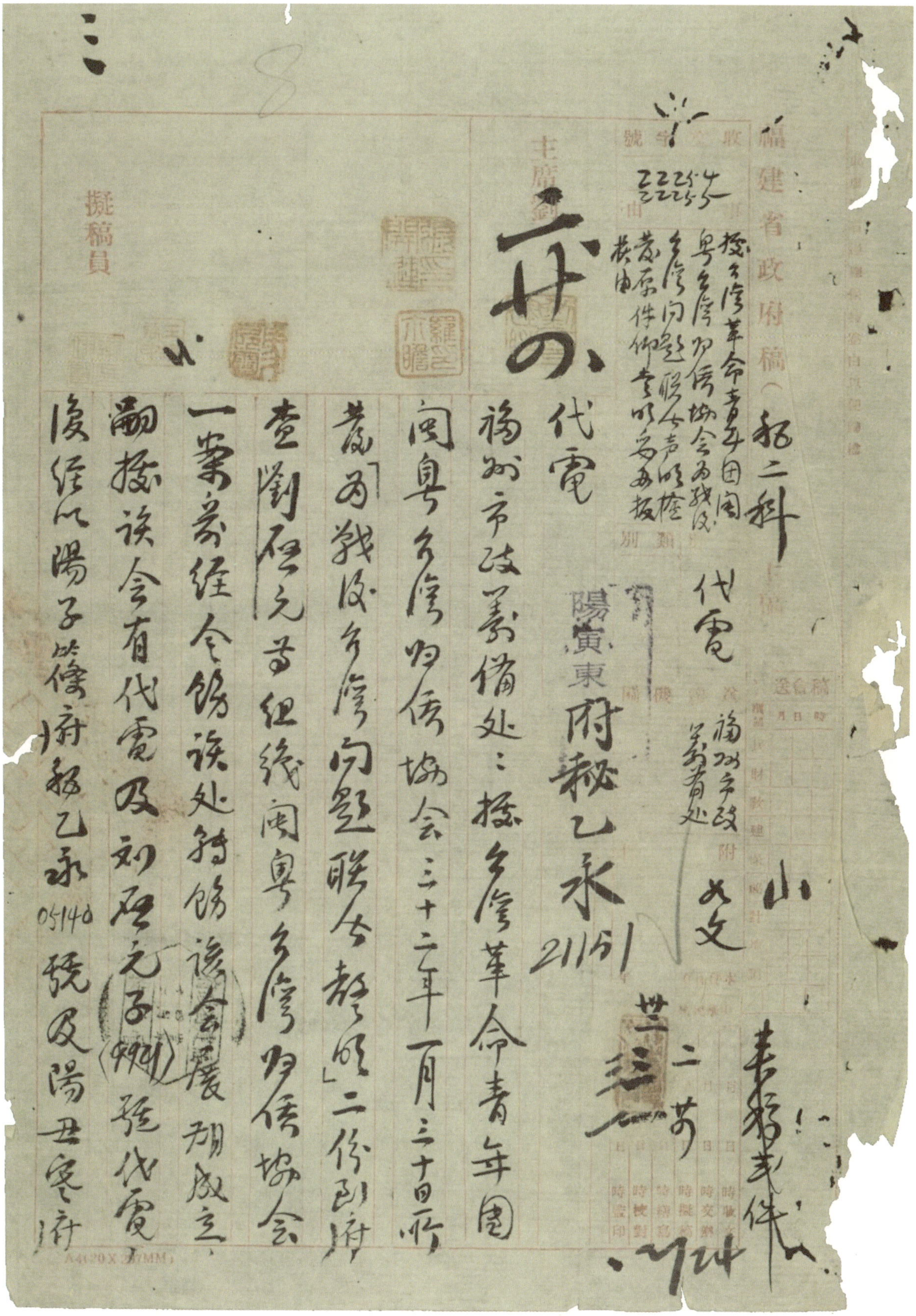

福建省政府稿（秘二科）

事由：據台湾革命青年团閩粤台湾归侨协会為战後台湾问题联合声明检發原件仰查明具報由

代電

福州市政筹备处

府秘乙永 211151

代電

福州市政筹备处：據台湾革命青年团閩粤台湾归侨协会三十二年一月三十日所發為战後台湾问题联合声明二份到府，查刘启光等组织閩粤台湾归侨协会一案，前经令饬该处转饬该会呈报成立，嗣據该会有代電及刘启光子（删）䞇代電，後经以陽子皓侨府秘乙永05140號及陽丑寒府

福建省政府关于查报闽粤台湾归侨协会及台湾革命青年团成立情形给福州市政筹备处的代电

一九四三年三月一日

秘乙·永1509號代電飭查各案，現該會復於一月三十日發出簽請聲明，是該會並未展期成立，合行檢發原聲明一份，電仰遵照前令妥速辦理具復為要。除革命青年團已否立案，其地址及內容如何，併仰併查報核為要。省政府永秘乙（）印　附發聲明一份（收文第22259號）

福建省政府

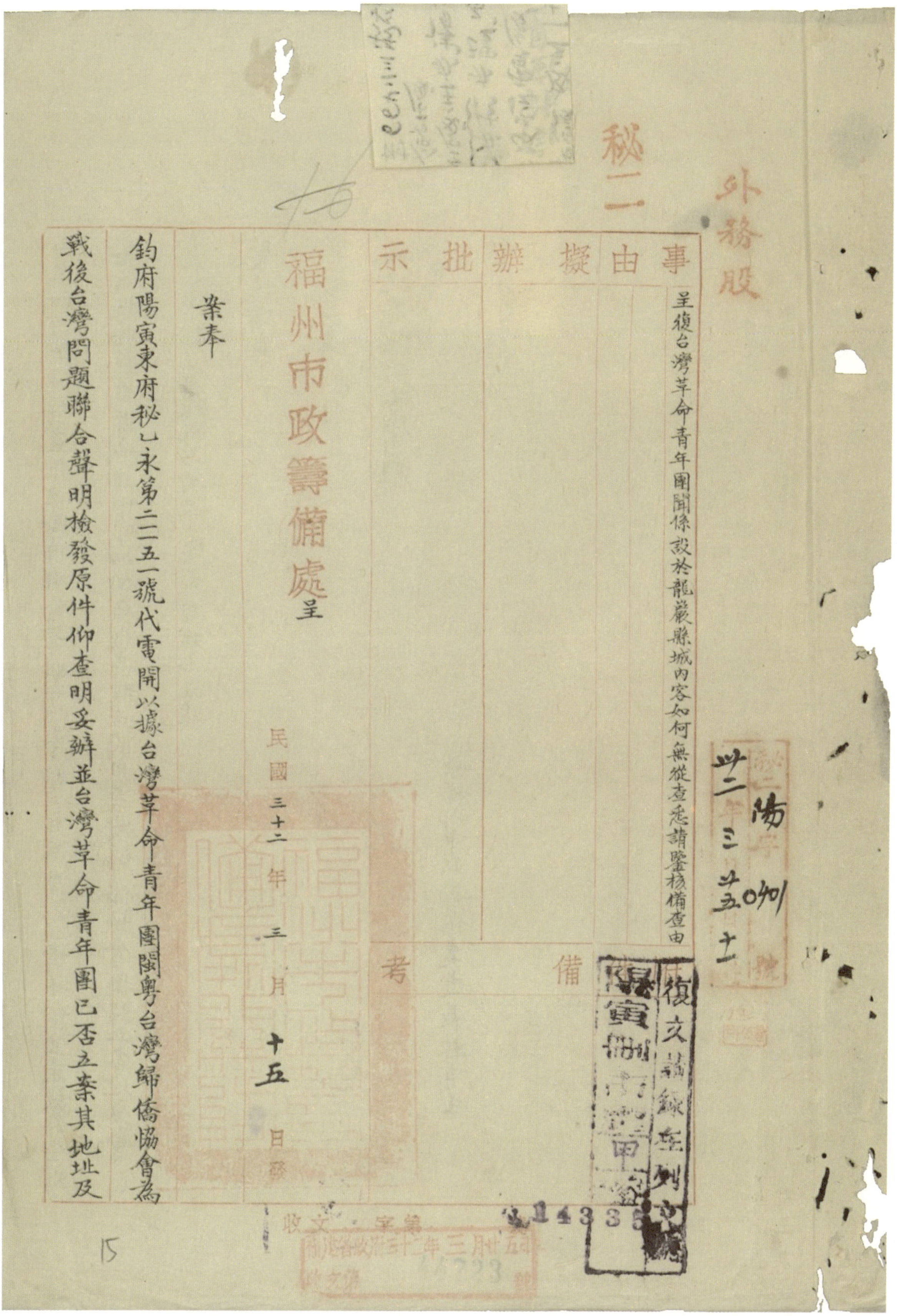

福州市政筹备处关于台湾革命青年团设于龙岩、闽粤台湾归侨协会已饬暂缓成立给福建省政府的呈

一九四三年三月十五日

外務股

事由：呈復台灣革命青年團關係設於龍巖縣城內容如何無從查悉請鑒核備查由

卅二 陽 三 廿五0141 十一

關於閩粤台灣歸僑協會應否緩成立一案，本府已奉行政院電後適用韓僑登記暫行办法办理，原電係由省黨部主办，请将办理情形签示为要
改社會處
卅の七二三號收文一件
秘二科
陽三、廿六

16

福州市政籌備處呈

案奉

鈞府陽寅東府秘ㄙ永第二二五一號代電開以據台灣革命青年團閩粵台灣歸僑協會為
戰後台灣問題聯合聲明檢發原件仰查明妥辦並台灣革命青年團已否立案其地址及

民國三十二年三月十五日發

備考

收文 字第 14335

福建省政府 三十二年三月廿五日 收文第 44723 號

復文 … 甲

15

内容如何併仰詳查報核等因附發聲明一份奉此查台灣革命青年團並未設於福州聞係設於龍巖縣城其內容如何無從查報至閩粤台灣歸僑協會擬設立各地分會已遵令轉飭暫緩成立矣奉電前因理合呈復

鑒核備查！

謹呈

福建省政府主席劉

兼福州市政籌備處處長林有壬

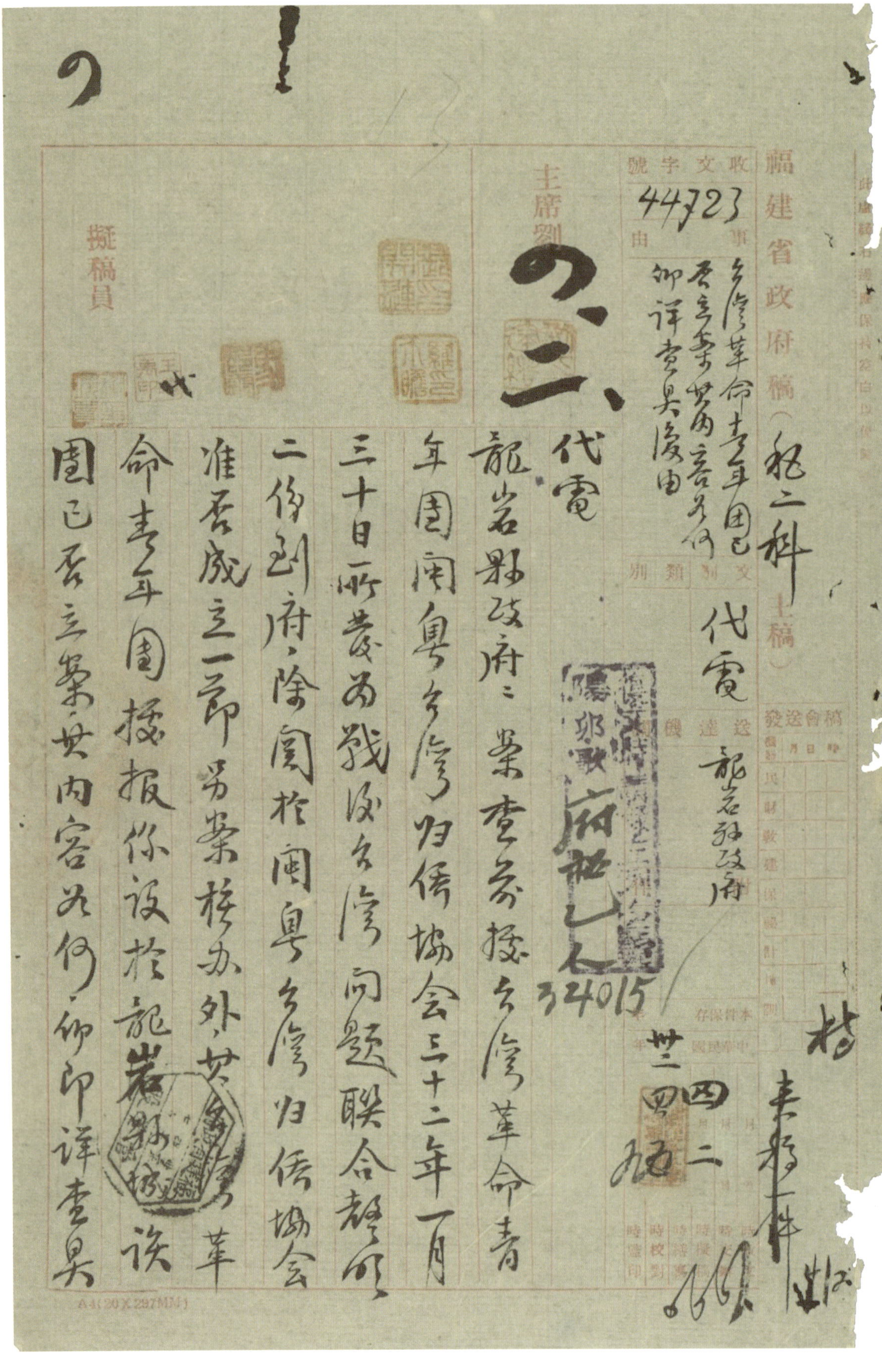
福建省政府稿（秘二科主稿）

收文字號：44723

事由：台灣革命青年團已否立案暨內容若何仰詳查具復由

代電

龍岩縣政府

代電

龍岩縣政府：案查前接台灣革命青年團閩粵台灣歸僑協會三十二年一月三十日所發為解決台灣問題聯合聲明二份到府，除關於閩粵台灣歸僑協會准否成立一節另案核辦外，其台灣革命青年團據報係設於龍岩，該團已否立案，其內容若何，仰即詳查具

34015

卅二 四 二

福建省政府关于查复台湾革命青年团立案情形给龙岩县政府的代电　　一九四三年四月五日

後以匯報為要省政府亥秘乙(　)印

收集提供台情资料

台湾调查委员会与福建省政府等关于收集提供台湾情报资料的来往函电

一九四四年六月—一九四五年一月

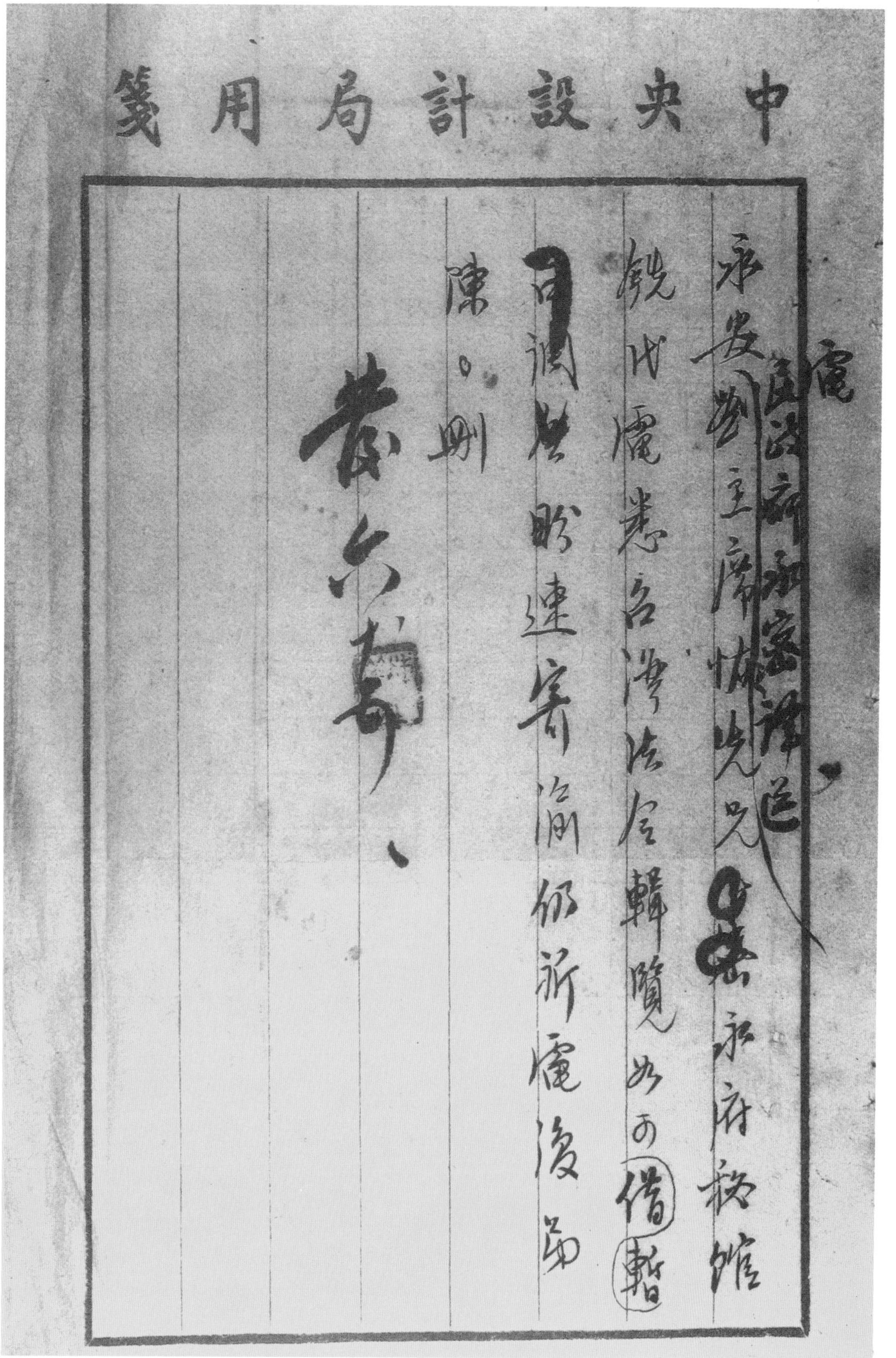
中央設計局用箋

電

永安省政府秘密譯送劉主席惟兄吾兄勛鑒：承府秘館

鈞此電悉台灣法令輯覽如可借暫

日閱後盼速寄渝俾所電復為

陳。則

弟陳儀叩

中央设计局台湾调查委员会主任委员陈仪关于借用《台湾法令辑览》给福建省政府主席刘建绪的电

一九四四年六月

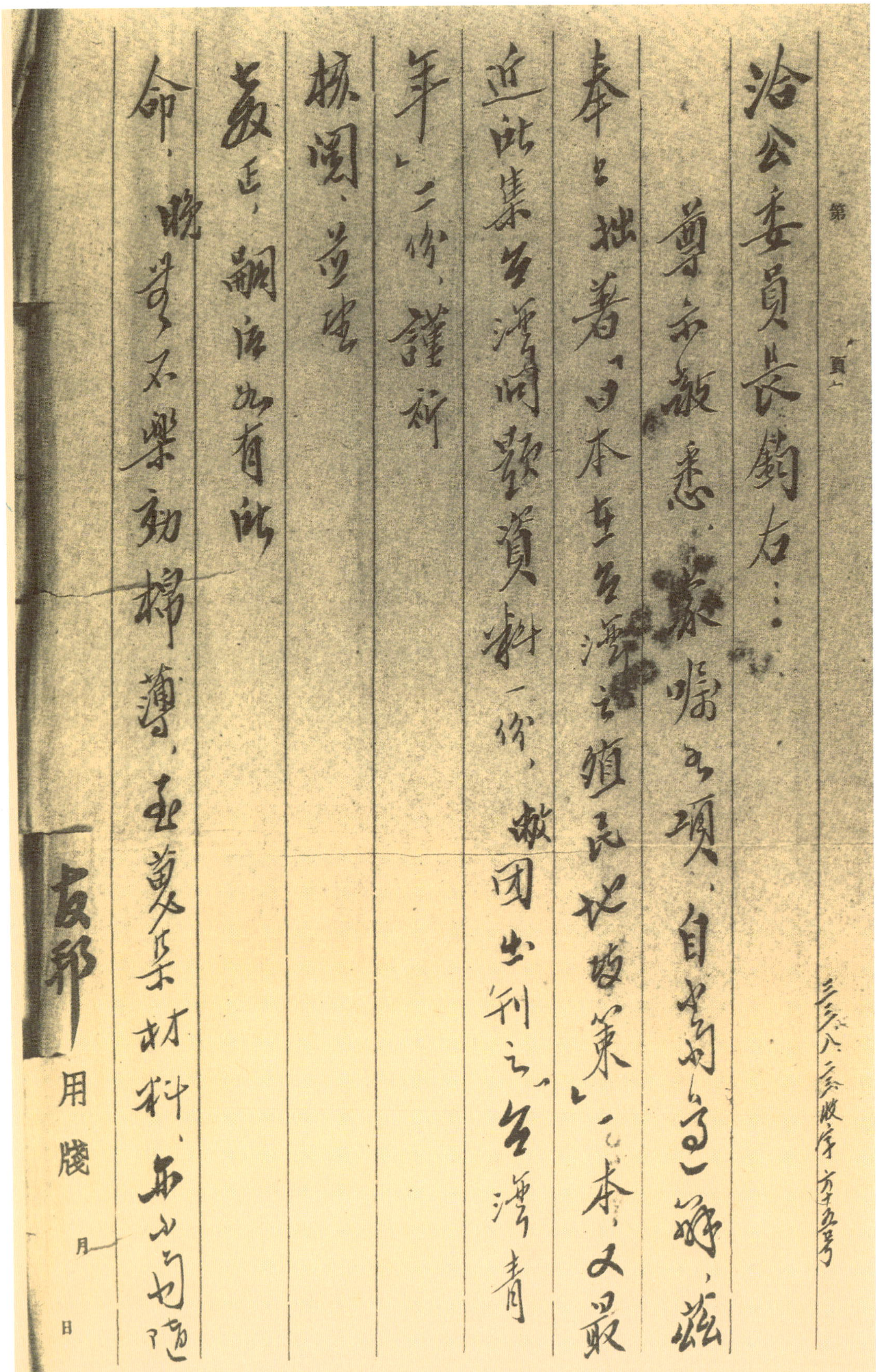

台湾义勇队队长李友邦关于请核阅《日本在台湾之殖民地政策》《台湾青年》等资料给中央设计局台湾调查委员会主任委员陈仪的函

一九四四年六月十九日

第一頁

時寄奉
可參考之。臨穎依馳，不盡言之，當此祇請
勛安
晚 李友邦謹啟 六、一九。

收到，後補。

孫 八、卅。

友邦用牋 月 日

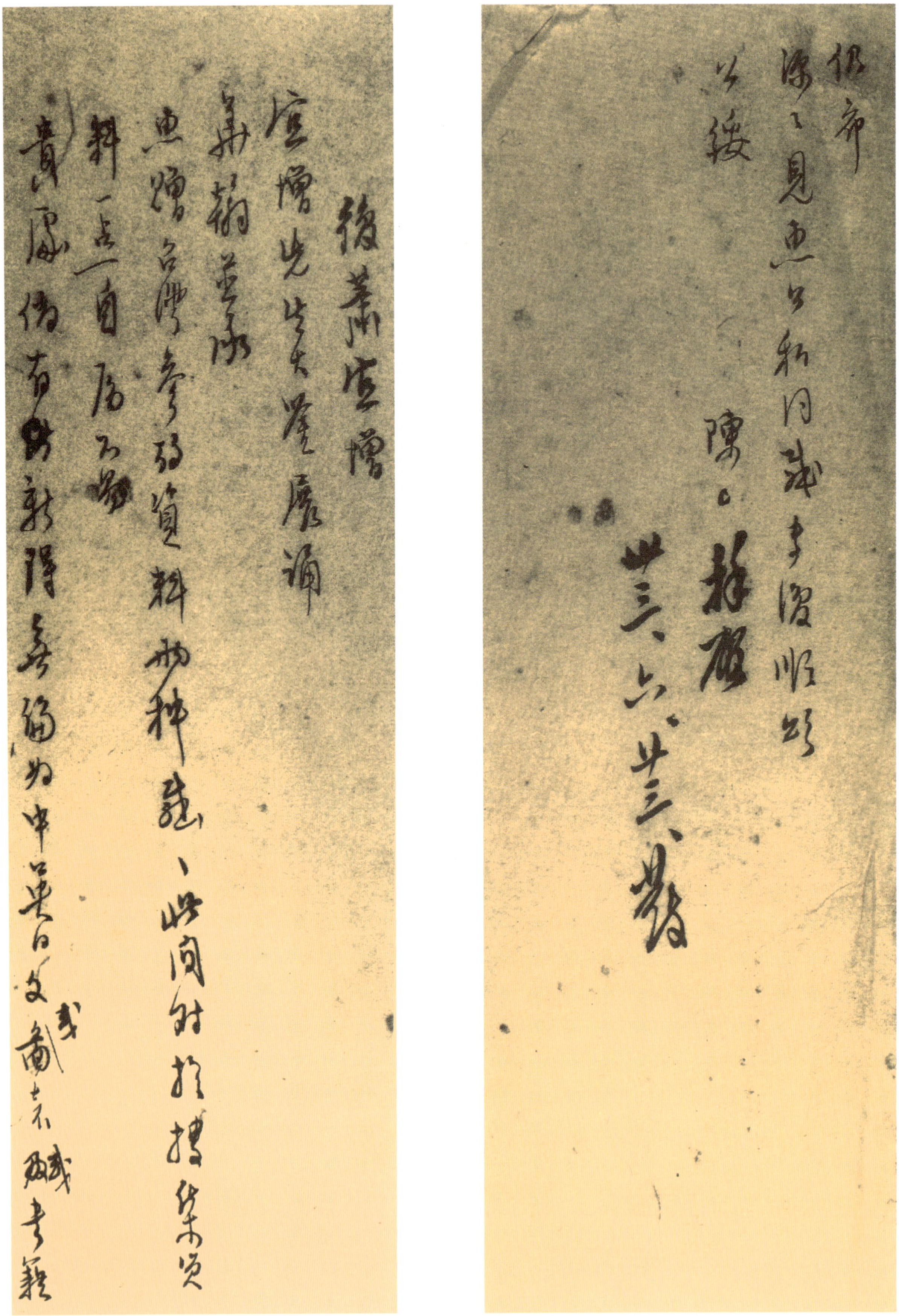

復蕭宜增

宜增先生大鑒：展誦
來翰並承
惠贈台灣參考資料兩種，感感。此間對於搜集資料一點，自應不遺，
貴處倘有新得，無論為中央、台灣之文獻、圖表或書籍，仍希
源源見惠，至紉同誠。專復，順頌
公綏

陳儀

卅三、六、廿三發

陈仪关于请继续留意新增台湾资料给台湾党部主委萧宜增的函　　一九四四年六月二十三日

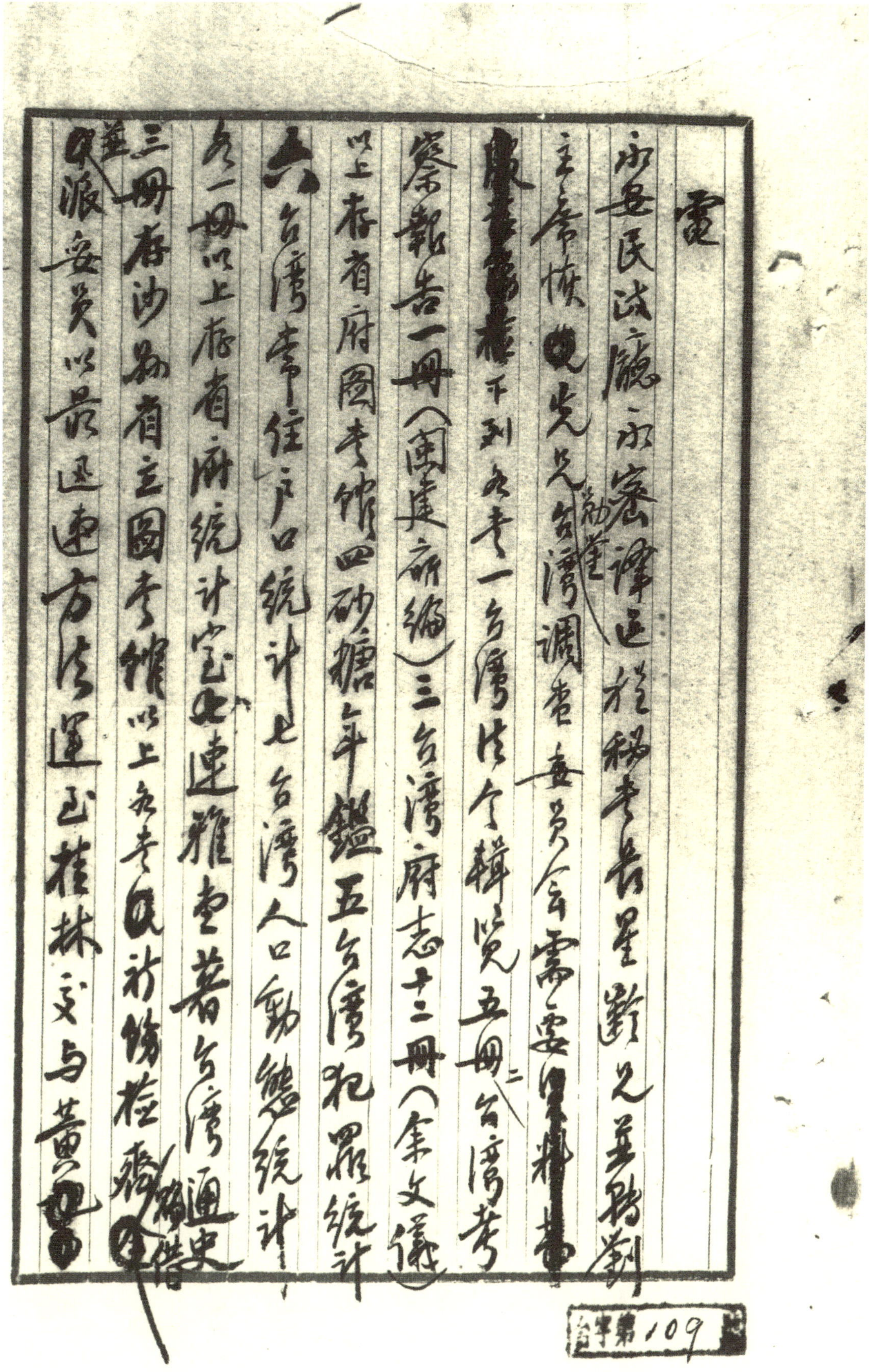
電
永安民政廳永密譯送程秘書長星齡兄並轉劉
主席恢先兄勛鑒：台灣調查委員會需要
下列各書：一、台灣法令輯覽五冊；二、台灣考
察報告一冊（閩建所編）；三、台灣府志十二冊（余文儀
以上存省府圖書館；四、砂糖年鑑；五、台灣犯罪統計；
六、台灣常住戶口統計；七、台灣人口動態統計
各一冊，以上存省府統計室；八、連雅堂著台灣通史
三冊，存沙縣省立圖書館。以上各書即請飭檢齊備借，
並派妥員以最迅速方法運至桂林交與黃朝琴
台字第109

陈仪关于请迅速妥善运送《台湾法令辑览》等资料给福建省政府主席刘建绪的电　　一九四四年八月

主席旭初兄密机逕渝专用畢即还便選送人員往渝旅費請先墊付電知即匯寄行期及員名賜先電渝費神至感弟陳儀敬叩

艳八（印）

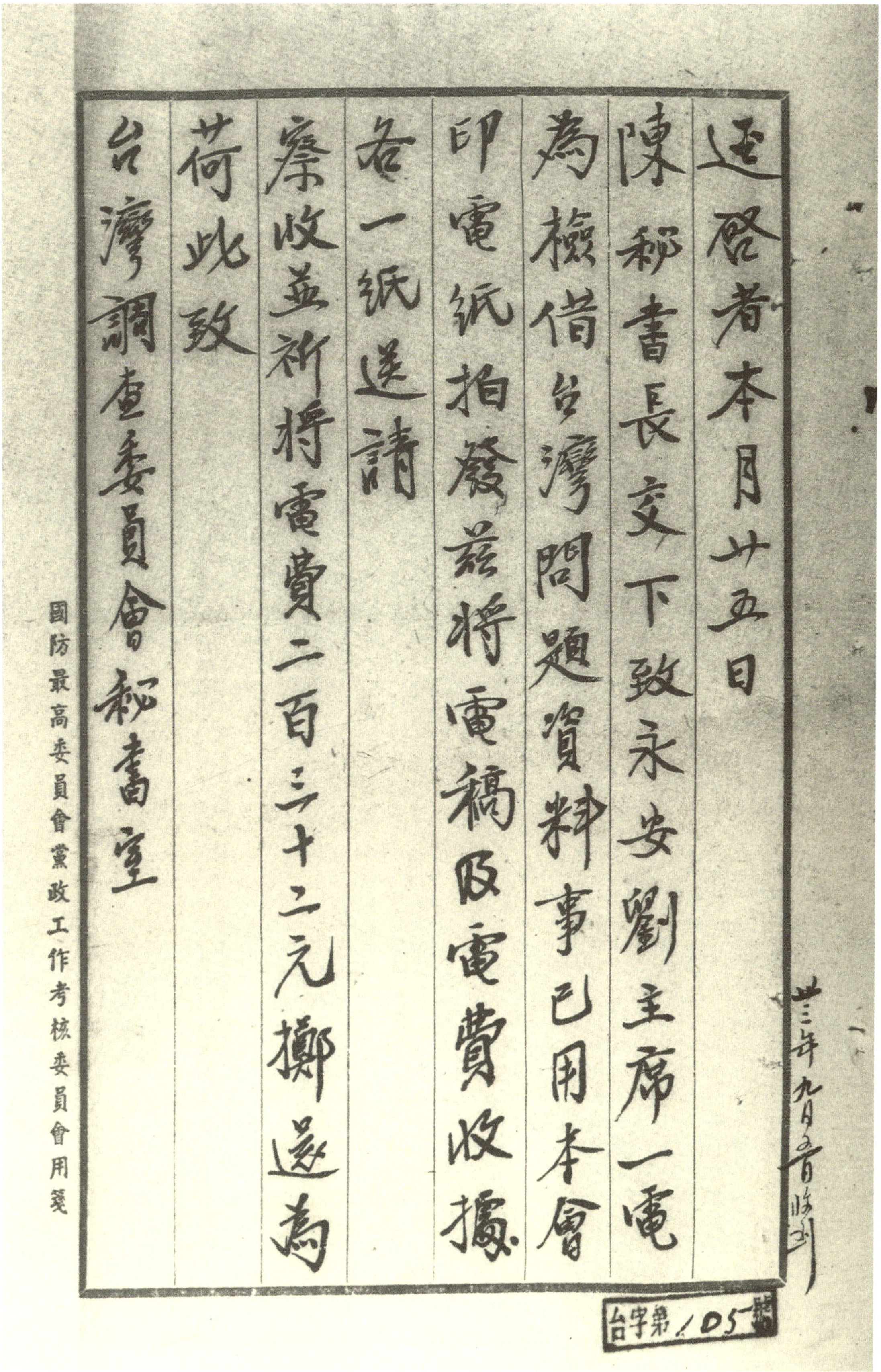

逕啓者本月廿五日
陳秘書長交下致永安劉主席一電
為檢借台灣問題資料事已用本會
印電紙拍發茲將電稿及電費收據
各一紙送請
察收並祈將電費二百三十二元擲還為
荷此致
台灣調查委員會秘書室

國防最高委員會黨政工作考核委員會用箋

卅三年八月廿六日

台字第105號

国防最高委员会党政工作考核委员会秘书处关于请付检寄台湾资料相关费用给台湾调查委员会秘书室的函　一九四四年八月二十六日

计附送电稿一纸、电费收据一纸

党政工作考核委员会秘书处启 八月廿六日

乾款送还奉复

蕖 卅九、六、

刘先生办

国防最高委员会党政工作考核委员会用笺

收到劉華付代發電報費
計國幣貳佰叁拾貳元正

台灣調查委員會

經手人陳濤 卅六、

黨政工作考核委員會

併前案辦理

劉先生

[illegible]九、[illegible]

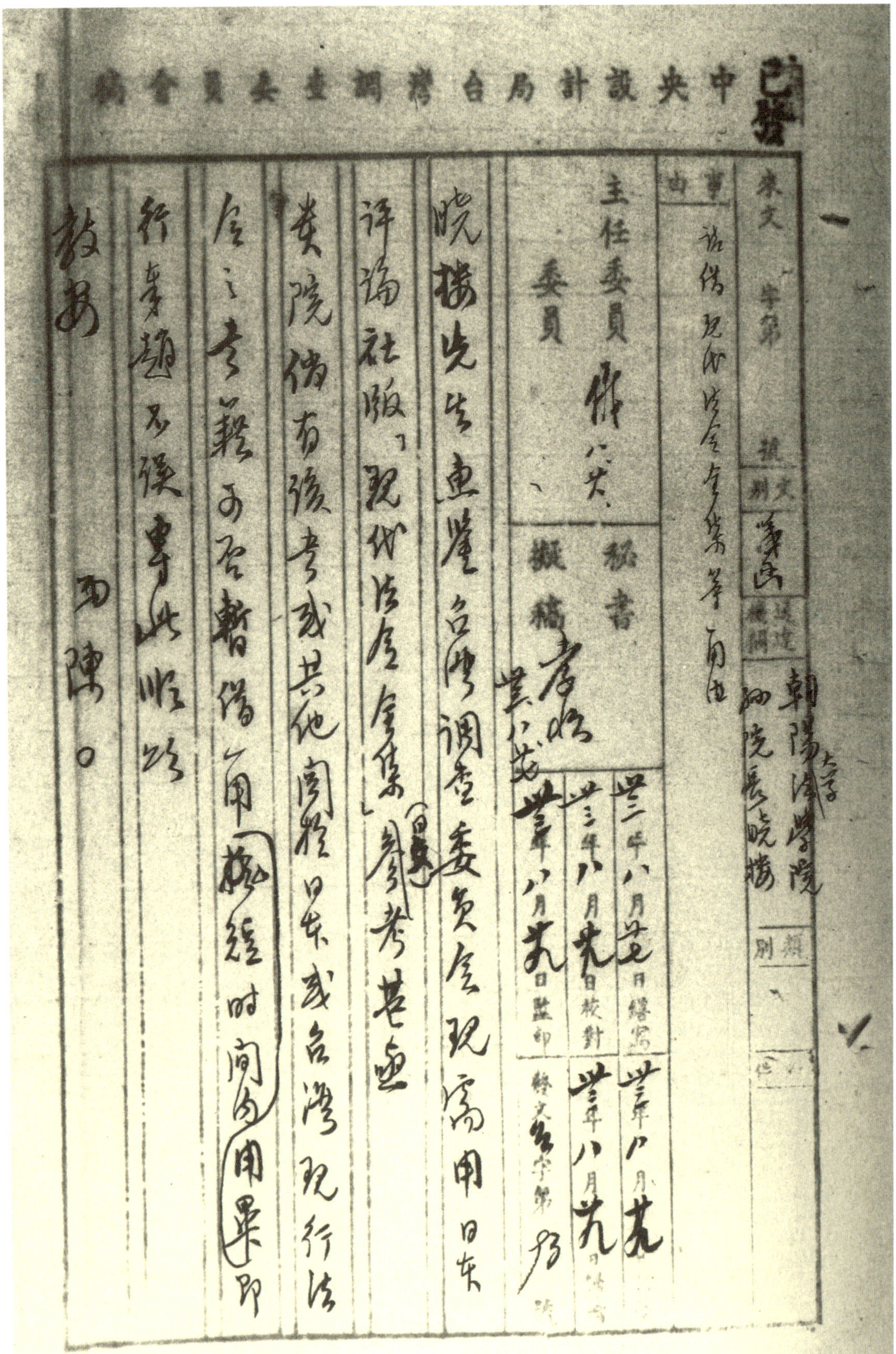

中央設計局台灣調查委員會稿

來文 字第 號

事由：請借現代法令全集等由

主任委員 儀 八、廿八、

委員

秘書

擬稿 卅三年八月廿八

送達機關：朝陽大學法學院孫院長曉樓

卅三年八月廿九日繕寫

卅三年八月廿九日校對

卅三年八月廿九日監印

發文 字第 號

曉樓先生惠鑒：台灣調查委員會現需用日本評論社版「現代法令全集」（日文）參考甚亟，貴院備有該書或其他關於日本或台灣現行法令之書籍，可否暫借應用，俟經時間用畢即行奉趙不誤，專此順頌

教安

弟陳〇

中央设计局台湾调查委员会主任陈仪关于借用日本评论社版《现代法令全集》给朝阳大学法学院院长孙晓楼笺函

一九四四年八月二十九日

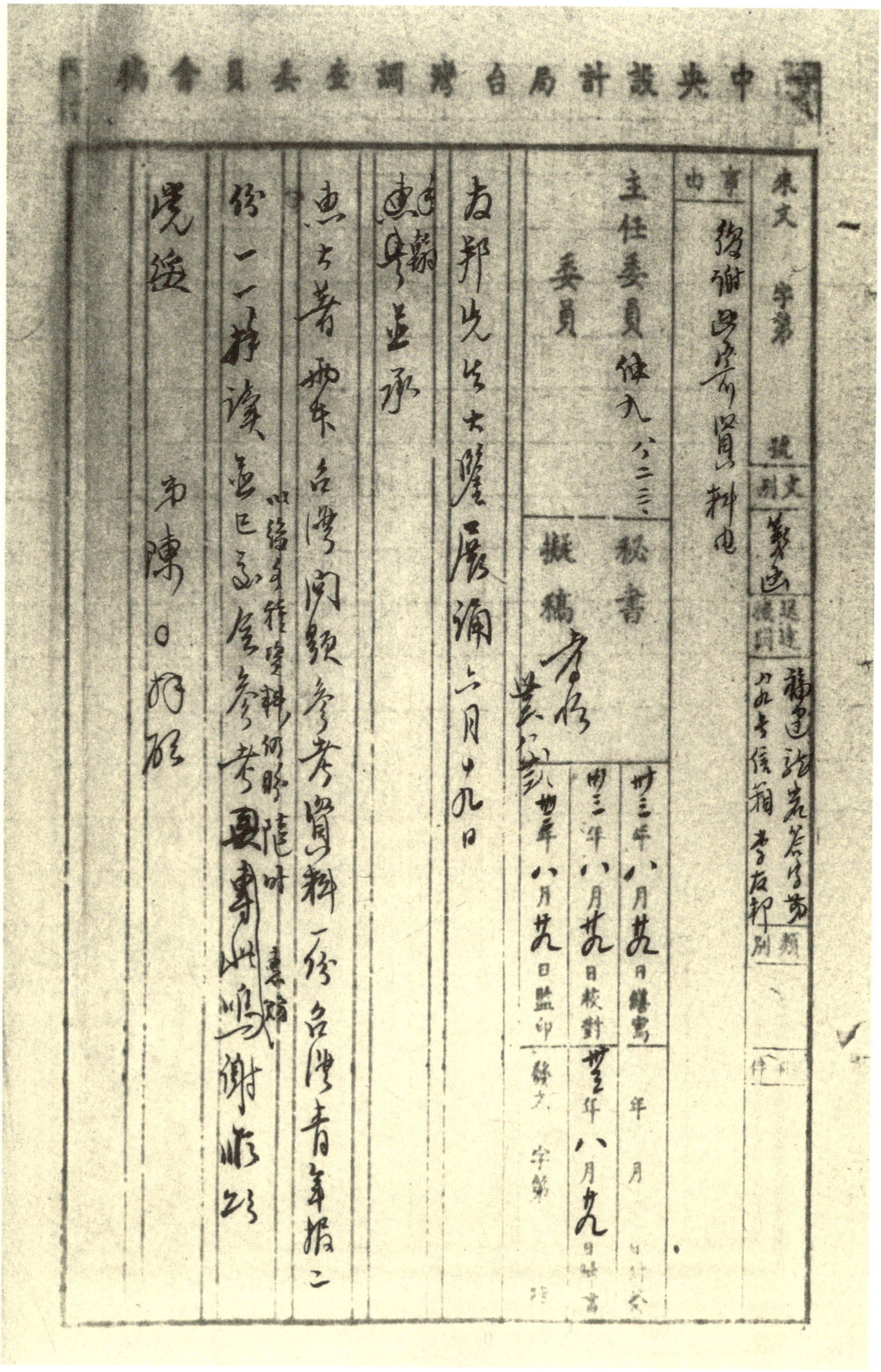

中央設計局台灣調查委員會稿

來文 字第 號

事由：復謝寄台灣資料由

主任委員 陳儀 九 公二三

委員

秘書

擬稿

友邦先生大鑒：展誦六月十九日惠書，並承惠寄台灣問題參考資料一份、台灣青年報二份，一一拜讀，無任感荷，專此鳴謝，順頌

時綏

弟陳○啟

卅三年八月廿九日

中央设计局台湾调查委员会主任委员陈仪关于致谢寄予《台湾问题参考资料》等给李友邦的笺函

一九四四年八月二十九日

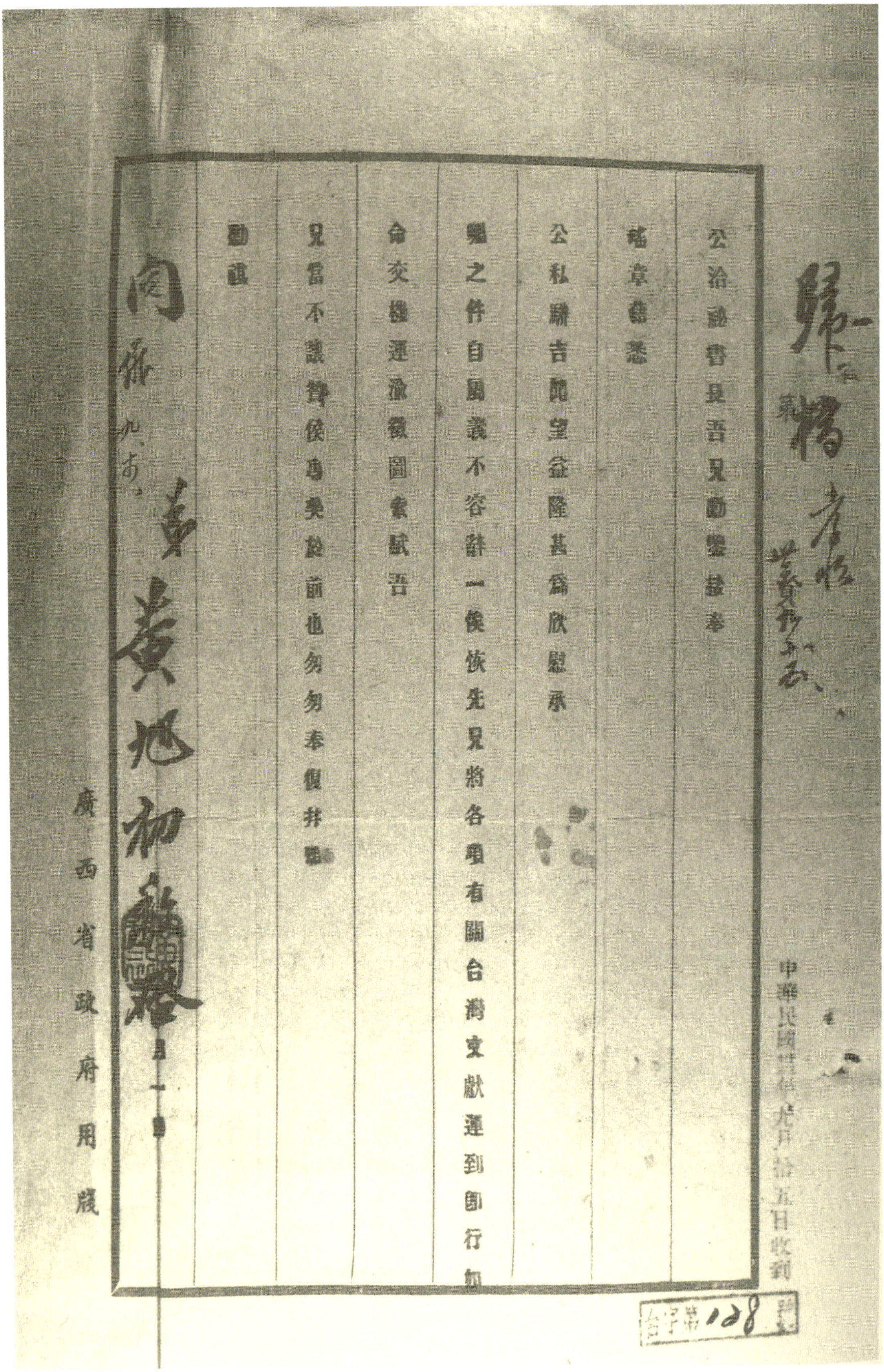
公洽祕書長吾兄勛鑒：接奉
瑤章，藉悉
公私勝吉，聞望益隆，甚爲欣慰。承
囑之件，自屬義不容辭，一俟恢先兄將各項有關台灣文獻運到，即行加
命交機運渝，徵圖索賦，吾
兄當不讓聲侯專美於前也。匆匆奉復，并頌
勛祺
弟 黃旭初 敬啓 九月一日
廣西省政府用牋
中華民國卅三年九月拾五日收到
台字第128號

广西省政府主席黄旭初关于运送台湾文献到重庆给国防最高委员会党政工作考核委员会秘书长陈仪的函

一九四四年九月一日

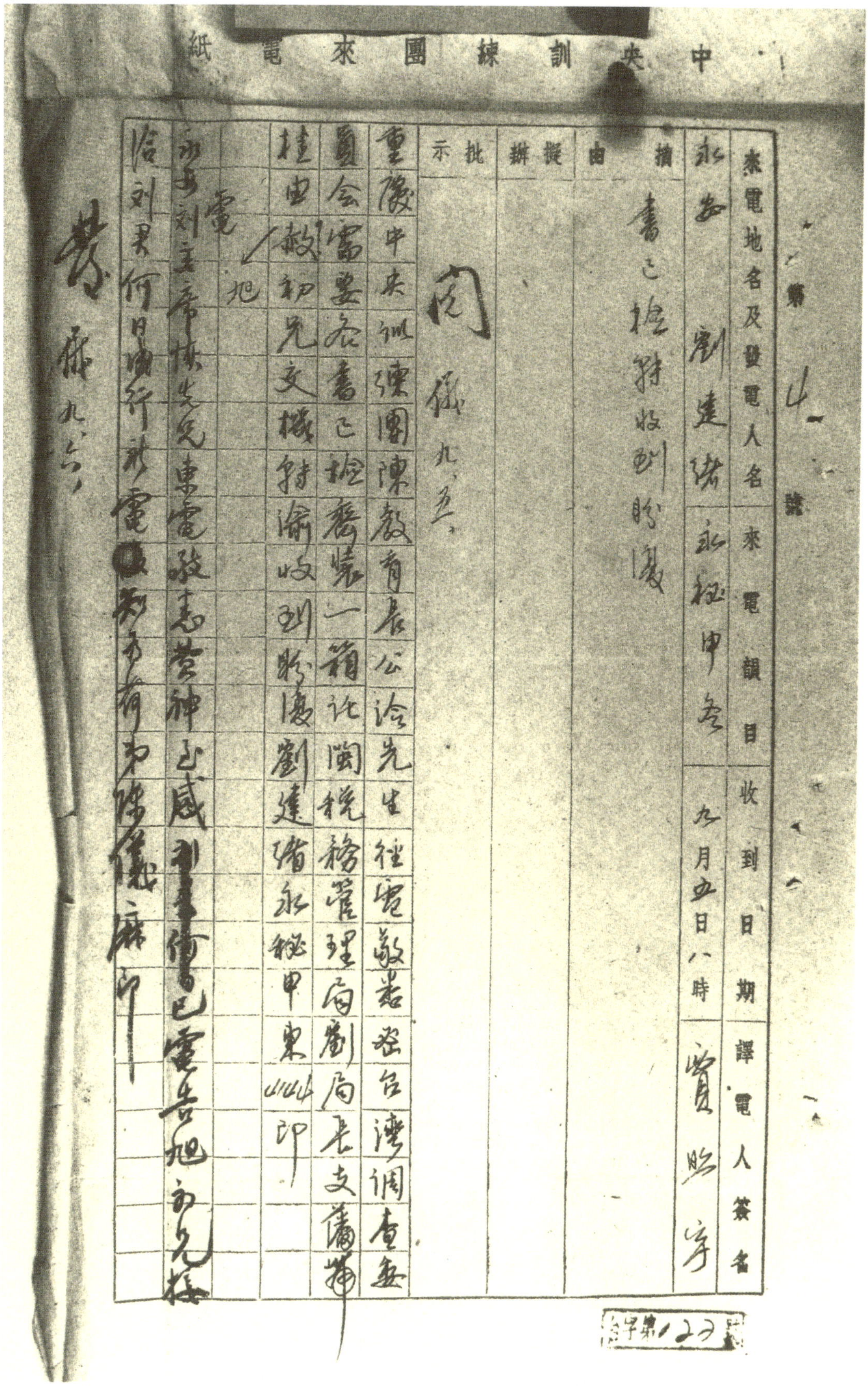

中央訓練團來電紙

第　號

來電地名及發電人名	來電韻目	收到日期	譯電人簽名
永安 劉建緒	永秘申冬	九月五日八時	賀照宇

摘由：書已檢寄收到盼復

擬辦：

批示：閱 儀 九、五、

重慶中央訓練團陳教育長公洽先生：徑電敬悉，密台灣調查委員會需要各書已檢裝一箱，託閩稅務管理局劉局長支藩攜桂由桂□初先文機寄渝，收到盼復。劉建緒永秘申冬印

電 把

永安劉主席恢先兄：東電敬悉，盛神已感，劉書備已電告旭初兄按洽，劉君何日由行，即電示為荷。弟陳儀麻印

黄 麻 九、六、

福建省政府主席刘建绪关于已检寄台湾资料并盼复给中央训练团教育长陈仪的电

一九四四年九月二日

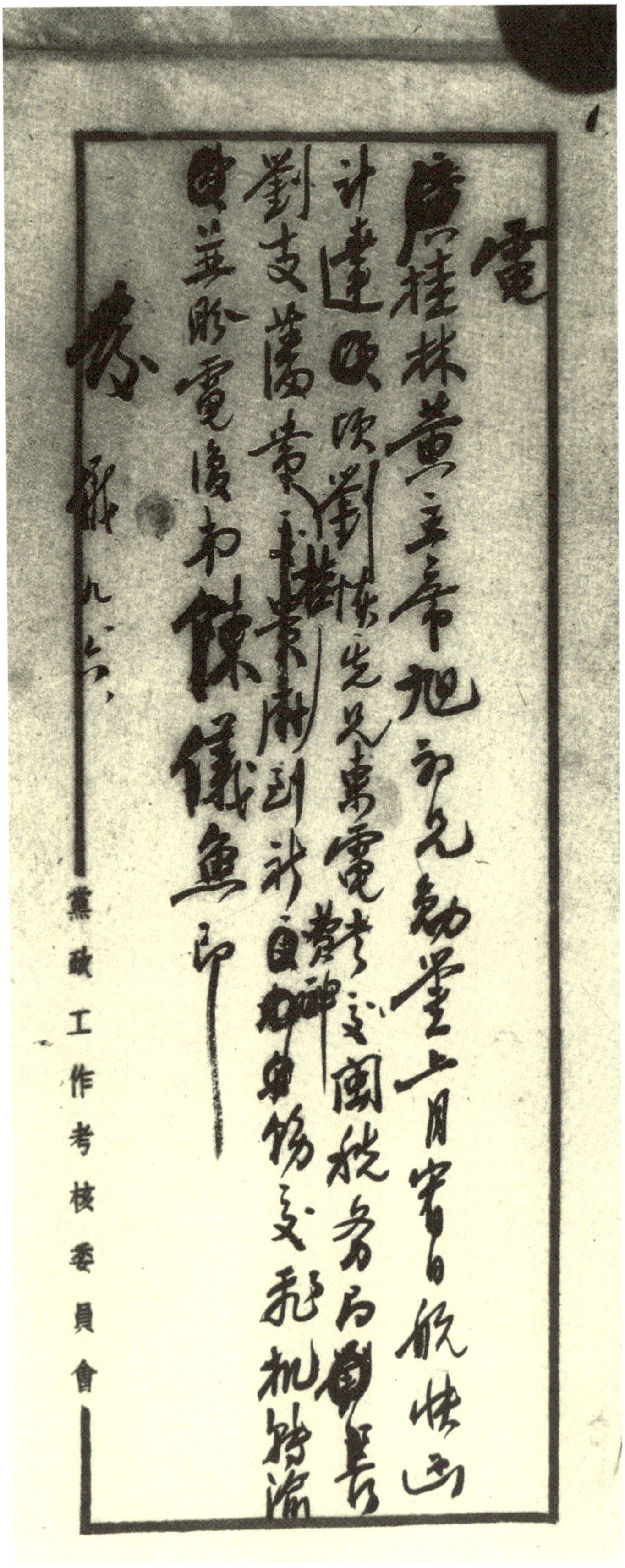

国防最高委员会党政工作考核委员会秘书长陈仪关于请用飞机运送台湾资料到重庆给广西省政府主席黄旭初的电
一九四四年九月六日

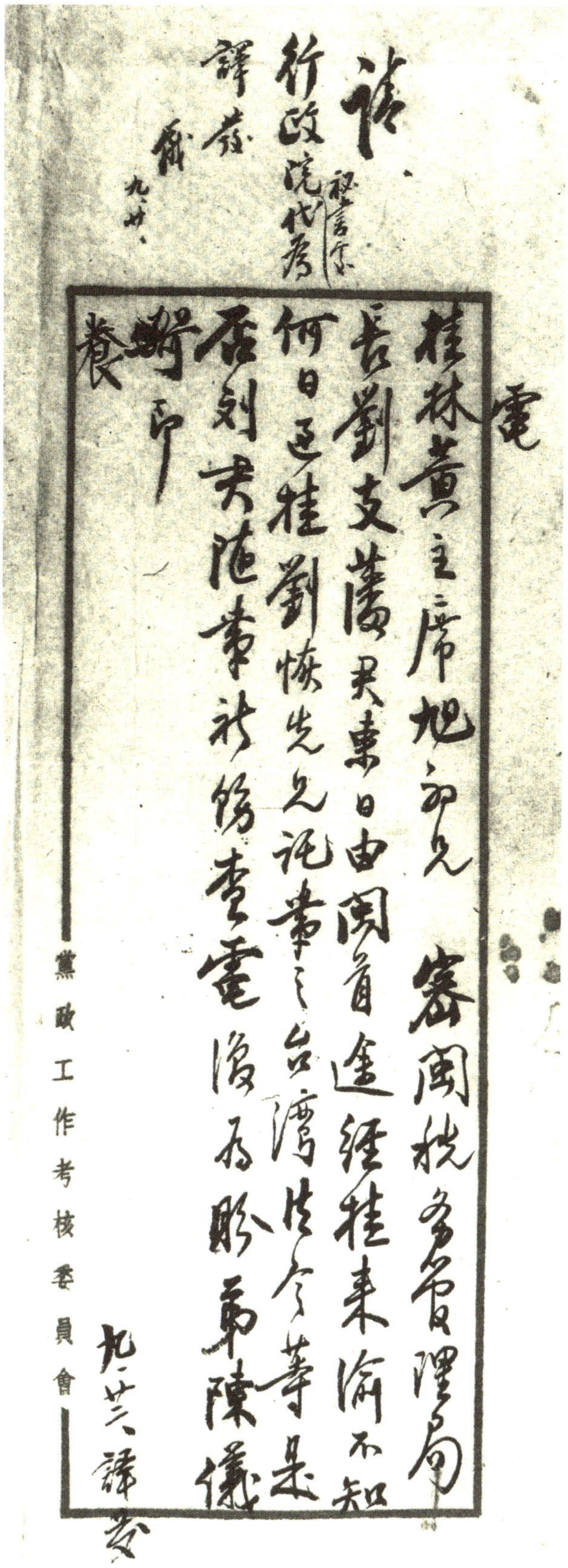
請
行政院代秘書處譯發
儀
九、廿

電
桂林黃主席旭初兄：密。閩稅務管理局
長劉支藩、吳寅東日由閩首途經桂來渝，不知
何日過桂。劉恢先兄託帶之台灣法令等是
否到？關於此事祈飭查電覆為盼。弟陳儀
蒸叩
養

黨政工作考核委員會
九、廿二 譯發

国防最高委员会党政工作考核委员会秘书长陈仪关于请查何人运送台湾资料给广西省政府主席黄旭初的电

一九四四年九月二十日

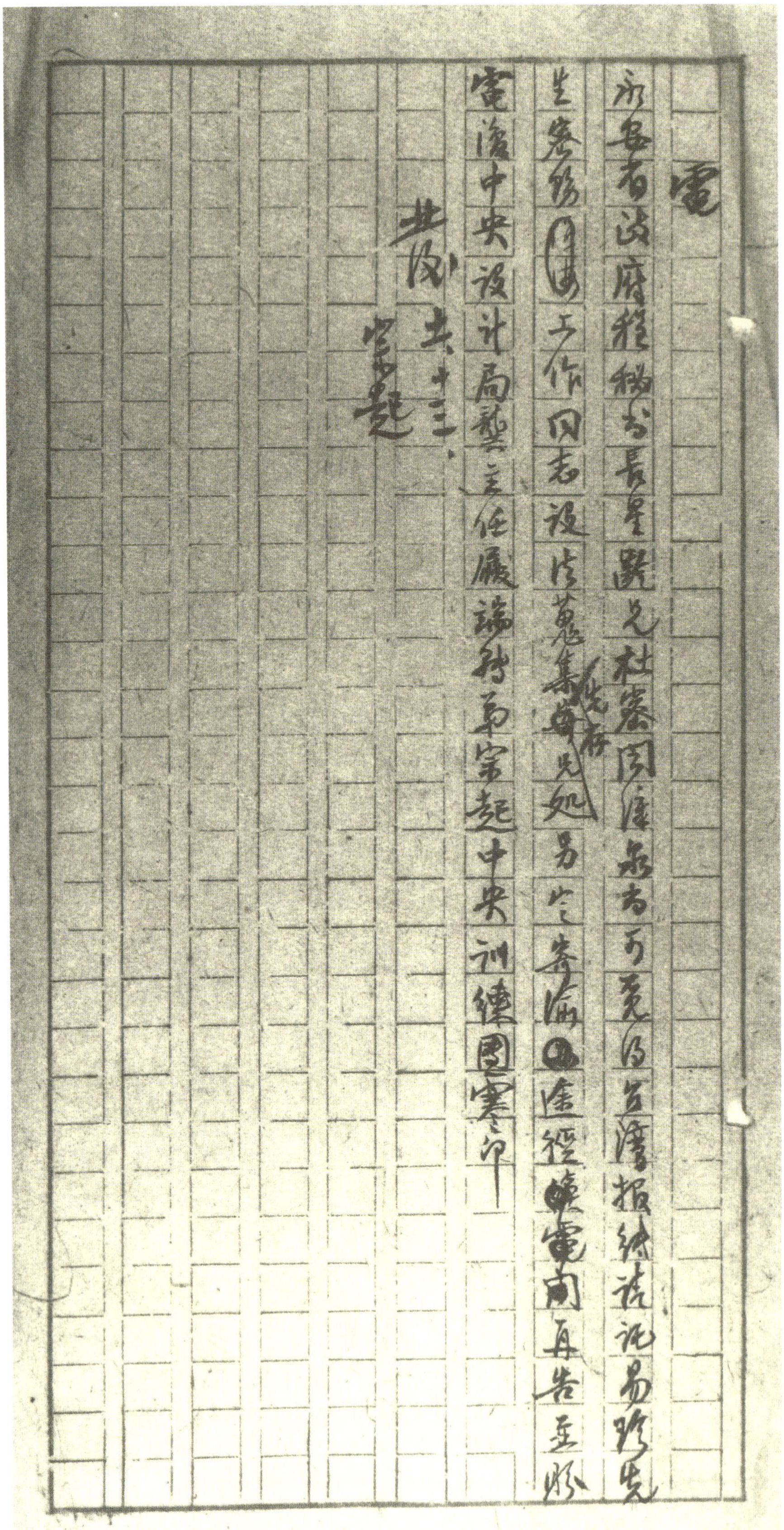

電

永安省政府程秘書長星齡兄：杜參閱濃，吾兄所覓得台灣報紙雜誌最珍貴，先生參與台灣工作，因需設法蒐集，先存尊處，另定寄渝途程，俟電商再告，至感。

電復中央設計局藝主任嚴端轉弟宗起中央訓練團寒印

共發 十一、十三

宗起

中央设计局台湾调查委员会委员钱宗起关于请收集台湾资料及寄运重庆方法将另行告知给福建省政府秘书长程星龄的电

一九四四年十一月十三日

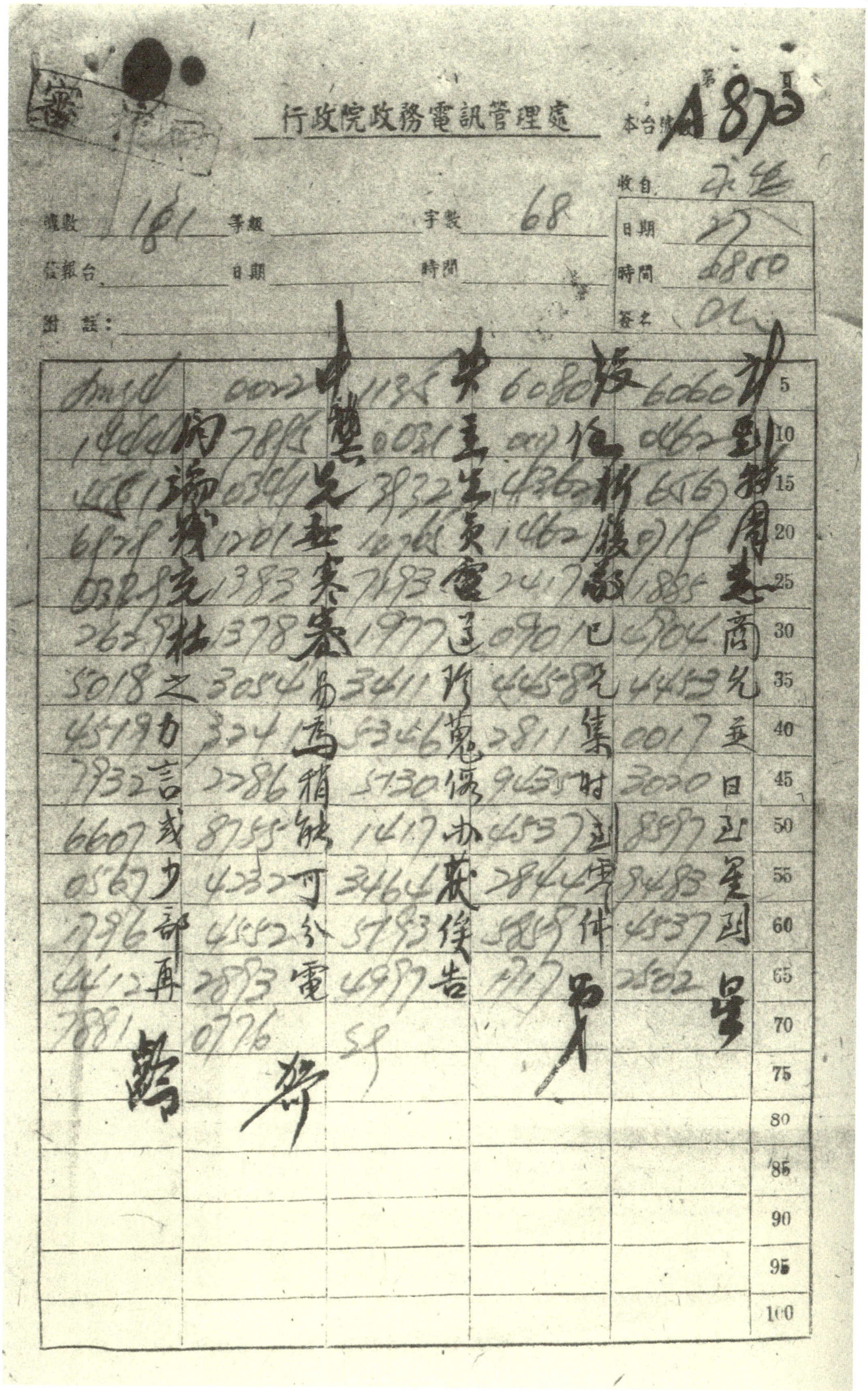

福建省政府秘书长程星龄关于答应搜集台湾资料给中央设计局龚到端的电

一九四四年十一月二十日

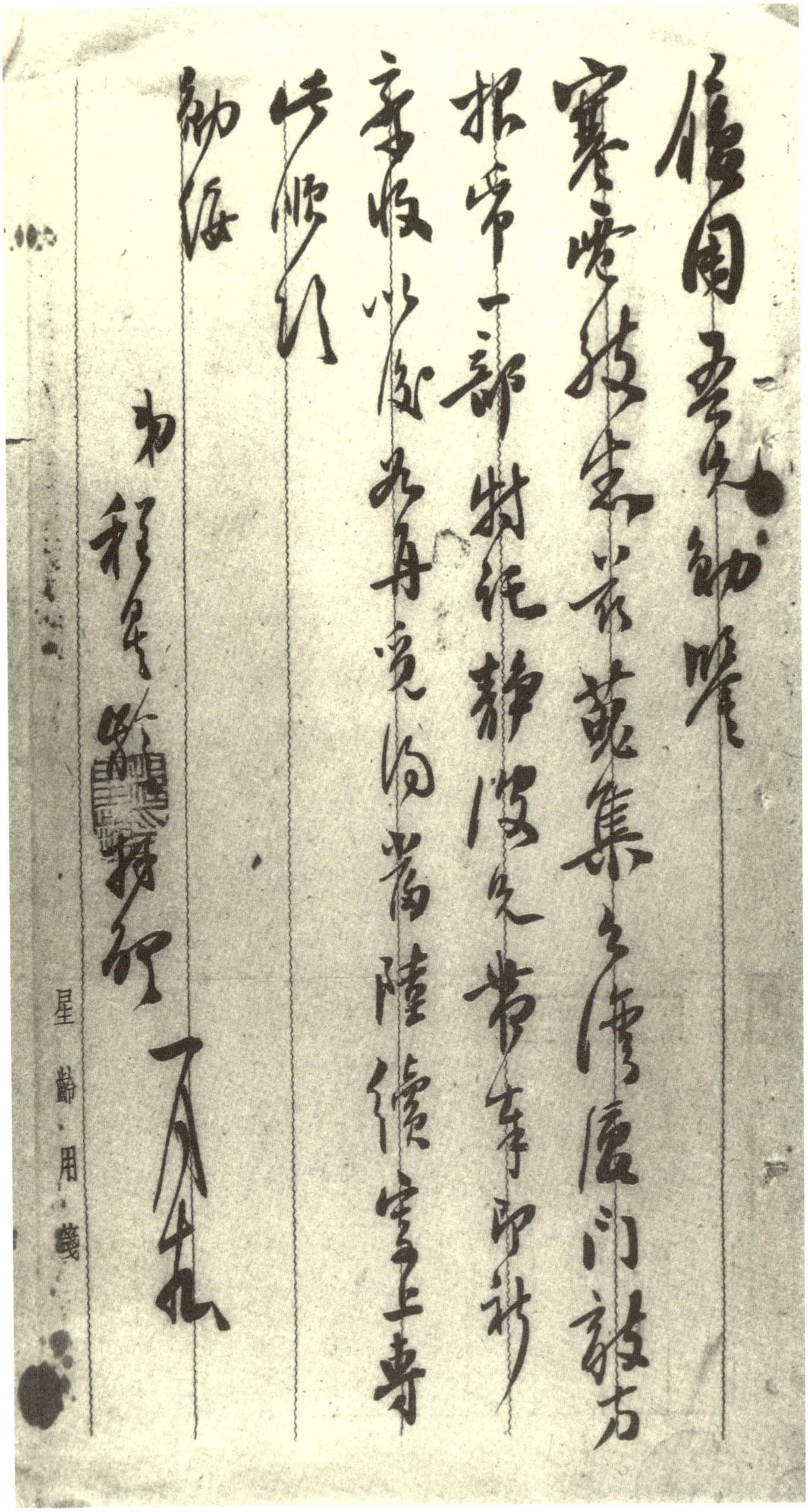
履周吾兄勛鑒：寒電敬悉。前蒐集之台灣、廈門敵方報章一部，託紀靜波兄帶奉，即祈查收。以後如再覓得，當陸續寄上。專此，順頌
勛綏
弟程星齡拜啓 一月十九
星齡用箋

福建省政府秘书长程星龄关于已托人运送台湾资料给钱履周的电　　一九四五年一月十九日

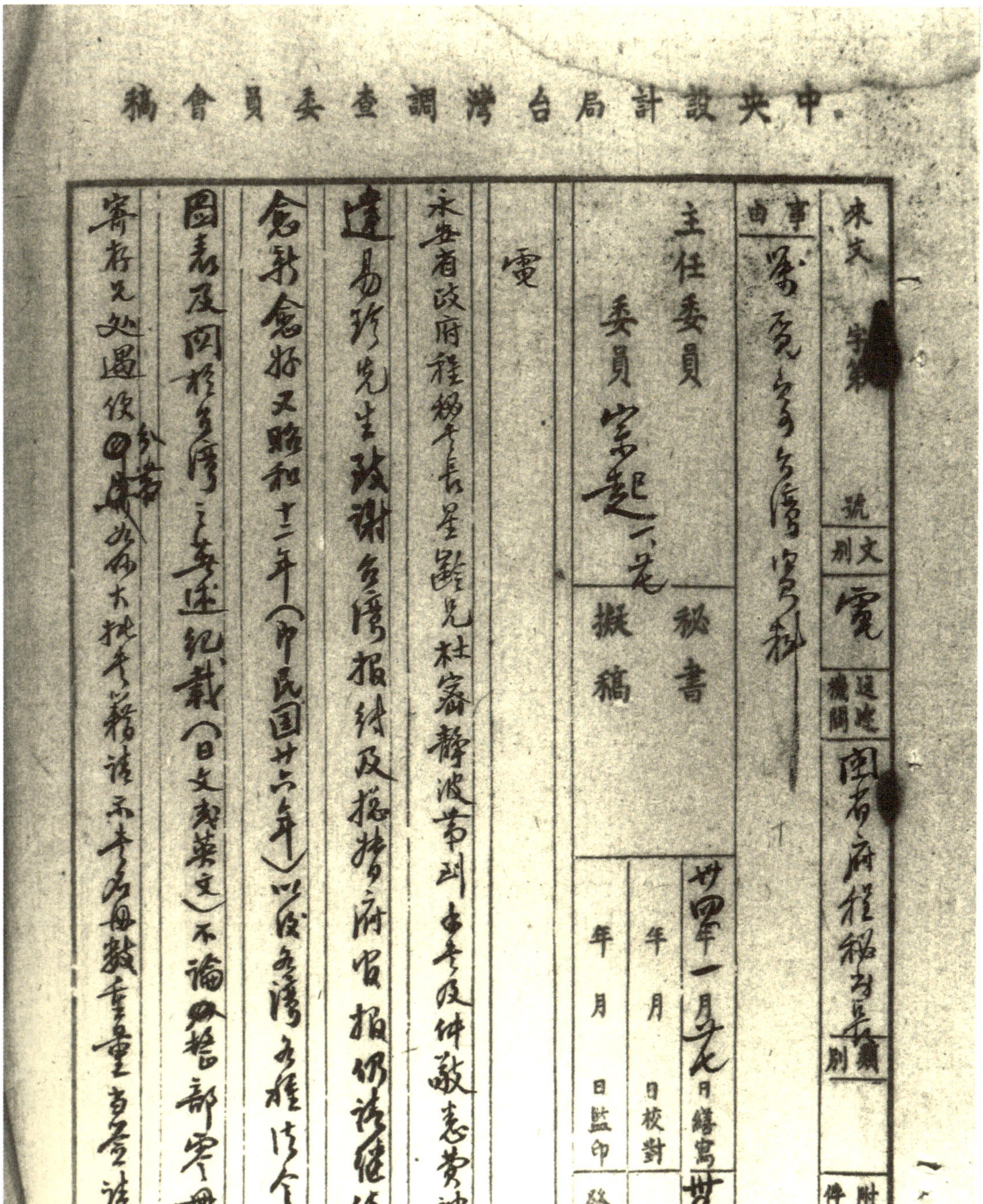

中央設計局台灣調查委員會稿

來文	字第 號
文別	電
送達機關	閩省府程秘書長
事由	請寬寄台灣資料
附件	

主任委員

委員 宗起 一、廿七

秘書

擬稿

卅四年一月廿七日繕寫

年 月 日校對

年 月 日監印

卅四年一月廿七日封發

年 月 日歸檔

發文台字第二一七號

電

永安省政府程秘書長星齡兄杜密靜波第四中字及仲敏志費神至感至請轉達易珍先生致謝台灣報紙及總督府官報仍請繼續蒐集愈多愈好又昭和十二年（即民國廿六年）以後台灣各種法令年鑑統計資料圖表及關於台灣之著述紀載（日文或英文）不論在何部門毋拘多少寬購寄存兄處遇便以用航空公函大批者請示知冊數重量當為請飭由軍用机

中央设计局台湾调查委员会委员钱宗起关于请继续搜集并用军机寄送台湾资料给福建省政府秘书长程星龄的电

一九四五年一月二十七日

運渝之稻種運費及工作人員津貼本會完全負担電飭即匯來實感中央
設計局李泌会印

晋江县国民兵团团部与福建省第四区行政督察公署等关于制送台湾兵要地志的来往函电

一九四四年八月—十一月

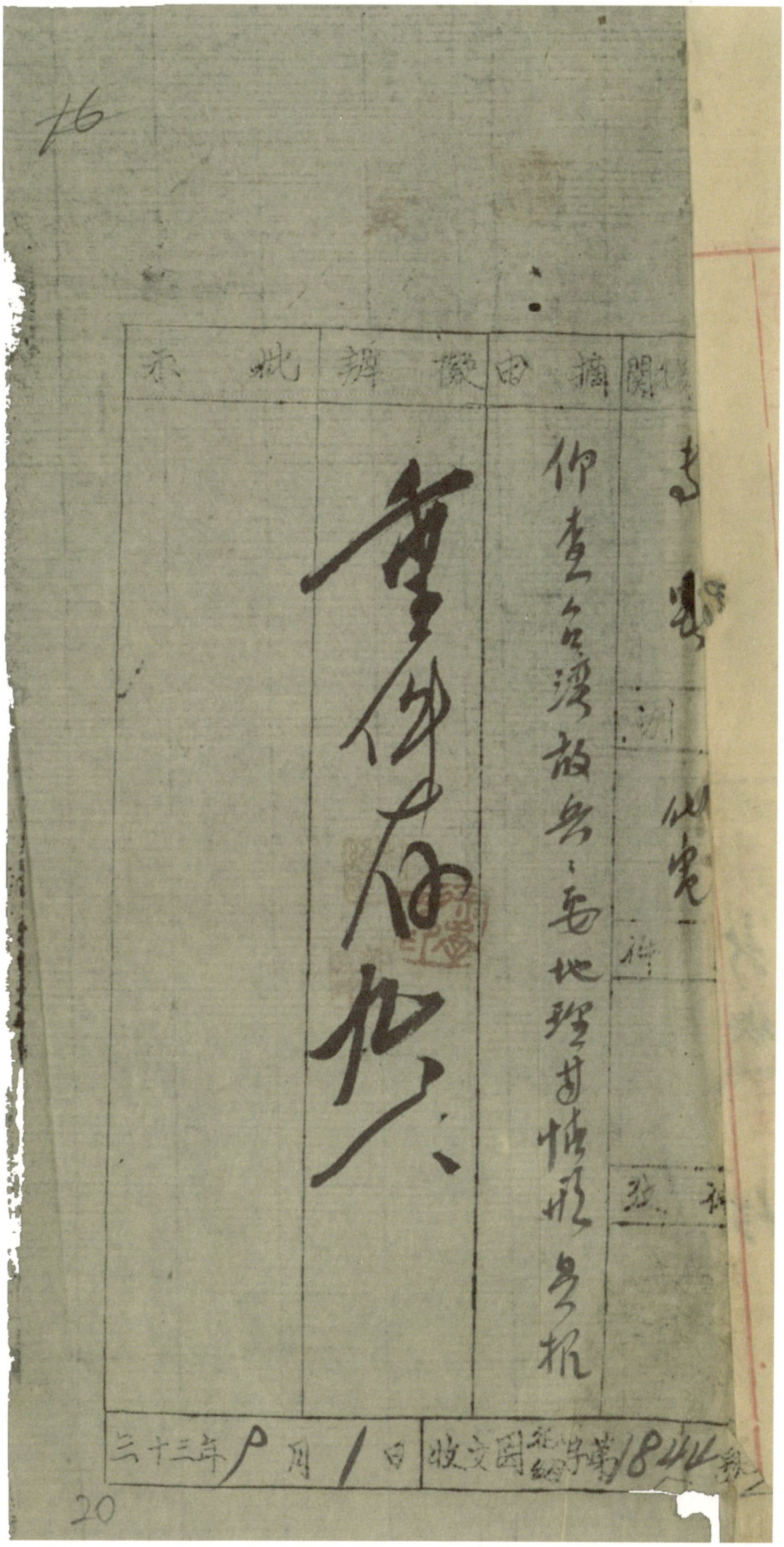

摘由	擬辦	批示
仰查台湾敌兵要地理并情报具报		

三十三年 8 月 1 日 收文 第 1844 號

第四区行政督察公署关于请详查台湾兵要地理给晋江县政府的代电　　　　一九四四年八月二十二日

61

福建省第四區行政督察專員兼保安司令公署快郵代電

事由：密不錄由

2654

晉江徐縣長密奉福建省政府主席劉未巧午保軍電開奉司令長官顧未灰登二電開〈1〉台灣兵要地誌〈2〉台灣敵組織力量番号位置〈3〉沿海敵之防務及？情形〈4〉台灣及沿海島嶼敵机場以上各項希詳查具報為要等因希速詳查具報憑彙等因奉此除分電外合行電仰該縣長迅飭幹員馳速詳查報憑核轉彙閱特飭軍事要件不得延宕為要專員兼司令張法鍾公出副司令胡季寬代行雲未（ ）保參承

中華民國三十三年 月

監印 校對

21

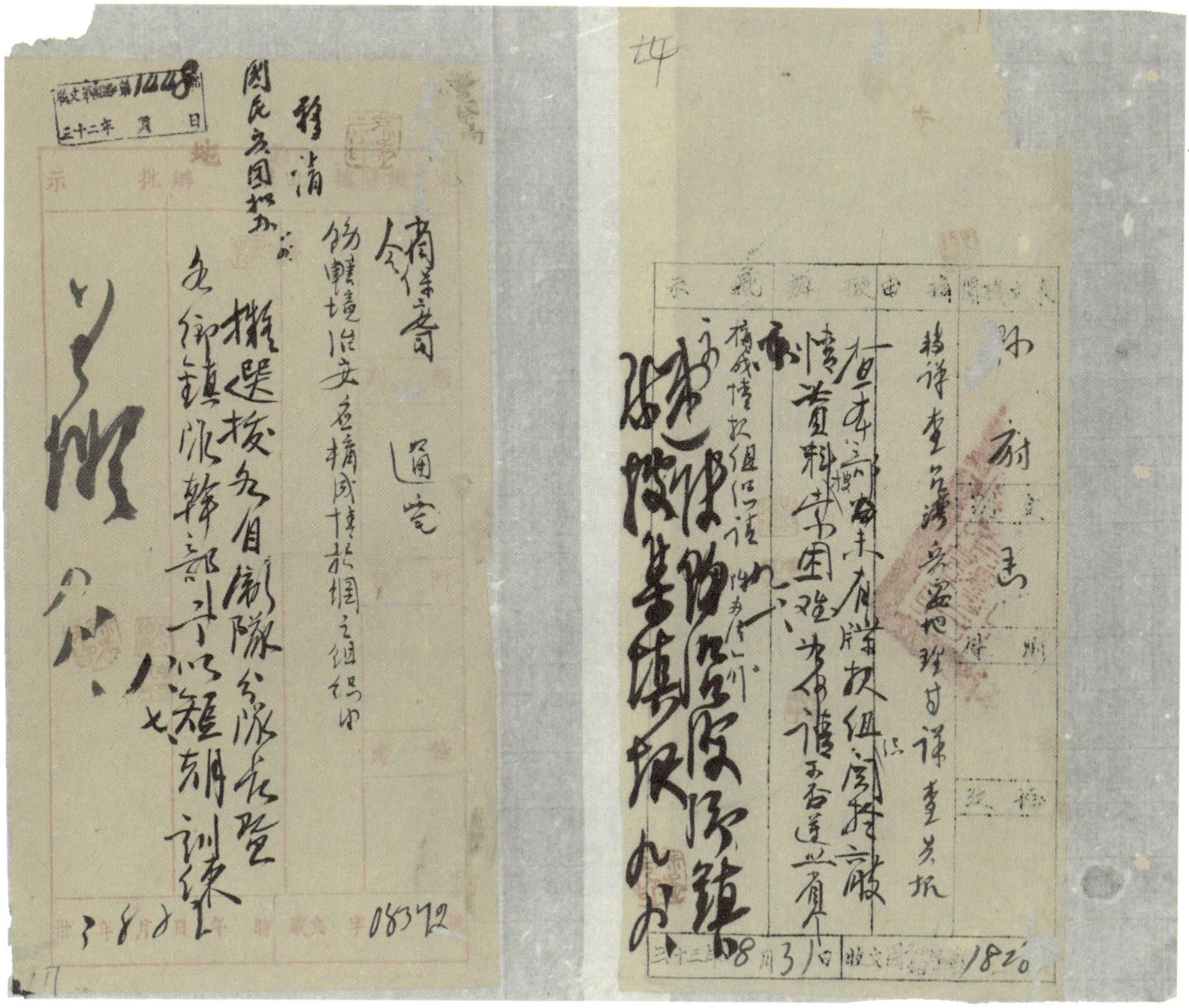

晋江县政府关于详查台湾兵要地理给晋江县国民兵团的函　　　　一九四四年八月三十一日

晋江县政府公函

事由：函转为详查台湾兵要地理等希详查具报凭转由

中华民国三十三年八月 日发
中华民国 年 月 日收
附件
字第 号
11632

案奉

省保安司令部未巧午府保事（57）号电开：

「案奉司令长官顾未漾登二电开（1）台湾兵要地理（2）台湾敌兵力番号位置（3）沿海敌之防务及建设情况（4）台湾及沿海岛屿敌机场以上各项希详查

收文 字第

具報外等因布速詳查具報憑彙[illegible]、

等因奉此除分令外相應函達

查照希詳查具報憑轉為荷。

此致

晋江縣國民兵團

縣長 [illegible]

19

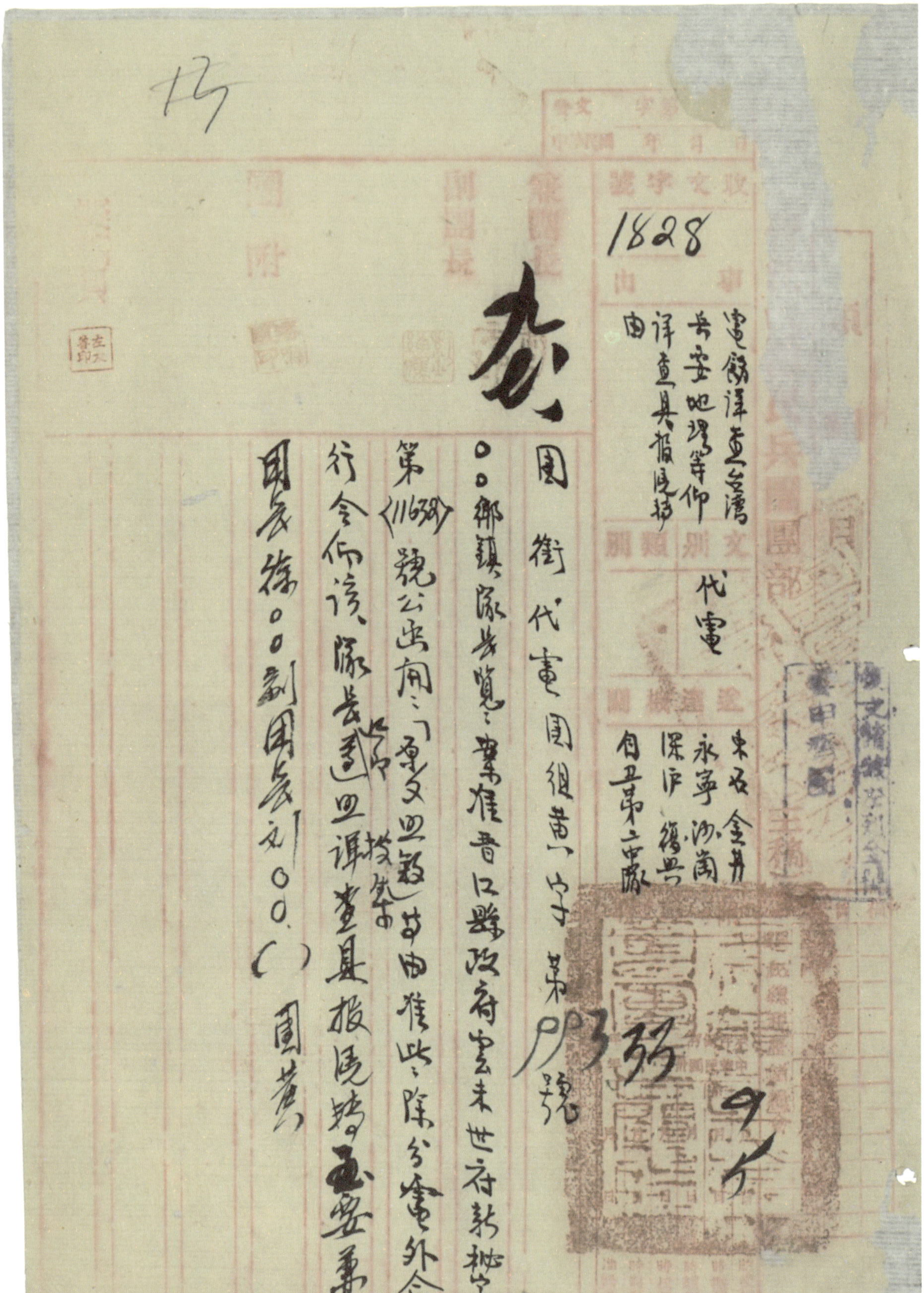

晋江县国民兵团团部关于详查台湾兵要地理给各乡镇的代电 一九四四年九月八日

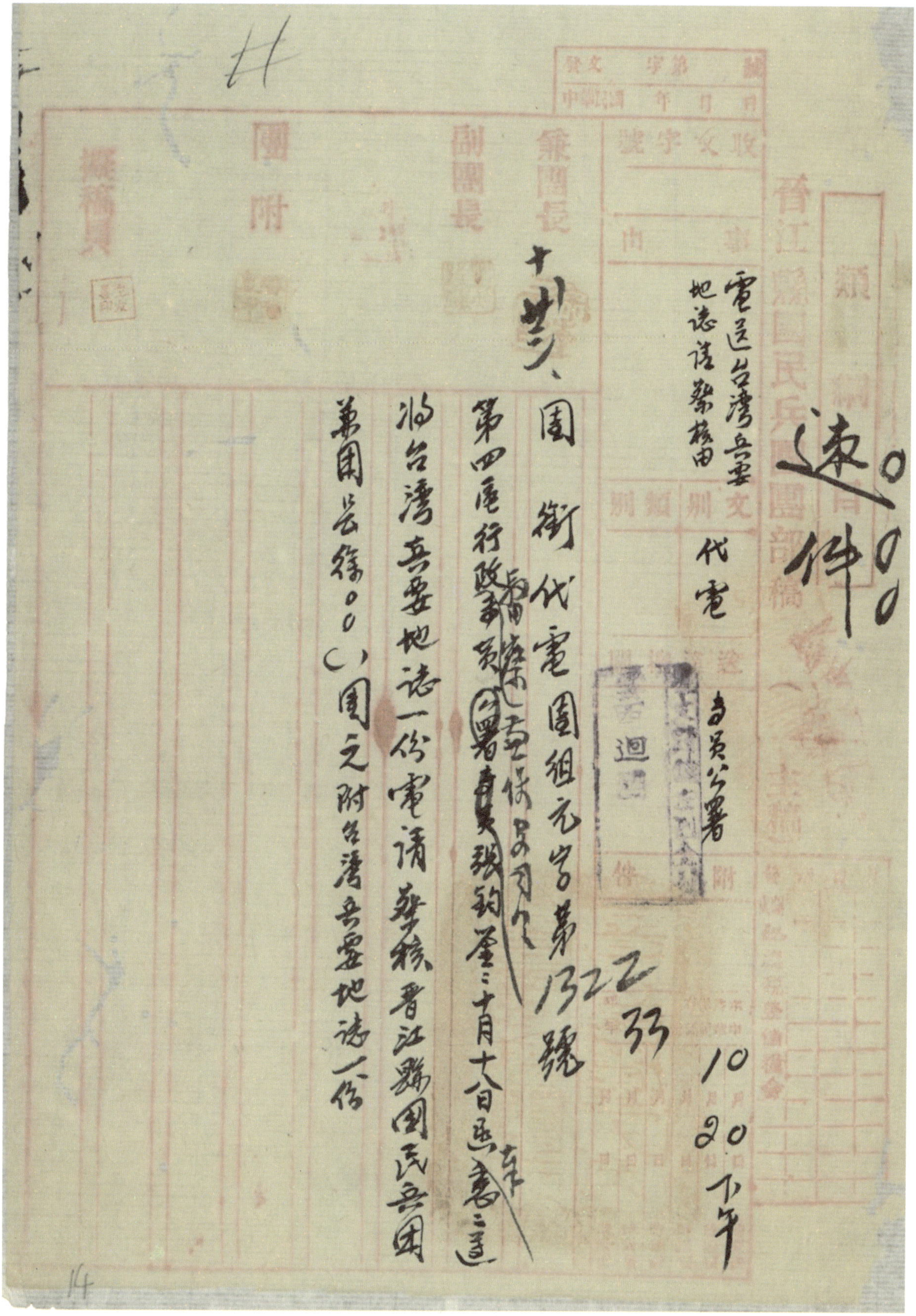
晋江县国民兵团部稿

电送台湾兵要地志请察核由

代电

专员公署

国衔代电 国组元字第1322号

第四区行政督察专员公署专员张钧鉴：三十三年十月十六日□□□电

将台湾兵要地志一份电请察核

晋江县国民兵团兼团长徐〇〇（ ）国元附台湾兵要地志一份

速件

10 20 下午

晋江县国民兵团团部关于报送台湾兵要地志给第四区行政督察专员公署的代电（附：台湾兵要地志）

一九四四年十月二十四日

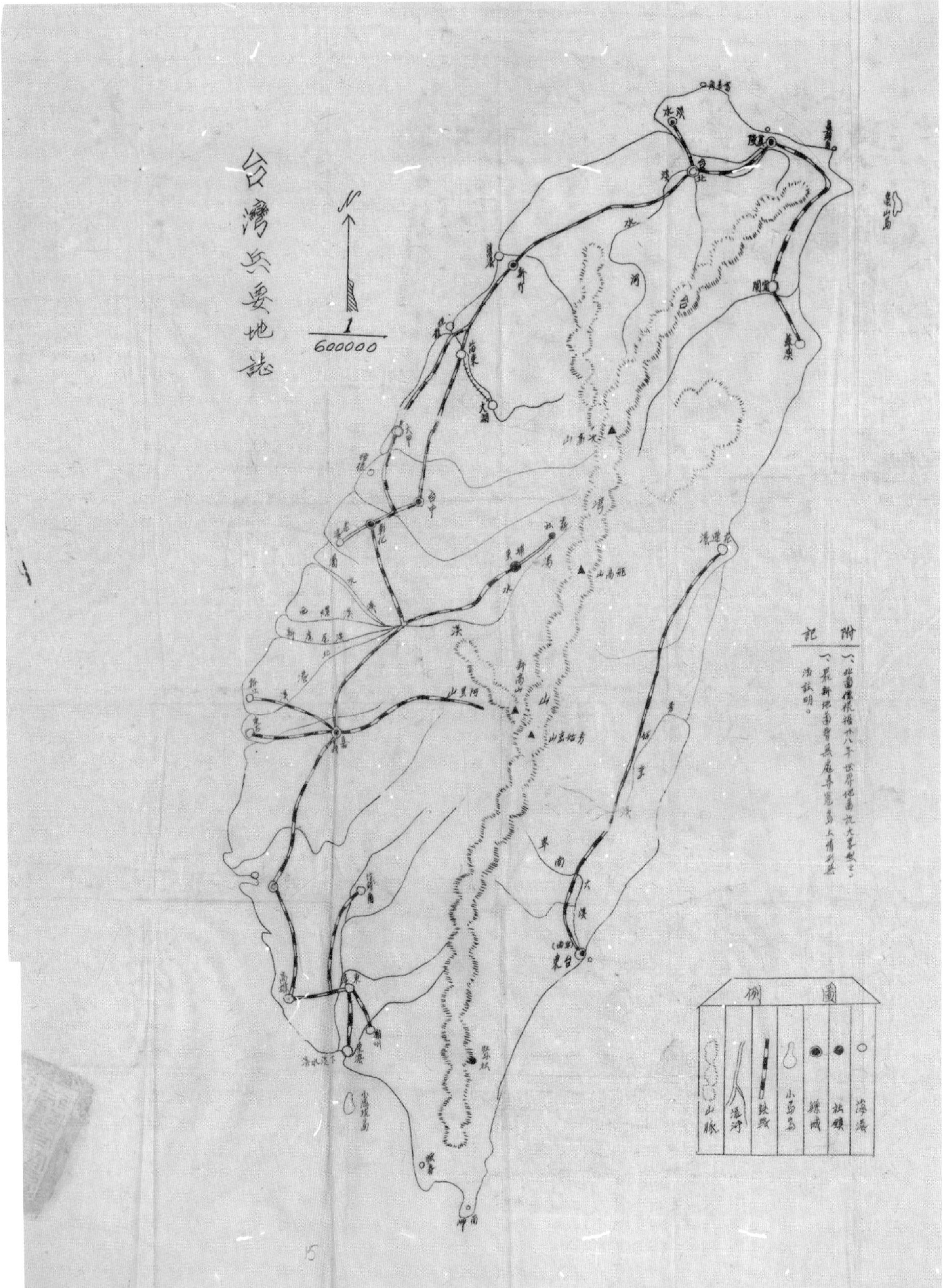
台湾兵要地誌
N
1
600000
附記
圖例
山脈
溪河
鐵路
縣城
海港

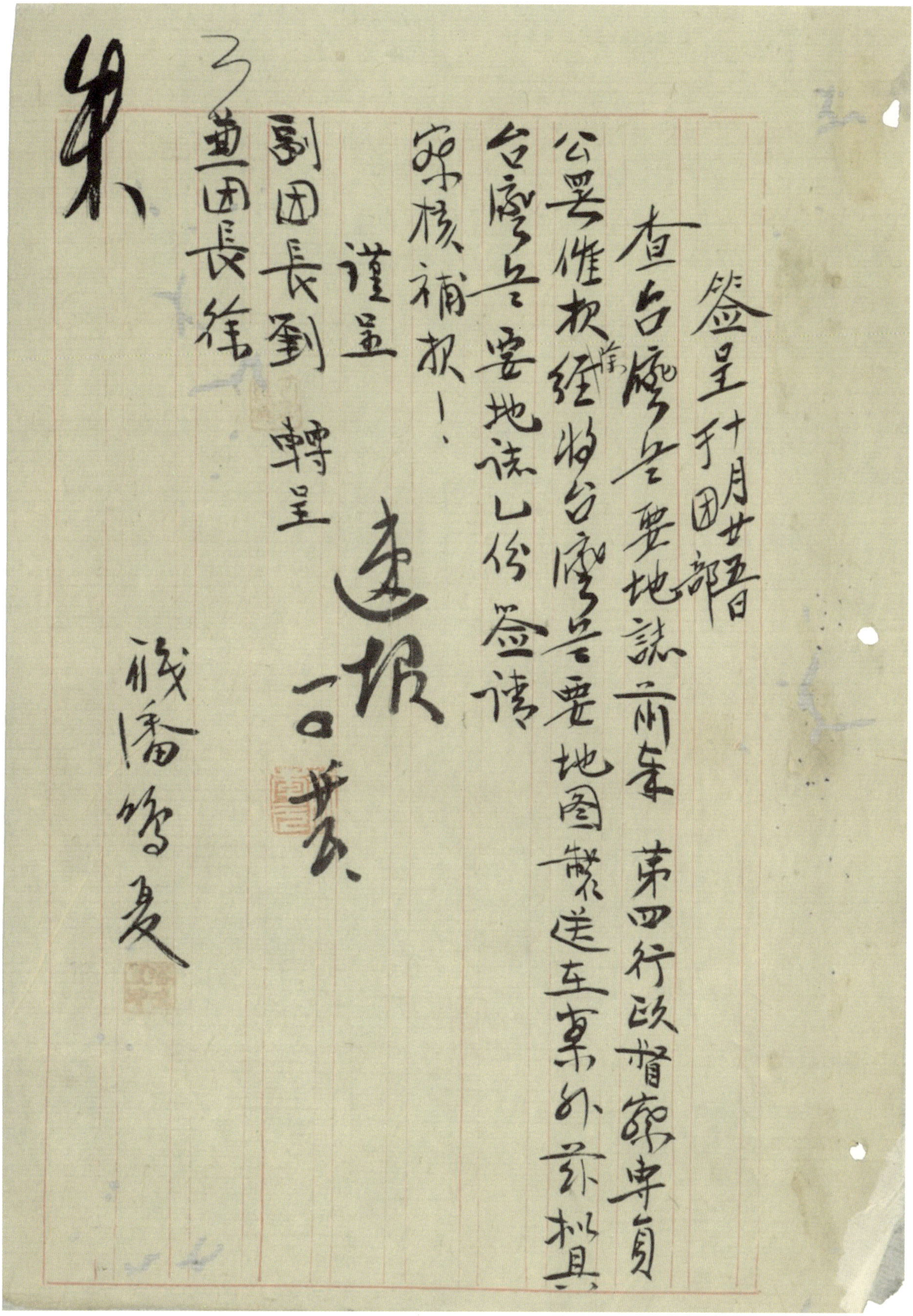

簽呈 十月廿五日 于團部

查台灣兵要地誌一冊，係第四行政督察專員公署准擬，經將台灣兵要地圖並送在案外，茲擬具台灣兵要地誌乙份，簽請

察核補報！

謹呈

副團長劉 轉呈

黄團長徐

職潘鳴夏

速報

朱

潘鸣夏关于已拟具台湾兵要地志请报送给晋江县国民兵团团部的签呈

一九四四年十月二十五日

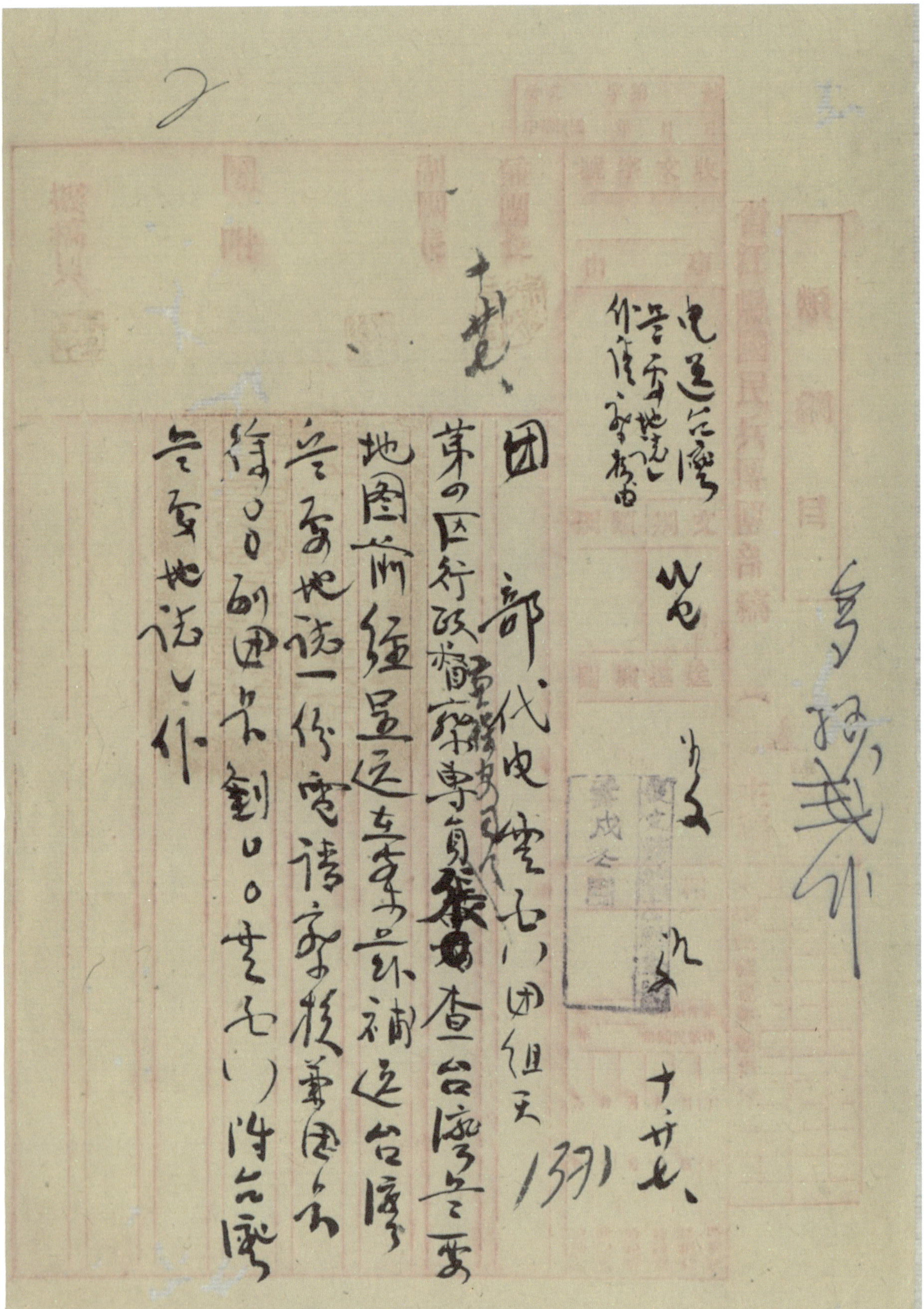
团部代电 〇七八团组天
第四区行政督察专员张 查台湾兵要
地图前经呈送在案兹补送台湾
兵要地志一份电请察核汇办为荷
县〇〇副团长刘〇〇叁〇七八附台湾
兵要地志一件

晋江县国民兵团关于补送台湾兵要地志给第四区行政督察专员公署的代电（附：台湾兵要地志、线路调查表、公路调查表、敌军兵力调查表等）

一九四四年十一月二日

特

速補送 七卅日

4

台灣兵要地誌

一、地勢

1、位置：台灣及附屬之各島嶼在東經壹百貳拾度至叁百貳拾貳度、北緯貳拾叁度至貳拾肆度間、西北瀕閩浙、與福建隔一海峽、（壹百里）西南有澎湖島、與廈門、金門對峙、南隔巴士海峽・與菲律賓貳百餘浬、東北接琉球、形勢扼要、為我國東南屏藩、海防前哨、

2、面積：在日寇統治下之範圍包括台灣澎湖及附屬各島之全部、其長度面積如左

	周圍長度	面積
台灣本島	一、一三九公里	三五、七五〇方公里
澎湖羣島	三一六公里	一二六方公里

附屬各島　一〇〇公里　七七方公里

合計　一、五五五公里　三五、九五四方公里

3、概況：全島人口五百八十萬、（民國三十二年統計為五百萬）氣候溫和山川秀麗西人稱為 Formosa、四份之一為可耕地、面積共叁拾陸萬甲（澎湖不適耕種除外）海岸線長一、叁七、〇九、貳七里、本島南北長三八三公里、東西最廣處廣一四貳公里、最狹處僅廣五公里、狀如樹葉、

六、市鎮港灣

、區域：未割與倭以前、已建為行省、（光緒十一年）設台北 台中 台南三府、淡水 彰化 安平 鳳山 嘉義 等十一縣、基羅等大廳、迨淪倭手、重定行政區、分五洲三廳、即台北 台中 台南 新竹 高雄 等五洲、台東 花蓮港 澎湖 三廳、

5

5

七、要港：台北有基隆、金及淡水二要港，台東有奄美大島及花蓮港，為進攻菲律賓及控制中國海的根據地，西有馬公港（即媽宮在澎湖島）台南附近有安平港，均為倭寇經營多年之海軍港，馬公奄美基隆等港形勢尤扼要，港內水深，萬噸戰艦可以自由出入，經常可停泊萬噸艦艇十艘以上。

三、山脈河川

八、山脈：縱貫島之南北，起自東北之貂嶺，曲折至最南端之鵝鑾鼻，地勢高峻，据最近調，全島叁仟公尺以上高山在百座以上，而最高為新高山拔海叁千九百五十公尺，比日本富士山高壹七四公尺。

九、河川：在東部者較短，西部者較長，台北之淡水河長壹叁○公里，台西之濁水溪長乙六八公里，台南之淡水溪長壹五六公里，上列諸淡水河可通舟楫，餘則水流湍急不利

6

行險、

3、島嶼：(1)澎湖群島，大小凡四十七島，最大者為澎湖、漁翁、白沙三島，各有叁百尺以上之高地，置司令部，為日海軍重要根據地；(2)琉球群島在台灣東北，大小約四十餘島，與聯貫排列，遙遙與敵本土四國九州接壤。

四、交通

1、公路：敵竊佔台後，即修建通南之軍用道路，聯關各支線，全島現有公路線長壹五、叁七六公里，密如蛛網，基隆至高雄縱貫公路寬七・五公尺，全長四七〇公里。

2、鐵路：(1)國營鐵路，計八線，長九八八餘公里，北至基隆，南達高雄，全長四〇五・九公里，以貫通西部，另於本線之竹南至彰化，增建一沿海線，計長壹貳公里，為全島大動脈及物產集散地；(2)民營鐵路，為補助國營路不及，線長計五四六公里，又專

7

6

供運輸者計長度六六七、二公里、

3、航路：本島沿岸有参條、日台線叁條、海外線七條、共計拾叁條線、戰前有船舶千餘艘

總噸数十一萬噸、

4、空航：由台北經台中、台南、屏東、台東、花蓮、蘇澳、宜蘭之環島航空線、各地均設有機場、

五、工程

1、水利事業：(一)嘉南大圳、在台南洲轄内、源出曾文溪及濁水溪、工程浩大、建築面積、

壹千萬平方公尺、有時水量壹五叁玖〇萬立方公尺之蓄水池、(二)濁水溪工程、在台南洲

六郡、莿桐莊圳路計叁拾線、支線圳路壹叁式線、建築費五四〇餘萬日元、歷時十載始建成

2、電氣事業：全台發電量約十七萬基羅瓦特、多由電力株式會社經營、日月潭有

十萬基羅瓦特、供給全島各繁盛城市、

8

大軍事

一、軍事機場：(一)陸上機場、基隆 新竹 嘉義 高雄 屏東 台東 花蓮港 馬公八處均有軍用機場，尤以新竹 高雄二處規模更大、(二)水上機場：淡水 高雄 花蓮港 馬公基地海面有廣大之水上機場、

二、軍需工廠：(一)基隆 台北 宜蘭 新竹 屏東 馬公 等處設有彈藥局及軍械廠(二)台北有兵工廠、規模宏大、(三)高雄 馬公 基隆有造船廠、(四)台北有飛機製造廠

附註：高雄 屏東 新竹 嘉義為敵飛機之四大空軍根據地，北部基隆 南部高雄及西部馬公為敵艦之三大海軍根據地、

9

7

台灣河川調查表

名稱	經流區域	水流速度	可航程度	灘險	船舶隻現數量	長度	備考
淡水河	由台北西流至台中	緩	帆船 汽船	三	木帆船艇 汽艇	一三〇公里	
下淡水溪	台南東安平入海	急	不便行船	五	無	一五六公里	
濁水溪	由台中入分支流下	急	不便行船	七	無	一六八公里	

10

台灣主要山脈調查表

名稱	位置	地形狀況	有無軍事價值	備考
大屯火山彙	在本島北端	峨峨聳貫	可作防守反游擊根據地	
新高山	在中一帶	雄偉高峻	攻守要地	為本島最高山拔海三九五〇公尺
三貂嶺	本島東北端	險峻	攻守要地	
鵝鑾鼻	本島最南端	險峻	攻守要地	

台湾铁路调查表

线别	起讫地点	全线里程	每日最高运量	备考
淡水线	自台北至淡水及新北投支线	自台北至淡水长二二公里，支线一三、三公里	贰萬噸	以上计八线系台湾国营均含有军略性质
宜兰线	基隆至苏澳	九八、八公里	拾贰萬噸	
潮溪线	自高雄至下淡水溪经屏东至溪州	四七公里	伍萬噸	
平溪线	自三貂岭分支至菁桐坑	一三、九公里	捌萬噸	
集集线	由纵贯线分支至外车埕	二九、七公里	伍萬噸	
台东线	自台东至花莲港	一七五、七公里	拾叁萬噸	
阿里山线	自嘉义至阿里山达水山	八五公里	陆萬噸	
登山线	纵贯线分支至竹崎以东	九五公里	拾萬噸	

12

台灣公路調查表

類別	名稱	經過地區	交通工具	每日最高運儎
公路	南北線	由台北經台中至台南	汽車	捌萬噸
公路	基隆線	由基隆至高雄	汽車	陸萬噸

台灣敵軍兵力調查表

隊別	隊數	兵力數量	指揮機關
常備隊	一師團又三聯隊	三萬五千人	由台灣軍司令指揮
守衛隊	二聯隊	三千五百人	屬總督府衛隊
特戰隊	一聯隊	一千餘人	屬要塞司令統轄
保安警察隊		約三萬人	屬警務局及各州廳

福建宪特部队赴台担任警卫

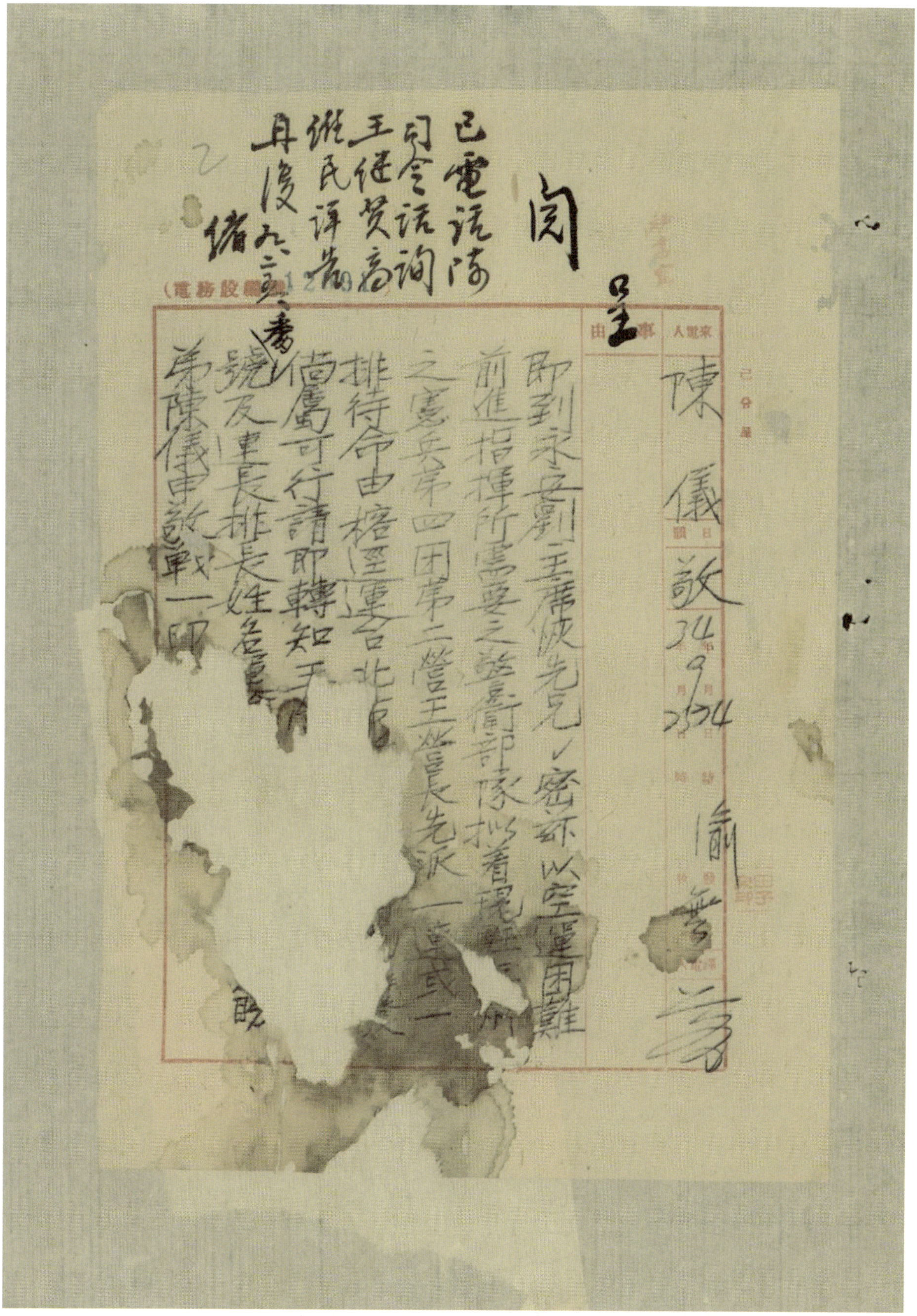
已電話陳司令詢王繼賢高級氏詳告再復 緒 九二五
閱
呈
來電人 陳儀 敬 34 9 24 渝
事由
即到永安劉主席俠先兄：密。詠以空運困難，前進指揮所需要之警衛部隊擬着現駐福州之憲兵第四团第二營王營長先派一連或一排待命，由榕經運台北，尚屬可行，請即轉知王[illegible]號及連長排長姓名[illegible]
弟陳儀申敬戰一印

陈仪关于台湾前进指挥所需要之警卫部队由福州宪兵第四团选派给刘建绪的电

一九四五年九月二十四日

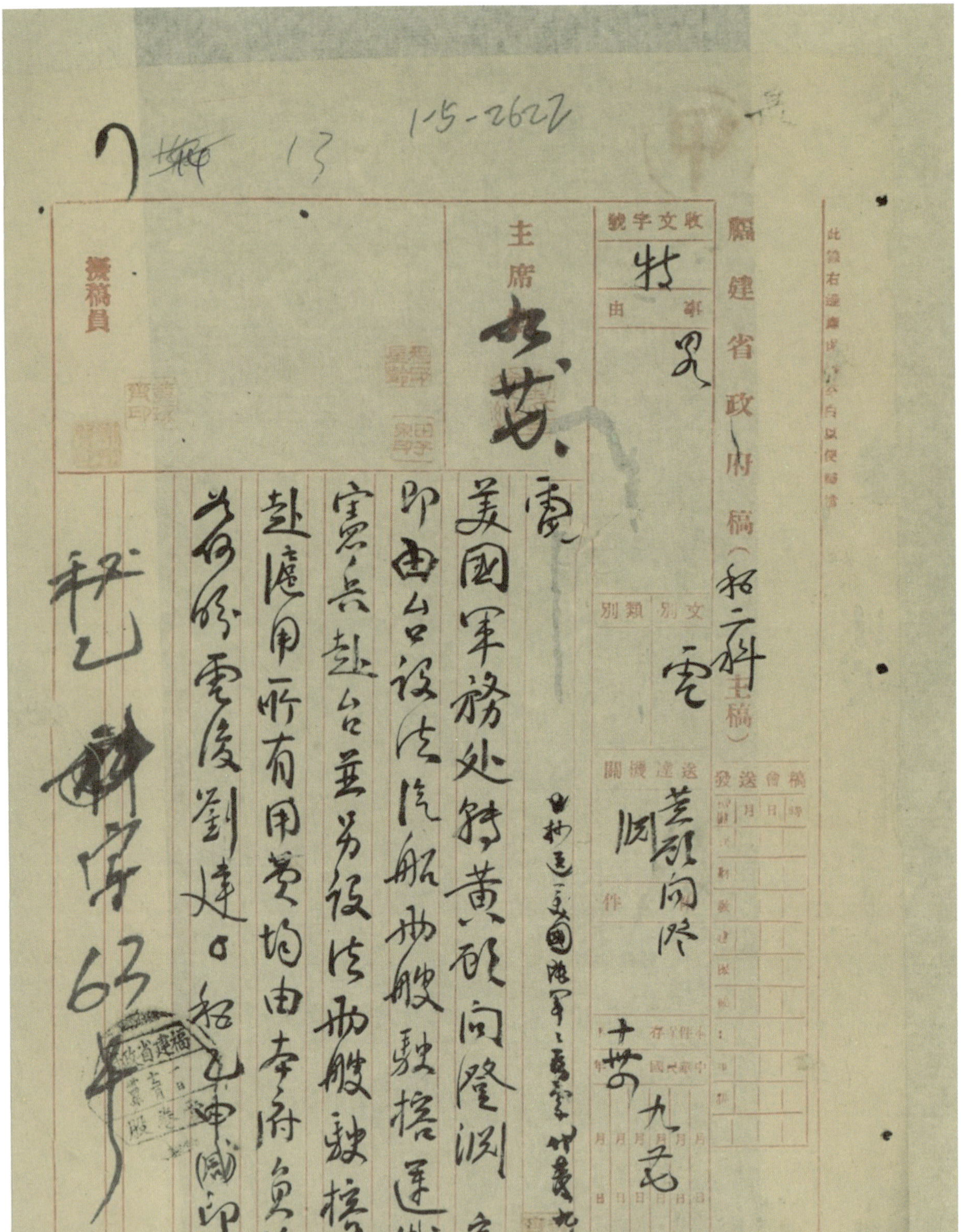
福建省政府稿（秘二科主稿）

收文字號：特

文別：電

送達機關：美顧問處

主席 劉

電
美國軍務处轉黃顧問澄淵密希即由台設法汽船兩艘駛榕運載憲兵赴台並另設法兩艘駛榕備赴滬用所有用費均由本府負擔為盼電復劉建緒○秘二申感印

秘二科字63號

福建省政府关于设法调用汽船到榕运载宪兵赴台及赴沪给黄澄渊的电

一九四五年九月二十七日

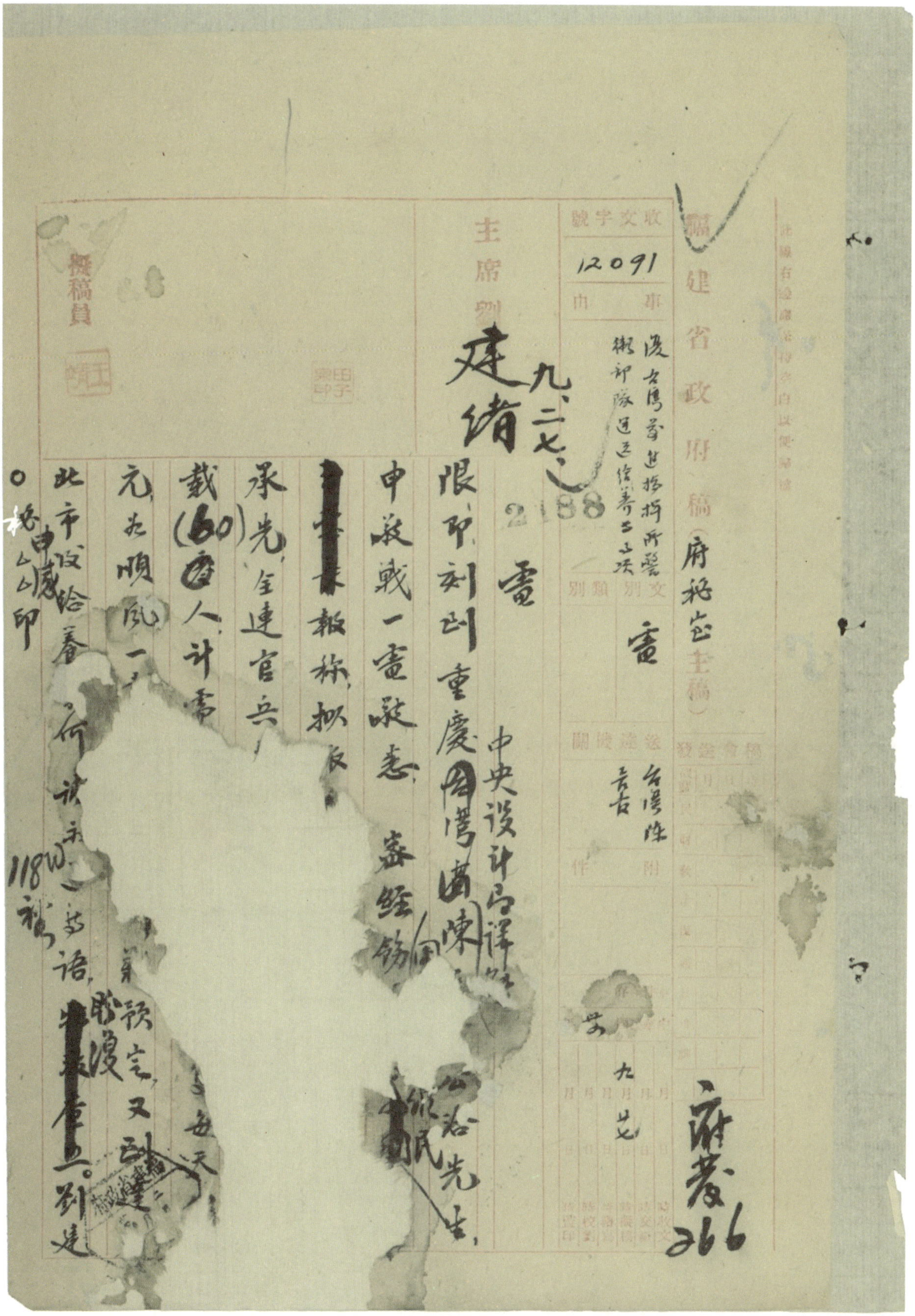

福建省政府关于运送台湾前进指挥所所需警卫部队给台湾行政长官公署的电

一九四五年九月二十七日

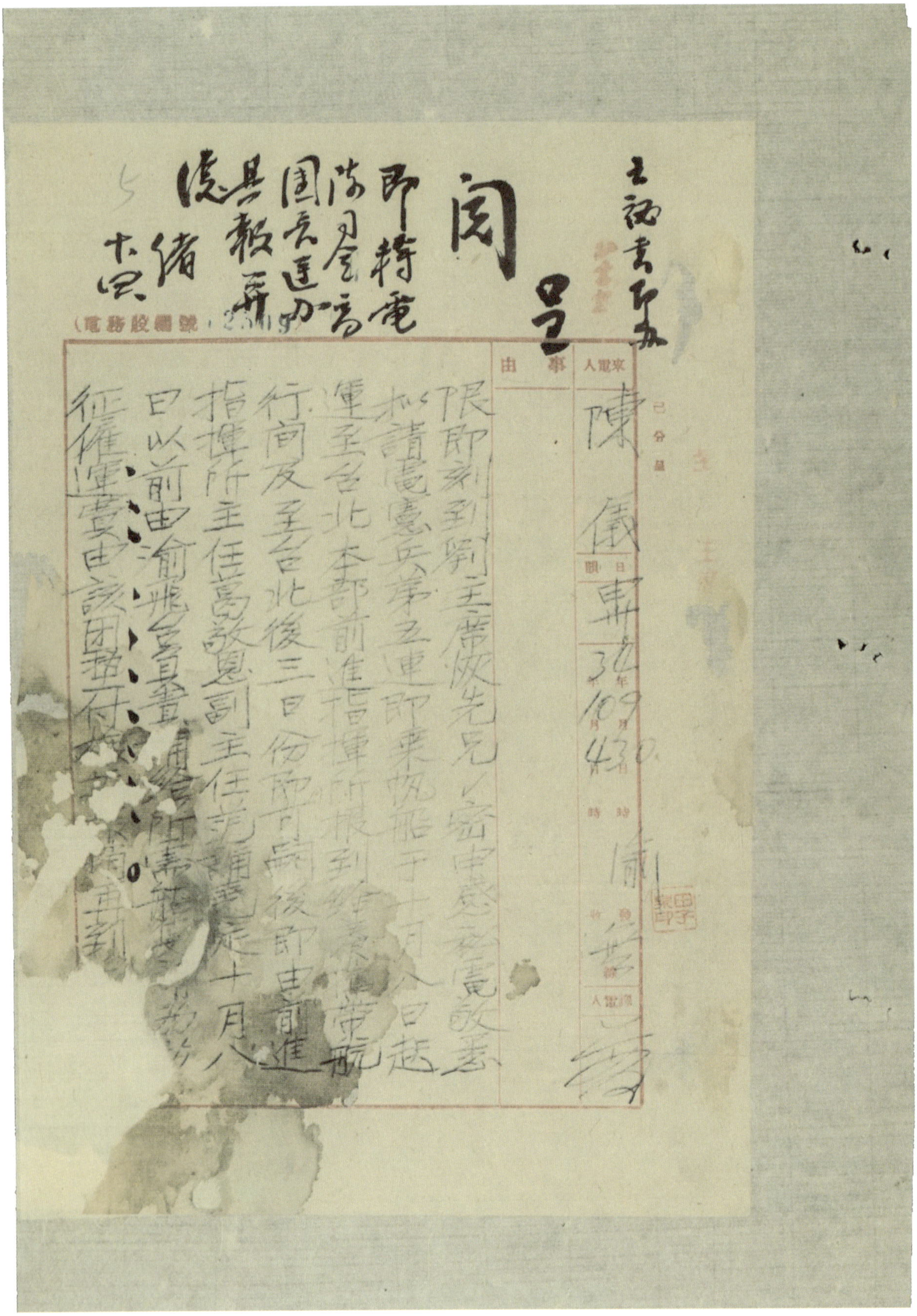
主秘書 [illegible]

呈閱

即轉電陳公洽國長速辦具報再復 建緒 卅日

（電務股編號：[illegible]）

來電人：陳儀

限即刻到劉主席健生兄：密。申感秘電敬悉。擬請電憲兵第五連即乘帆船于十月八日起運至台北本部前進指揮所報到，並攜帶航行向及至台北後三日份給養。到後即由前進指揮所主任葛敬恩副主任范誦堯定十月八日以前由渝飛台直[illegible] [illegible]征權運費由該團墊付[illegible]再劃

弟陳儀 東卅 34年 9月 30日

陈仪关于前进指挥所所需警卫部队十月八日赴台报到给刘建绪的电　　一九四五年九月三十日

6

福建省政府來電紙

用台幣並由本部前進指揮所發給除電何兼
總司令轉知台灣日方外祈煩辦賜復為感弟
儀申卅戰一印

民國　年　月　日　時　發　台

B5（78X250MM）

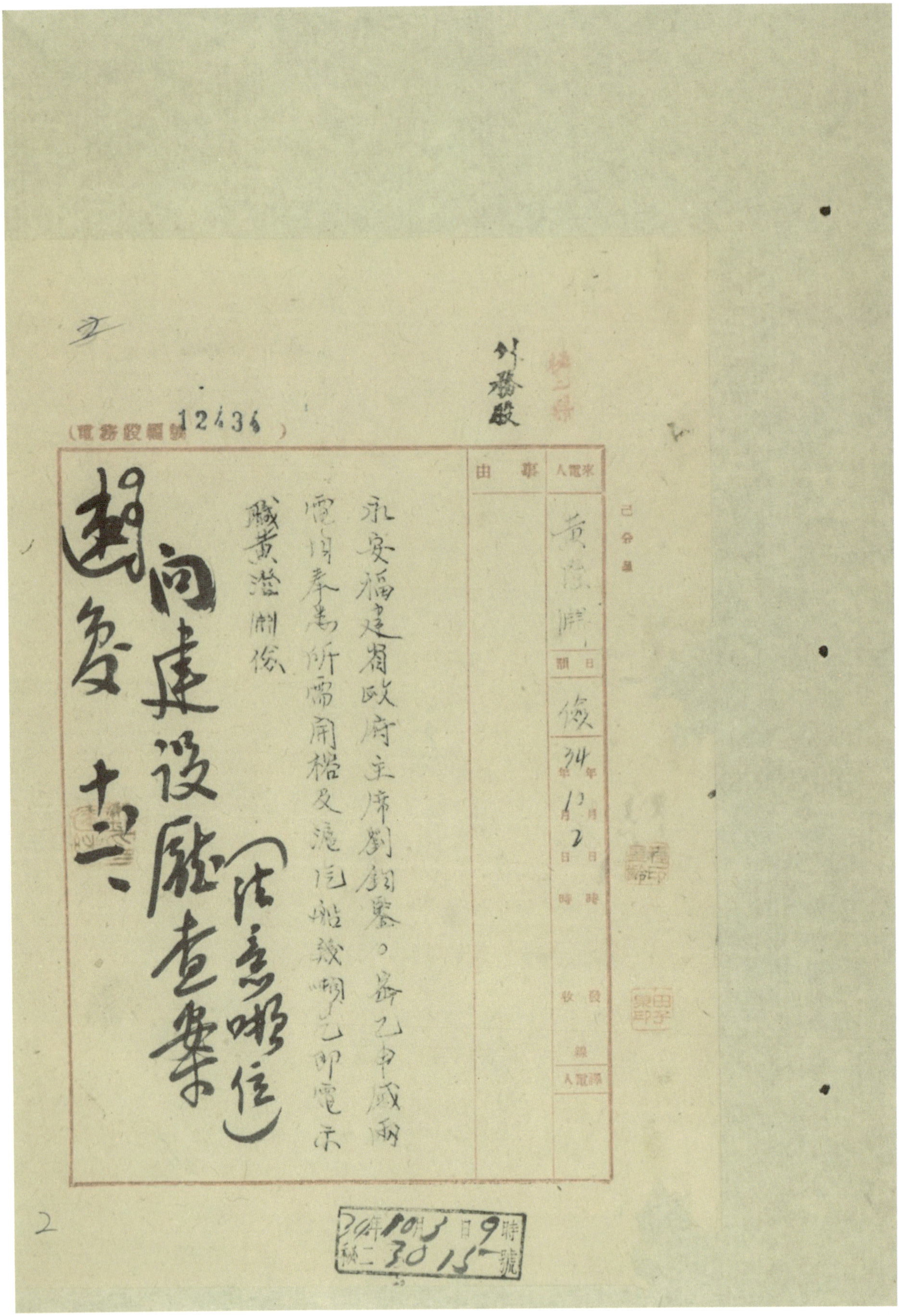
外務股

（電務股編號12436）

來電人：黃澄淵

日期：34年10月2日

永安福建省政府主席劉鈞鑒○密乙申感兩電開奉悉所需開赴台及滬汽船噸位乞即電示

職黃澄淵佟

函建設廳查案（注意噸位）

趙 發 十二六

黄澄渊关于请告知赴台、赴沪汽船所需吨位给福建省政府的电　　一九四五年十月二日

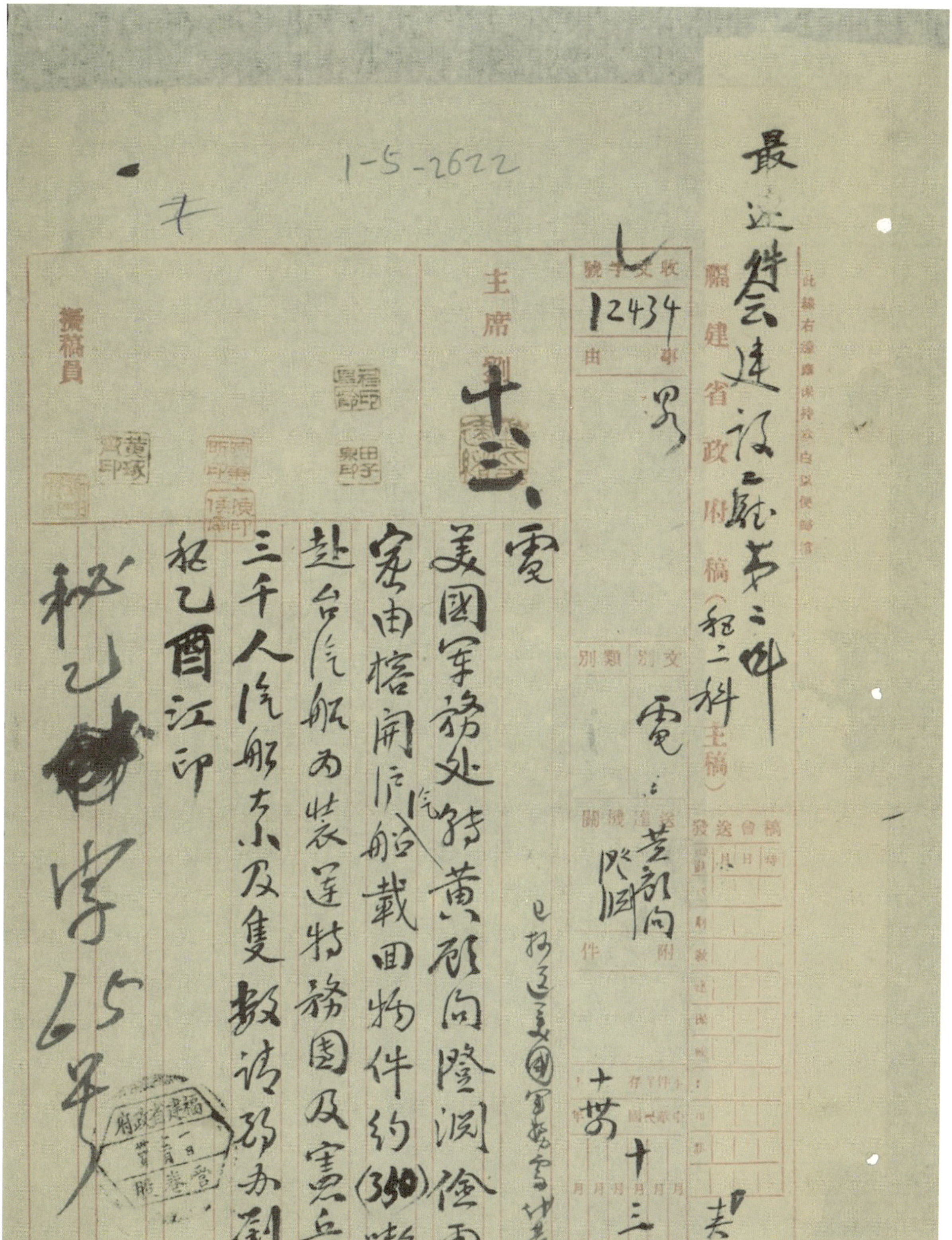
最速件
会建设厅第二件
福建省政府稿（秘二科主稿）
收文字号 12434
主席 刘 十三
電
美国军务处转黄厅长向隆渊：俭电悉。隆案由榕开沪汽船载回物件约(350)吨，由榕赴台汽船内装运特务团及宪兵等约三千人，汽船东及隻数请即办。刘建○
秘乙酉江印

福建省政府关于所需赴沪、赴台汽船载重量给黄澄渊的电　　　　一九四五年十月三日

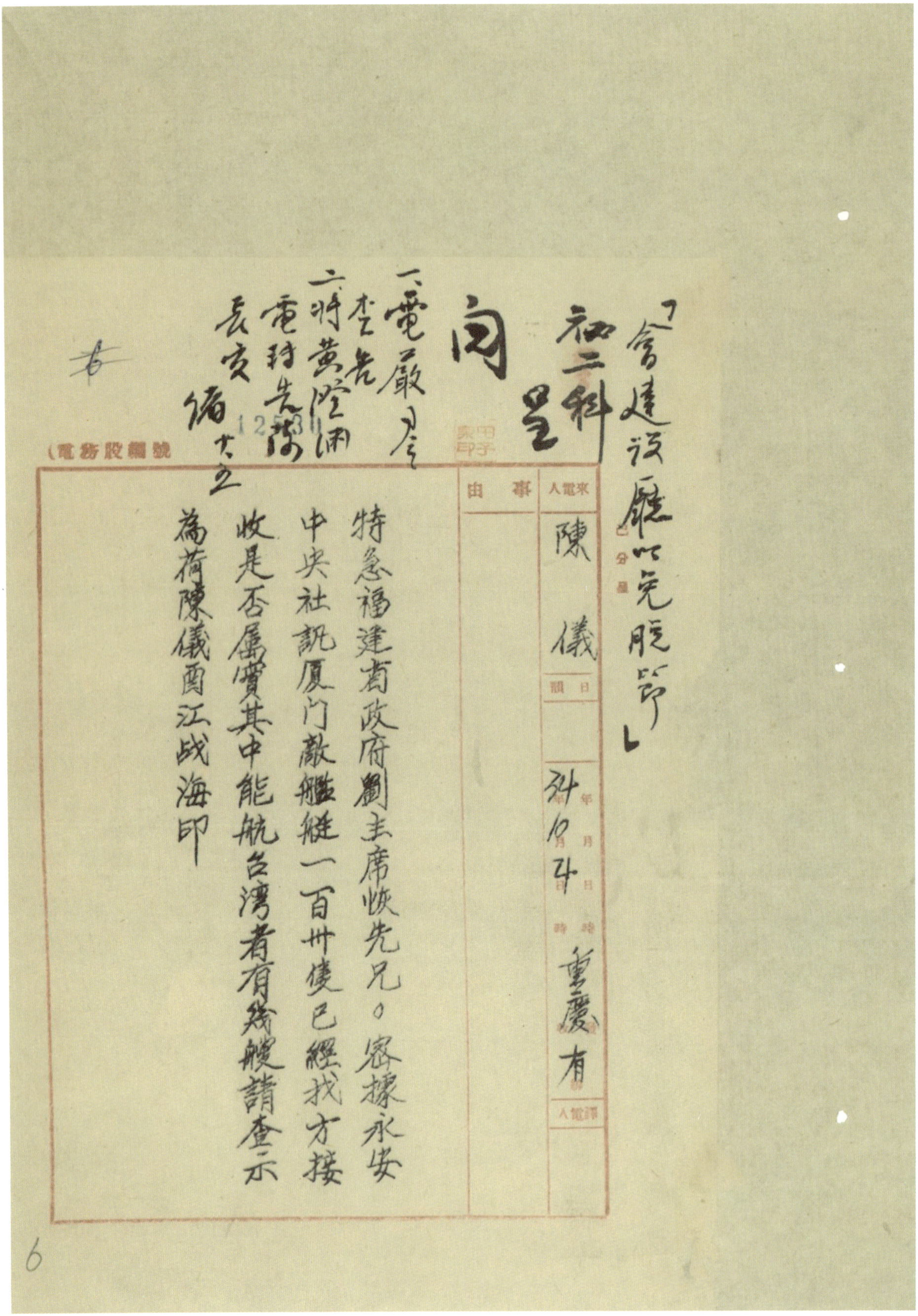
特急福建省政府劉主席恢先兄。密據永安中央社訊厦门敵艦艇一百卅隻已經找方接收是否屬實其中能航台湾者有幾艘請查示為荷陳儀酉江战海印

來電人：陳儀

重慶 有

台湾行政长官公署关于接收日本舰艇一百三十只是否属实并查报有几艘能航行至台湾给福建省政府的电

一九四五年十月三日

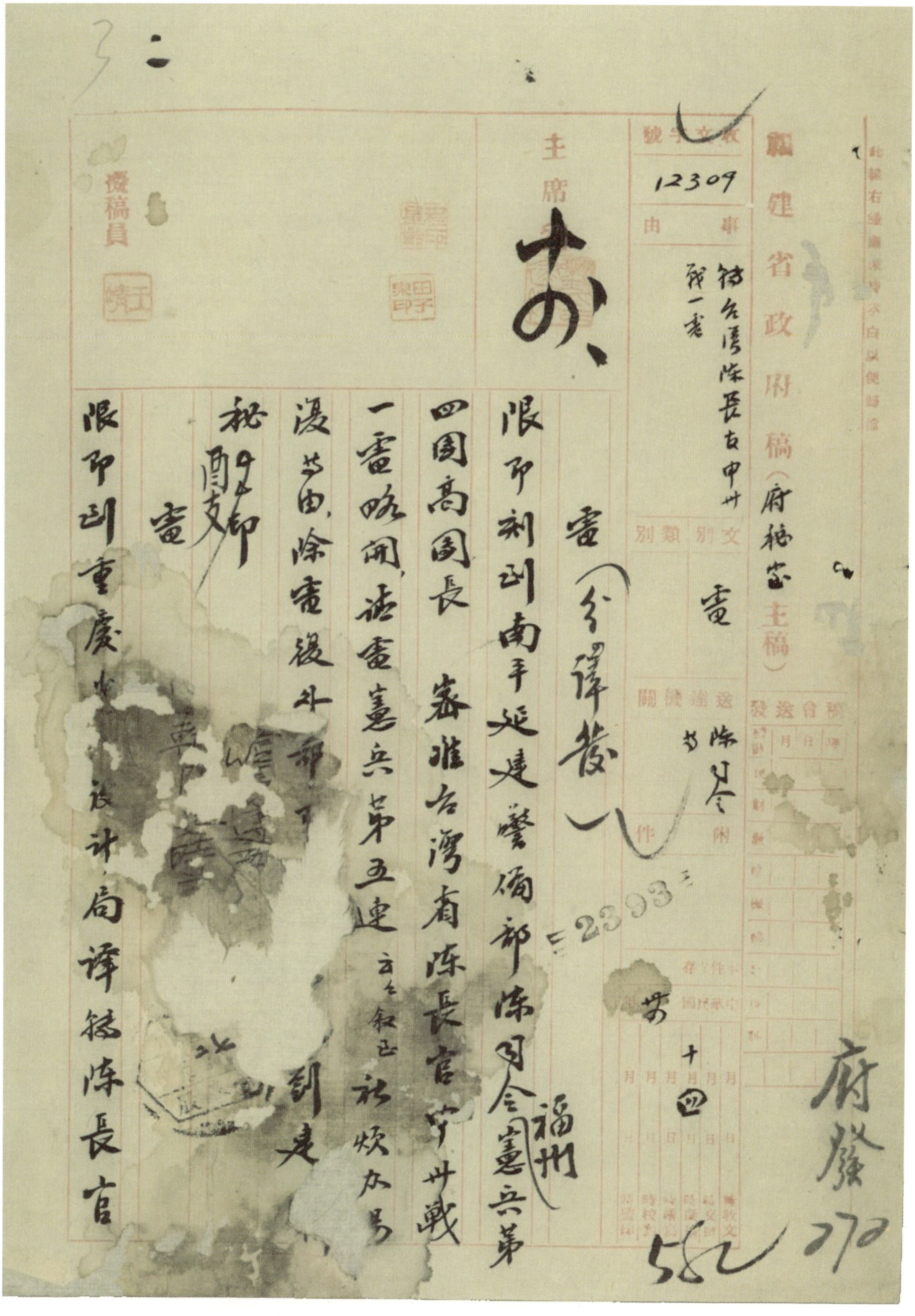

福建省政府稿（府秘密主稿）

收文字號 12309

電（分譯發）

限即刻到南平延建警備部陈司令、福州憲兵第四團高團長：密。准台湾省陈長官中卅戌一電略開，請電憲兵第五連……復等由，除電復外，……到達

電

限即刻到重慶……設計局譯轉陈長官

府發 770

福建省政府关于台湾前进指挥所所需要之警卫部队赴台报到事宜给南平延建警备部、福州宪兵第四团的电

一九四五年十月四日

4

公洽先生中卅戰一電敬悉　嵩已電高國長即速放出，俟到達。秘書郎周支

此處須右邊應保持空白以便裝訂

建設廳

速 該轉陳長官據復 備 大四

福建省政府主席劉鈞鑒：澄密。儀電諒

早呈閱。台灣軍部已允許將現有可用汽

艇大小十五艘約有二千噸艙位由職調

用，此須開始運載文武官兵來台，乞電

示，當即派出，此次登陸及住處敵亦可商

軍部妥辦。請速將人數詳告，再此間當

局及民眾均極盼我政府早日蒞臨，且近各

地有地痞流氓活動，軍憲警未敢照

黃之開

福建省政府用箋

34年10月5日9時
秘二3035號

黄澄渊关于请告知需调用汽艇运载来台之文武官兵人数给福建省政府的电

一九四五年十月四日

強制管理治安已日漸呈不良敬請轉
賚陳長官鑒核職黃澄淵寒

福建省政府用箋

NR716 永安自台湾来 [illegible]福卅

0007 0441 7193 2429 6153
6569 3057 1344 4395 1696
4160 2378 1650 0031 1598
0497 6874 7003 3391 1378
3669 6688 0473 0994 3099
6502 2049 8891 4448 6451
5378 3646 9549 8189 7947
9609 4014 3168 7736 1826
5785 8185 1036 3904 1822
8033 9609 3995 1031 0154
1802 3818 3175 1685 0421
3168 5728 6896 6570 9933
5433 4420 0961 2136 7139
3695 3891 2049 3937 6688
3296 3101 2253 8578 4334
0555 1465 6641 3088 5811

建席密呈部现艇艘啦调榜官電此往
福主階早争將汽五千職開武乞派生及
府鉴該處許用十三由須文台郎陸
民勒電台先可小有位如載俊當燈來
省劉儆陶已有大的艙用運兵示載峭

9

册 10 P.2.

高彥數
侗家政(?)[陪]有活未制已敍長 黄
可办人此民我(?)[薩]地諶鑿張每良陳戰
京安(封)將再及那日每淸塞與前治不靈核參
職部連告而極早近病羊照理呈轉察 湊
盧算誼详尚均府且如動敵實惭洗官 隴

08.25 4/10

for [illegible]

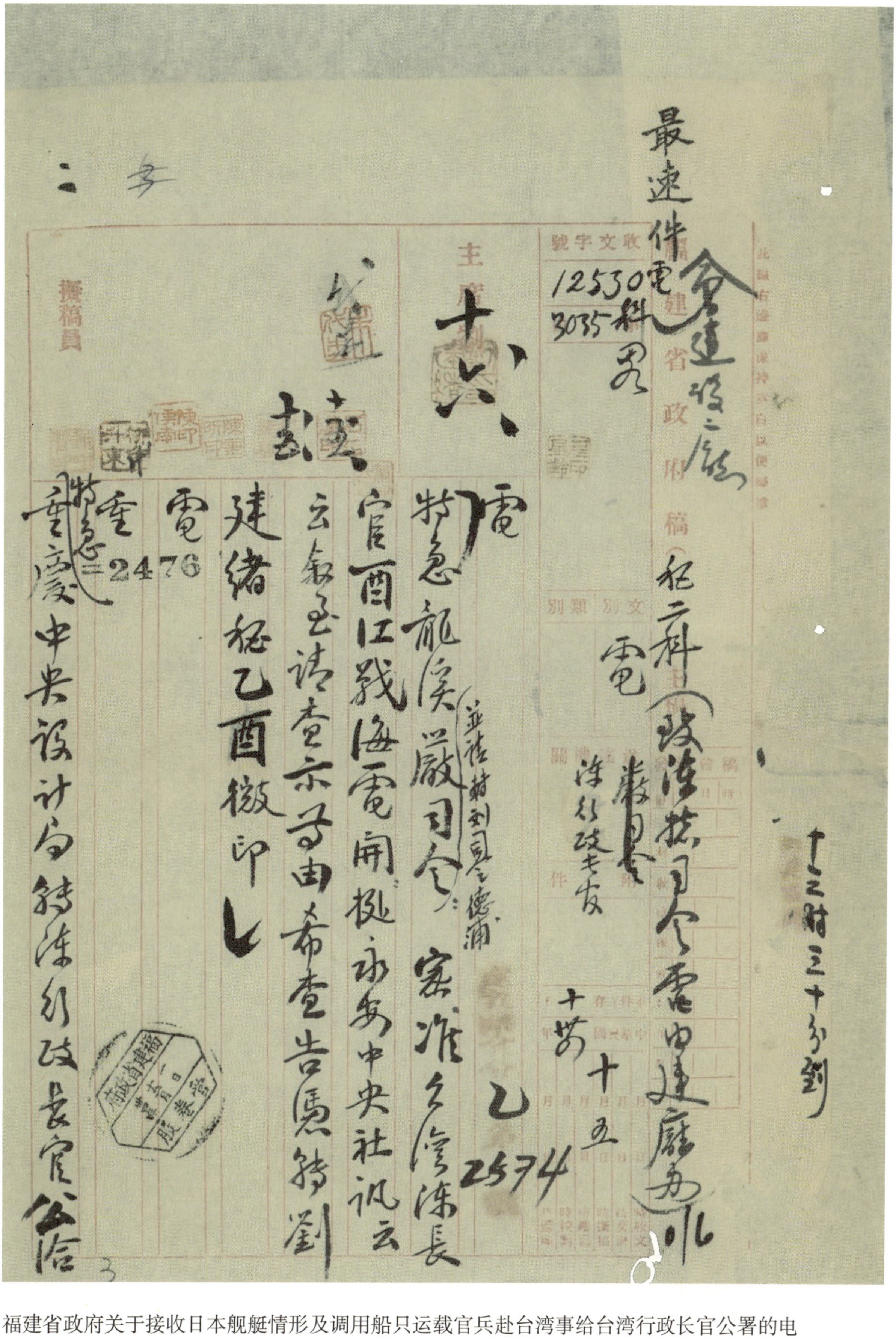

福建省政府关于接收日本舰艇情形及调用船只运载官兵赴台湾事给台湾行政长官公署的电

一九四五年十月五日

安

此處線右邊須保持空白以便歸檔

先生：玉江戡海電敬悉。查接收厦門日海軍艦艇，唯李司令世甲玉江辰敬電稱，最大者祇嵐山丸一艘，排水量僅叁伍噸，昨已由劉少將永誥乘往飄東辦理接收事宜。此外均係小型，實無千噸之艇可派來台，方有無接收敵大日船，請逕電海總司令商洽為盼。請電海總司令設法，分請就近與海總司令商洽。又擬並飭向陸閩參電，以多餘軍部已允將現有可用汽艇大小十五艘，約二千噸艙位，由我調用。又須開接運我文武官兵來台，乞電示當即派出。此間登陸及住處，我亦可商軍部妥辦，請速將人數詳

4

5

告再此間當局及民眾均極盼我政府早日蒞臨且以各地有地痞流氓活動，軍憲禁未敢嚴予強制管理，治安已漸呈不良，敬請轉電陳長官核奪情特電請核復為荷，弟劉建緒叩乙亞戌印

齊

274

5

12880
（電務股編號　　）

已抄送建設廳

建設廳

來電人	事由
黃澄淵	

日期：魚　34年10月11日
地點：台湾
收費：無
譯電人：恩

永安省政府主席劉鈞鑒。密江電敬悉開榕轉滬汽艇日內可起碇由榕運憲特兩處船約雙十後可開十艘約容五百名并可繼續運輸特先奉聞葛秘書長一行五十餘人昨日飛台謹報職黃澄淵魚印

閱　十六

34年10月11日14時
3058

黄澄渊关于赴榕沪汽艇具体日期给福建省政府的电　　一九四五年十月六日

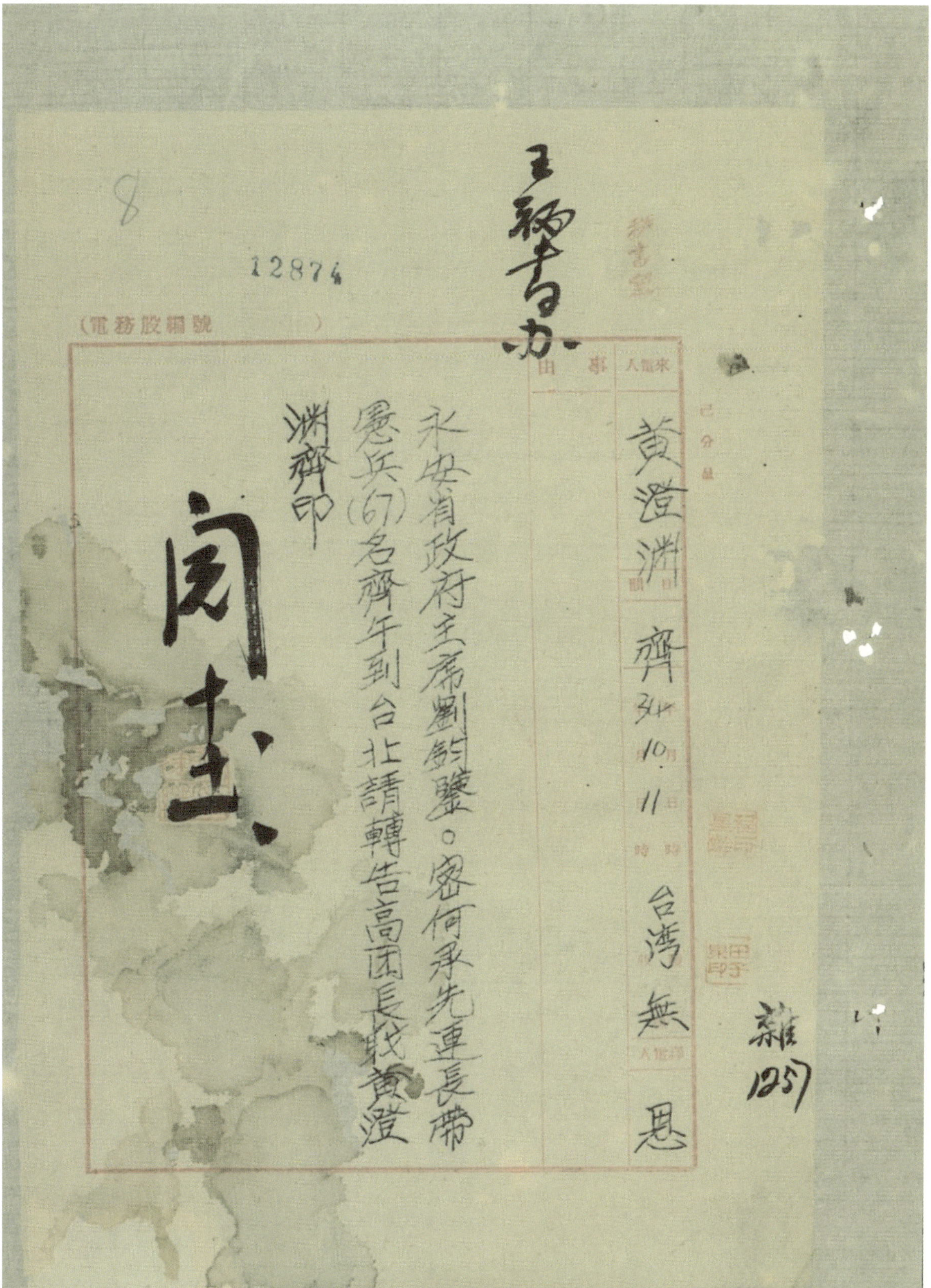

12874

(電務股編號)

王秘書办

來電人：黃澄渊

日期：齊 34 10 11

台湾 無 恩

事由：

永安省政府主席劉鈞鑒。密 何承先連長帶憲兵(67)名齊午到台北請轉告高團長找黃澄渊齊印

閱

雜 1257

福建省政府顾问黄澄渊关于连长何承先带宪兵六十七人到达台北给福建省政府的电

一九四五年十月八日

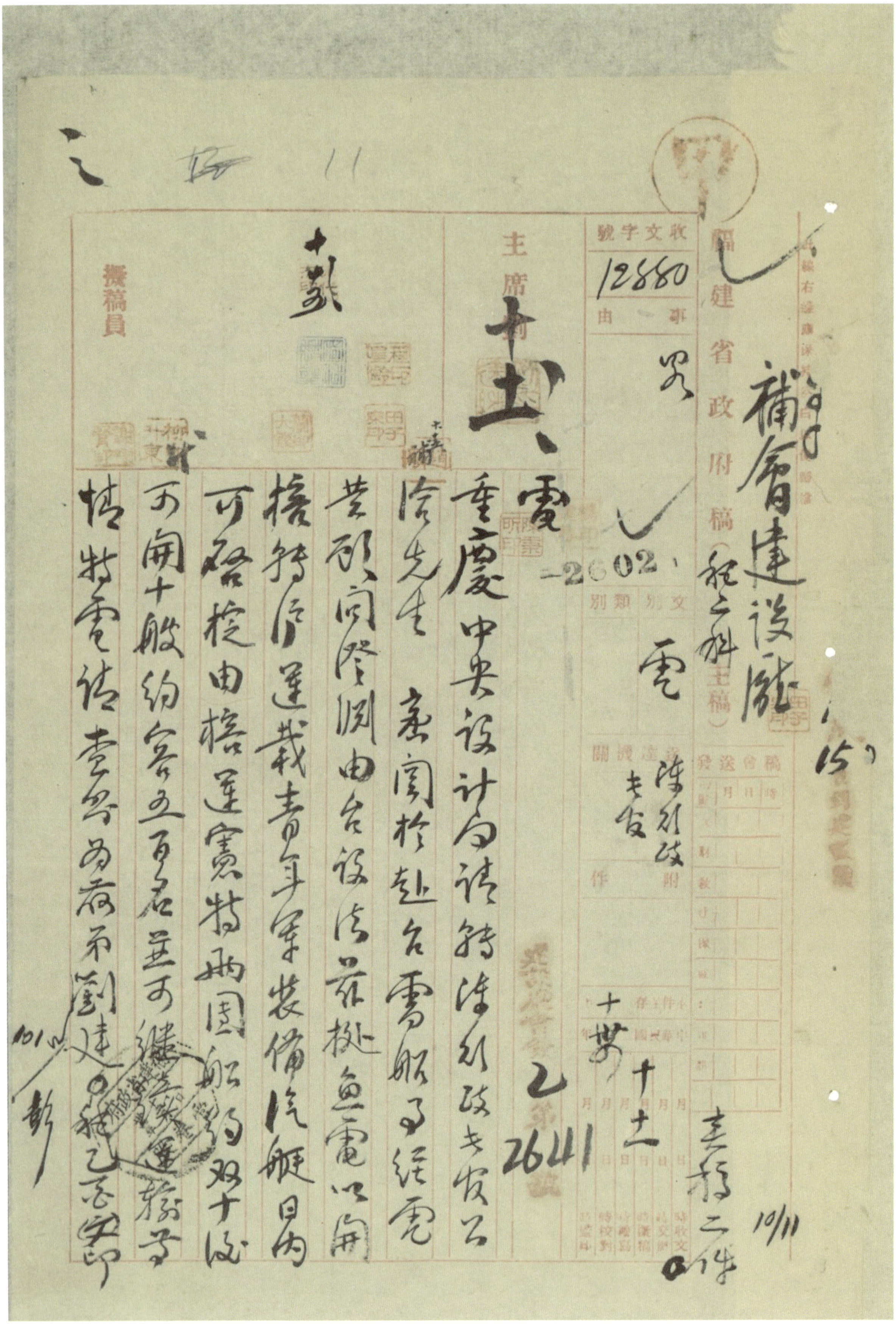

福建省政府关于调用汽艇运输官兵事给台湾行政长官公署的电　一九四五年十月十二日

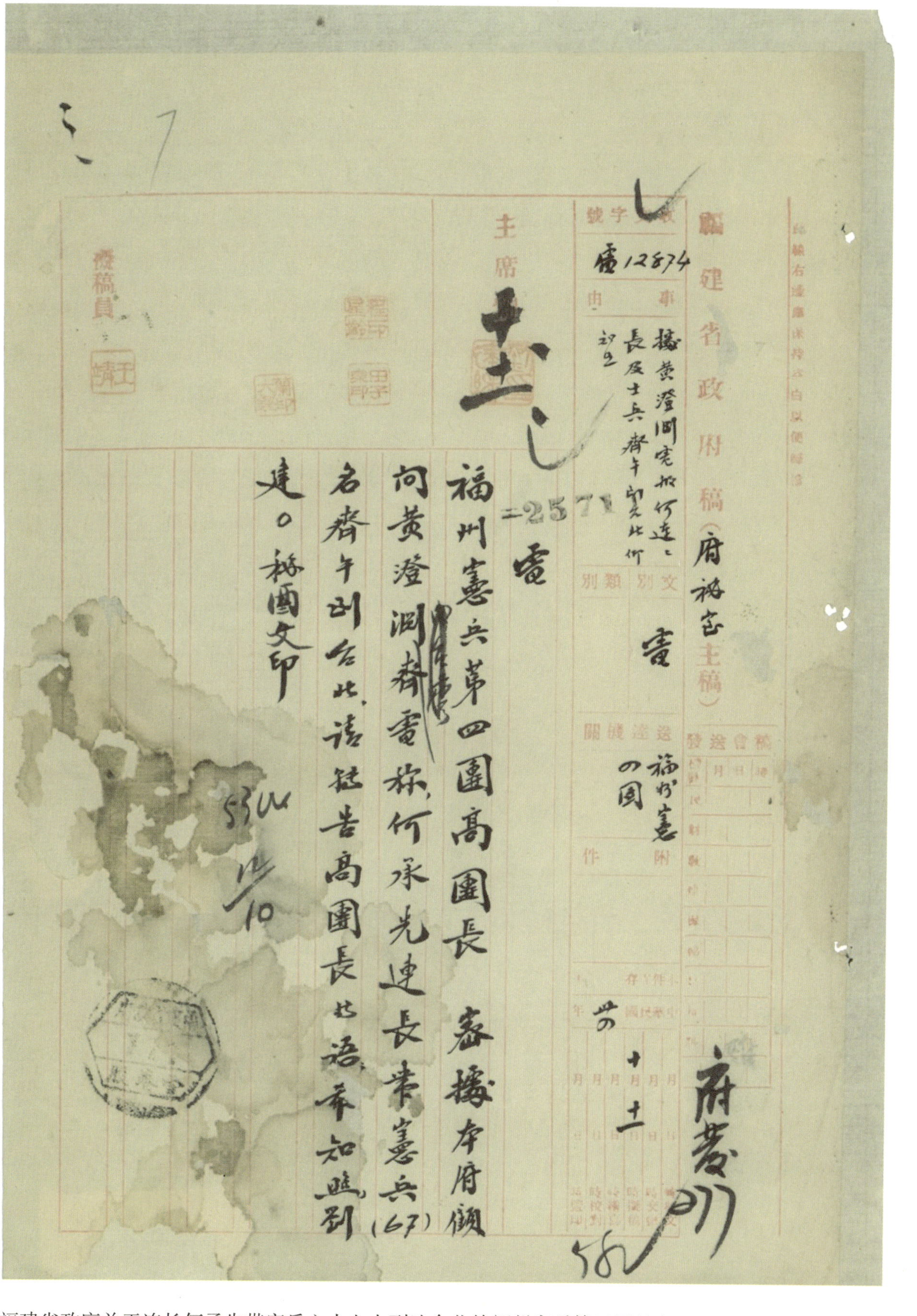
福建省政府稿（府秘密主稿）

文號字：電12874

事由：據黄澄淵電報何連長及士兵[illegible]午到台北仰知照

文別：電

送達機關：福州憲兵四團

中華民國卅四年十月十一日

主席

福州憲兵第四團高團長：密。據本府顧問黄澄淵齊電稱，何承先連長帶憲兵（67）名齊午到台北，請轉告高團長等語，希知照。[illegible]建〇梅酉文印

府密

福建省政府关于连长何承先带宪兵六十七人到达台北给福州宪兵第四团的电

一九四五年十月十二日

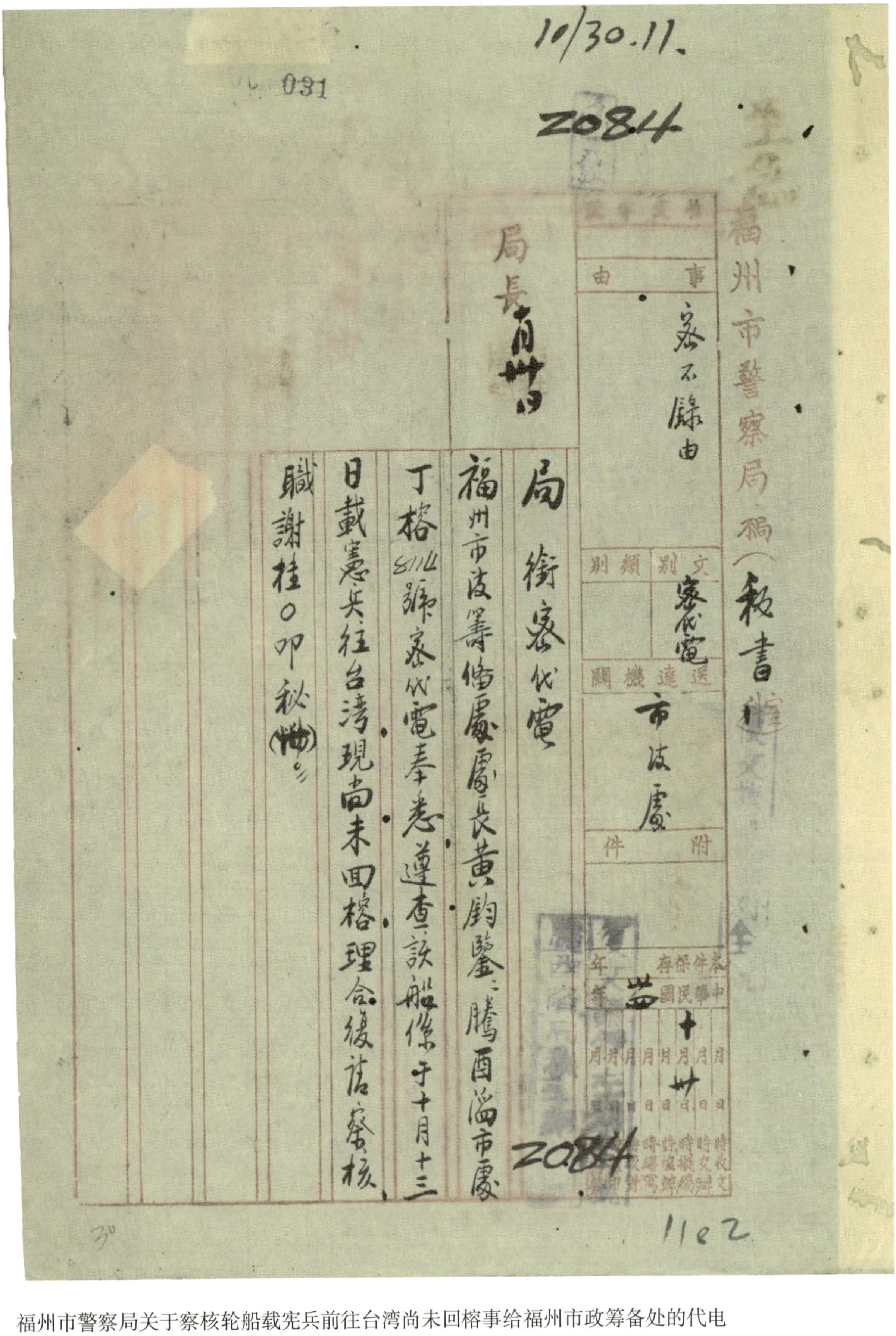
10/30.11.
031
20844
福州市警察局稿（秘書室）
事由：寒不録由
文別：寒代電
送達機關：市政處
局長 [signature] 卅日
局銜寒代電
福州市政籌備處處長黄鈞鑒：騰酉淄市處丁榕8114號寒代電奉悉，遵查該船係于十月十三日載憲兵往台湾現尚未回榕理合復請察核。職謝桂○叩秘（卅）
中華民國卅四年十月卅日
20844
11e2

福州市警察局关于察核轮船载宪兵前往台湾尚未回榕事给福州市政筹备处的代电

一九四五年十月三十日

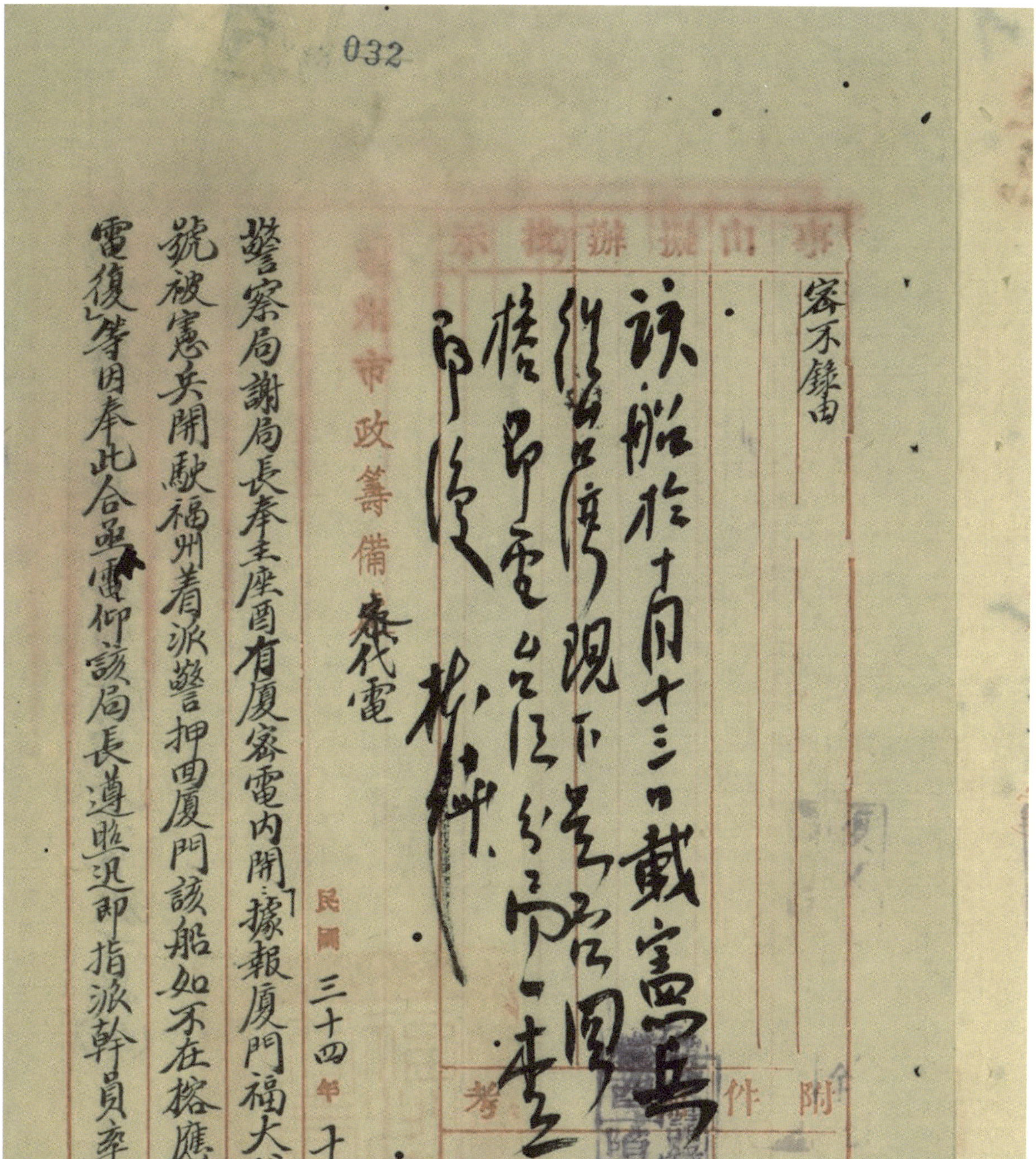
032

事由 擬辦 批示

密不錄由

該船於十月十三日載憲兵往台灣現下落不明[illegible]即復 林[illegible]

福州市政籌備處代電

警察局謝局長：奉主座酉有廈密電內開：「據報廈門福大公司錮船龍丸號被憲兵開駛福州，着派警押回廈門。該船如不在榕，應即查明去向電復」等因。奉此，合亟電仰該局長遵照，迅即指派幹員率警會同水警

民國三十四年十月卅日發

附件 考

字第 號

福州市政筹备处关于派员查明轮船去向并报知办理情形给福州市警察局的代电

一九四五年十月三十日

隊前往辦理具報憑轉勿延切切黃曾樾丁搭〈陷〉

32

部分台籍抗日志士简历表

（按姓氏笔画排列）

王民寧	男	四二	台灣	日本陸軍士官學校畢業印度蘭伽美國軍官戰術學校第四期畢業	曾任上尉排長少校營附中校營長上校主任教官少將團長處長現任台灣警備總司令部少將副官處處長

9

王民宁

姓名	王民宁
年龄	四十二岁
籍贯	台湾台北县海山区莺歌庄石头溪
出身	日本陆军士官学校工兵科毕业 印度兰伽美国军官战术学校第四期毕业
曾任	陆军教导队工兵营上尉排长 仝 少校营附 警卫师工兵营中校营长 陆军工兵学校上校教官 陆军工兵第五团少将团长 陆军工兵学校研究处少将处长 兼 教育处处长
职务	台湾警备总司令部少将副官处处长

副官處

臺北州

40

姓名	性别	年龄	省县	学歷	經歷	備註
丘念台	男	五三	台灣	廣東蕉嶺縣立中學日本東京第一高等學校預科日本金澤第四高等學校本科畢業日本東京帝國大學工學士	廣東大學講師東三省兵工廠副技師遼寧省西安煤礦採礦主任廣州政治分會建設委員廣東省政府顧問廣東省立工業專門學校校長國立中山大學理學院教授第四路軍總司令部參議第四戰區司令長官司令部參議第七戰區司令長官司令部參議兼政治部東區服務隊長中央直屬台湾党部執行委員台湾省党部執行委員	

丘念台

劉兼善	男	五一	台灣	日本早稻田大學畢業	大本營宣傳委員中山大學教授廣東蕉嶺縣長黃埔軍校陸軍大學教官駐華美軍總部顧問台灣省黨部委員

18

刘兼善

劉啟光	男	四〇	台灣	台北國語學校畢業	中央直屬台灣黨部籌備處秘書軍事委員會台灣工作團少將團長台灣省新竹縣縣長

6

刘启光

劉啟光

台灣東石人，故本省革命領導人，抗戰期間奔走

台灣光復後，[illegible]並為黨方任[illegible]委主會台灣[illegible]團支

部團長，本分署

日本標準規格B4(257×364)

台北國語學校畢業　四〇

劉啟光　早歲為台灣革命分子，四處宣傳，極出風頭，洞悉台灣日政府所忌，時離出境，逃亡廈門，抗戰軍興，被廈門疑為間諜，被捕入獄，後獲保釋，民卅年隨前中央直屬台灣黨部籌備處（主委[illegible]）任秘書，以賦性銳，陰謀個人發展，與該籌備處翁俊明不睦，多方攜援，卒被免職，嗣往來於粵桂閩浙間，鬱鬱不得志，卅三四年常駐閩經營行商，洞悉美軍將組台灣工作團，自任團長，後以種種外行錯失，會被革，令將該團改組，以迄抗戰勝利來台。

34

姓名	性別	年齡	省縣	學歷	經歷	備註
劉定	男	四五	台湾	日本明治大學政治經濟科畢業	廣東党部特派員、廣東省立工業專門學校教授、廣東第三行政督察專員公署技術建設委員會委員、廣東英德移墾區辦事處主任、廣東省政府諮議、陸軍第二方面軍日俘管理處顧問、廣州市台灣同鄉會理事長	

19

刘定

第　頁

一鶚吾兄惠鑒：前上數函，諒已邀閱。劉展平
兄之國民大會代表及台省參議員，予懇請
兄提力玉成其予為孫。前已陳述劉展平兄為
台革命奔走三十餘年，招致歸祖國
台胞有數十人，到任廣州台灣同鄉會
理事長，為人忠實，有熱情，故今日廣
州台胞信賴如父兄。苟能予再提攜，俾在政
治上有相當地位，則將來必能大助於吾
兄，即經濟上亦能有所建立。不過其離台灣日久，予革
命數十年，未免與台民缺少聯絡，惟懇請
台民族

中華民國　年　月　日

48

兄於政治上有所提振以補救聯繫之不足也此亦為為政諸公所應有以獎勵者無疑也劉展平兄本欲早日返台惟在粵台民有六七千多失業無依饑寒交逼現在一方面設法救濟一方面尋覓輪船作送返台地之計劃其一切成績之表現於台灣人之信仰矣吾兄苟能加以扶植則其成就更大而台人所得之利益亦更多故敢直陳祈有以裁斷為荷餘候後陳此候

政祺

弟 郭冠杰 二月十六日

中華民國 年 月 日

49

姓名　劉定　展平

籍貫　臺灣打狗（高雄縣）潮州内埔庄

年齡　四十五

出身　日本明治大學政治經濟科畢業

通訊　廣州市惠福東路三十號三樓

曾任　廣東党部特派廣東省各界對日經濟絕交委員執行會執行委員兼調查處主任　民國十七年七月至十八年五月

廣東省立工業專學校教授　民國十九年至二十一年計廿一個月

廣東華僑補習學校籌備主任　民國十九年至二十一年十月

廣東省技術建設委員會委員　民國十八年

廣州西湖路新廣州印

52

廣東西北區綏靖委員公署移墾局墾殖課課長兼廣東英德走馬坪第一移墾區中校主任 民國二十一年至二十五年五月

廣東第二區行政督察專員公署技術建設委員會委員英德走馬坪移墾區辦事處主任 民國二十六年至三十年七月止

廣東省政府諮議 民國二十八年十一月至三十四年九月

廣東省建設廳農林局西北林業指導區主任兼第二林場主任 民國二十九年五月至三十年七月

廣東省僑資墾殖委員會英德新走馬坪墾殖區籌備專員 民國三十年十月

陸軍第二方面軍日俘管理處顧問 民國三十四年十一月至現在

職務 廣州市台灣同鄉會理事長 民國三十四年十二月至現在

廣東省党部特派廣東省各界對日經濟絶交執行委員會委員派狀　遺失

廣東省立工業專門學校教授聘書　遺失

創辦廣東教育台灣僑民子弟補習學校

廣東省技術建設委員會委員聘書　遺失

廣東西北區綏靖委員公署第一移墾區辦事處主任委任令　政字第六〇號　民國廿二年四月四日　一件

廣東第二區行政督察專員公署第一移墾區辦事處主任委令　字第　五二號　民國二十六年九月廿日　一件

廣東省政府諮議派令　韶秘三銓字第一一七二五號　民國二十八年九月十八日　一件

廣東省政府第二示範林場主任派令　韶秘三銓字第一六四九四號　民國二十九年五月二十四日　一件

廣東省僑資墾殖委員會新走馬坪籌備專員派令　僑總字第二八號　民國三十年十月十六日　一件

54

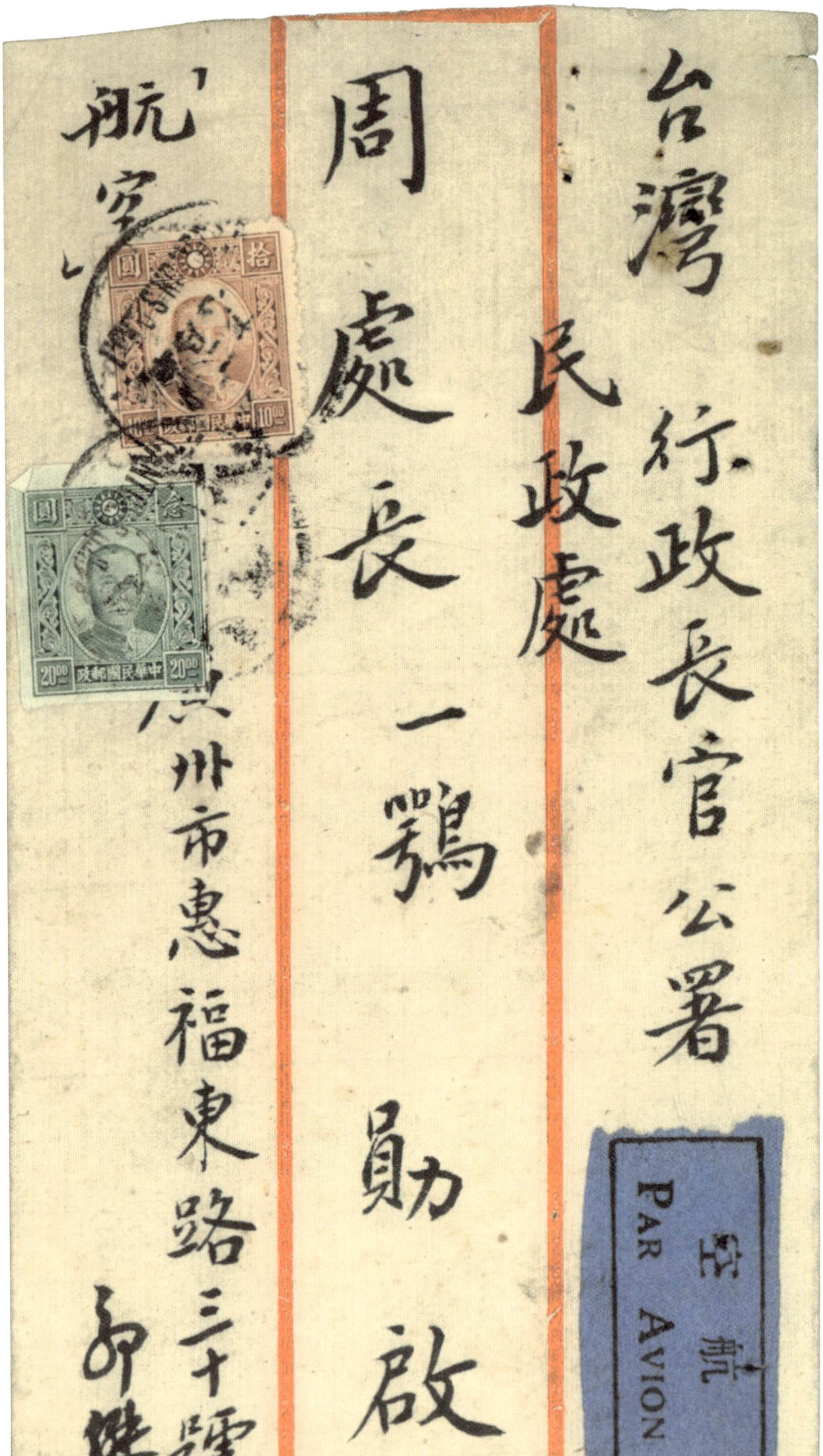

台灣行政長官公署
民政處
周處長一鶚勛啟
廣州市惠福東路三十號三樓
邱樂
航空

空航
PAR AVION

州
18.2
CANTON

姓名	性别	年龄	省县	学歷	經歷	備註
張錫祺	男	四九	台湾	日本千葉醫科大學醫學士千葉醫科大學眼科研究生	上海東南醫學院眼科教授光華眼科医院院長台湾省行政長官公署参議	

11

张锡祺

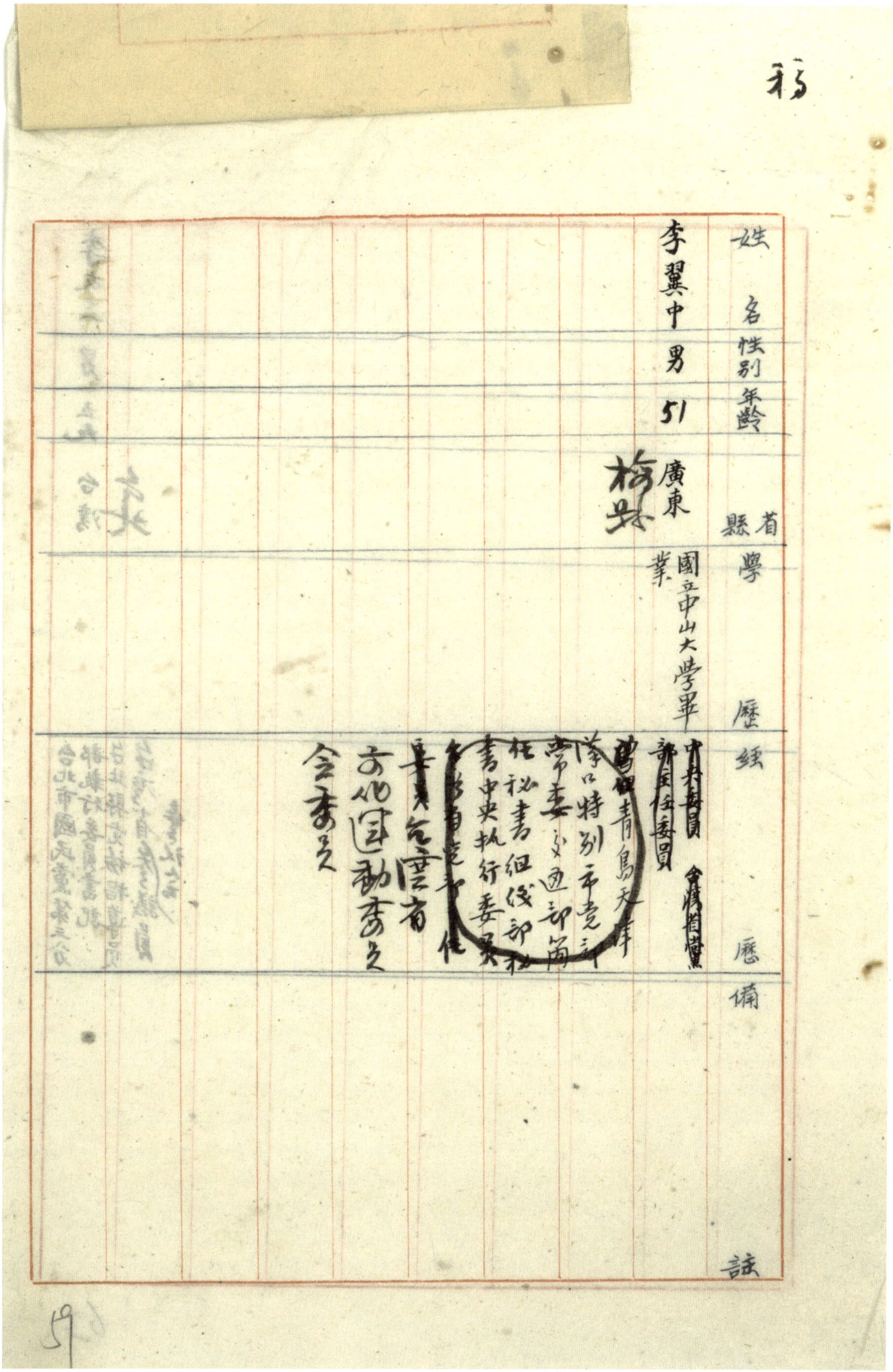

姓名：李翼中
性别：男
年龄：51
省县：廣東 梅縣
學業：國立中山大學畢業
歷經：中執委員
備註：

李翼中

姓名	性别	年龄	省县	學歷	經歷	備註
李萬居	男	四五	台湾	法國巴黎大學文學院畢業	上海江南學院教授中山文化教育館編輯台灣調查委員會專門委員軍委會國際問題研究所駐粤港區少將主任現任台灣新生報社社長	

李万居

台灣新生報社用箋

姓名	李萬居
性別	男
年齡	四十五歲
籍貫	台灣省台南縣
學歷	法國巴黎大學文學院畢業
經歷	上海江南學院教授　中山文化教育館編輯　台灣調查委員会專門委員　軍委会國際問題研究所駐粵港區少將主任
現職	台灣新生報社社長

中華民國　年　月　日

第　號　頁

20

李純青 男 三六 台湾 中央政治學校東京日本大學畢業 大公報社論委員九年

李纯青

福建省……廳

李纯青　男　三十六歲

原籍　福建安溪

寄籍台灣台北

中央政治學校畢業

日本大學畢業

大公報社論委員　九年

臺灣省行政長官公署民政處便條

21

李友邦	男	四一	台灣	黄埔軍校第二期中央訓練團党政班二十八期畢業

軍委會政治部台灣義勇總隊少將隊長
三民主義青年團中央直屬台灣區團部籌備處主任

4

李友邦

姓名	性别	年龄	省县	学歷	經歷	備註
杜聰明	男	五四	台湾	日本京都帝國大学畢業医学博士	台湾大学医学院院長台湾省科学振興會會長	

37

杜聪明

蘇紹文 男 四四 台灣

日本陸軍士官學校砲兵科畢業日本陸軍砲工學校高等科砲兵學班畢業國立北京大學肄業

中央軍官學校少校教官教育團少校排長團附中校教官航空署高射砲班空軍上尉教官航空會防空學校中校教官軍委會交通研究所上校教官軍政部軍械人員訓練班上校副主任兼代主任軍政部第三軍械庫上校庫長軍政部少將部附中央訓練團教官教育委員會少將教官現任台灣省警備總司令部第一處少將處長

10

苏绍文

姓名	性別	年齡	省縣	學歷	經歷	備註
連震東	男	四三	台灣	日本慶應大學中央訓練團党政訓練班第三期中央訓練團台灣行政幹部訓練班第一期畢業	西京籌備委員會專門委員秘書西京市政府建設委員會總務科科長中央戰時工作幹部訓練團政治教官軍委會國際問題研究所專門委員組長台灣省台北州接管委員會主任委員台灣省行政長官公署參事	

5

连震东

履歷表

姓名　連震東

年齡　民國前八年四月二十三日生

籍貫　台灣省台南市

黨籍　民國二十八年六月三十日入黨

黨證字號　秦字〇七二九七號

團籍　民國三十四年三月十八日入團

團證字號　孝字一三〇七七號

通信處　台北市御成町四丁目一番地

學歷　民國十八年三月畢業日本慶應大

36

學經濟學部

民國三十四年四月畢業中央訓練團党政訓練班第三一期

民國三十四年四月畢業中央訓練團台灣行政幹部訓練班第一期

經歷

民國二十一年六月任西京籌備委員會書門委员

民國二十七年(十月)任西京籌備委员会秘書

民國二十八年四月兼任西京市政建設委员会總務科科長

37

民国三十一年四月任中央战时工作干部训练团同上校政治教官
民国三十三年六月任中央战时工作干部训练团军简二阶政治教官
民国三十三年八月任军事委员会国际问题研究所军简二阶专门委员
民国三十四年四月任军事委员会国际问题研究所军简二阶组长
民国三十四年十一月任台湾省台北州接管委员会主任委员

38

民國三十四年十二月代理台灣省行政長官公署參事

39

姓名	性別	年齡	省縣	學歷	經歷	備註
陳啟清	男	四四	台灣高雄	明治大學法科畢業	高雄市參議會參議員 中興造船股份有限公司董事長	

64

陈启清

林忠

男

三三

台湾

日本一高毕業日本京都帝大毕業

軍事委員會第三廳科員
中宣部国際宣傳處特派
員軍員中央設計局台湾
調查委員會專員台湾省
党部書記長兼代主任委員
台湾革命同盟會執行委
員兼東南區主任教育部
戰輔導委員會專門委
員台湾郵電管理委員會
委員中央廣播事業管理
處台湾區接收專員兼台
湾廣播電台台長

12

林 忠

履歷單

姓名	林忠
別號	海涛
籍貫	台湾省台中縣人
性別	男　民国二十八年在长沙入党 党证
年齡	卅三岁　在台共住十七年
學歷	日本一高畢業 日本京都帝大畢業
经歷	軍事委员会第三廳科员 中宣部国际宣傳處特派员、專员 中央設計局台湾调查委员会委员、 台湾籍高级党务人员训练班講师 台湾党部書记長兼文化主任委员、 台湾革命同盟會执行委员兼東南区主任 教育部战区輔導委员会專门委员、 台湾省郵電管理委员会委员 中央廣播事業管理處台湾区接收專员兼台湾廣播電台台長

臺灣廣播電臺

19 播第三十一號

姓名	性別	年齡	省縣	學歷	經歷	備註
林獻堂	男	五六	台灣	深究漢文多年	前台灣總督府評議員 台灣製果株式會社社長 農業會理事	

3

林献堂

林呈禄	男	六〇	台灣	東京明治大學政治科畢業	各大公司董事長興南新聞經理台灣新生報顧問	

20

林呈禄

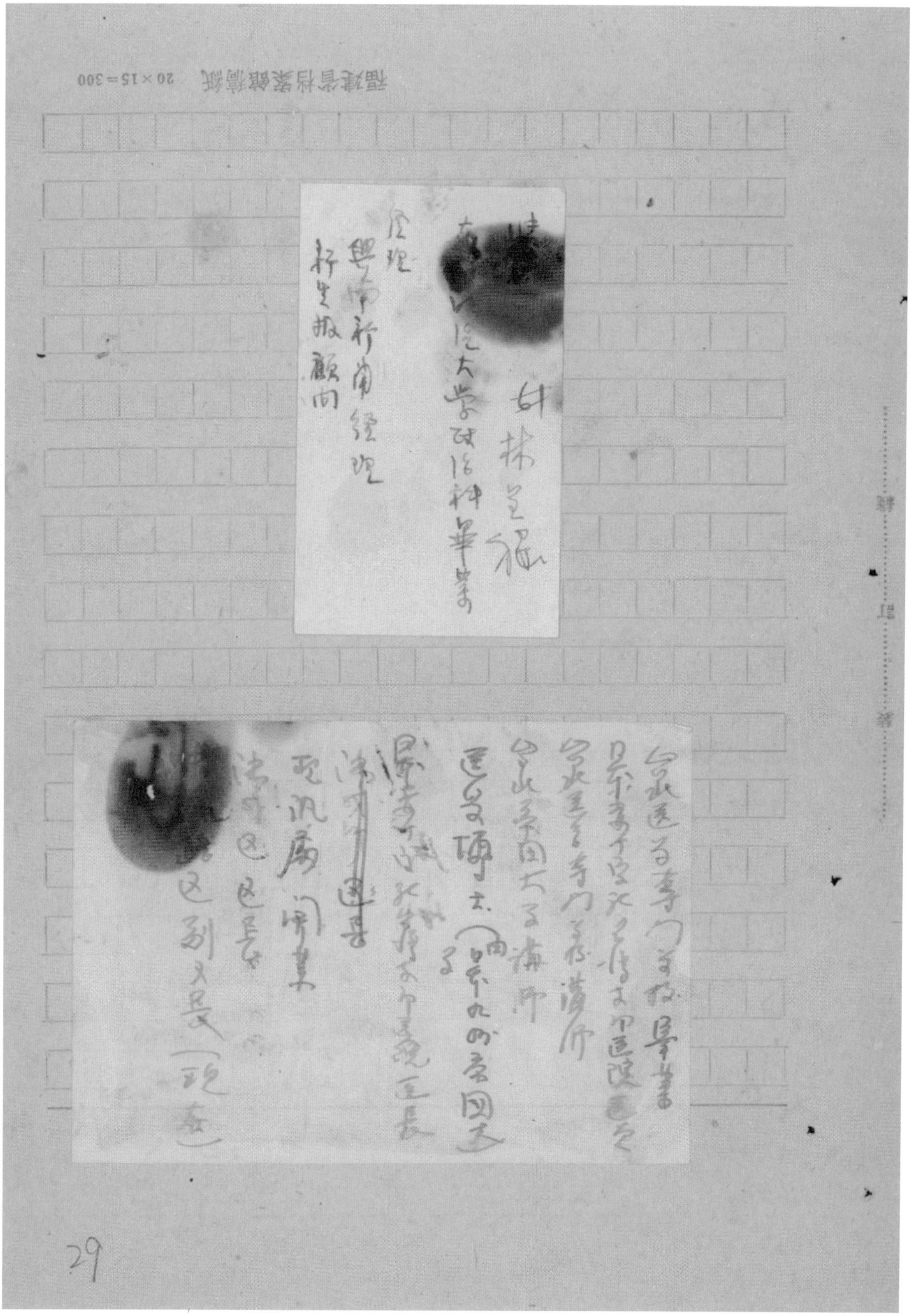

姓名 林呈禄

學歷 [illegible]明治大學政治科畢業

經歷 興南新聞經理

新生報顧問

台北医学専門学校畢業

日本赤十字社台湾支部医院医員

台北医学専門学校講師

台北帝国大学講師

医学博士（由日本九州帝国大学）

歷任台北市立医院医長

[illegible]

現[illegible]開業

[illegible]区区長

[illegible]区副区長（現在）

29

姓名	性別	年齡	省縣	學歷	經歷	備註
鄭品聰	男	四四	台灣	福建省立龍巖第九中學校畢業	台東中華會館主席 台灣中華總會館監察委員 福建省緊急救僑委員會常務委員兼專員 國民代表大會台灣僑民代表 福建僑貿指導委員會委員 福建龍岩縣第三區區長 龍岩縣民生工廠廠長 現任三民主義青年團中央直屬台灣區團花蓮分團籌備主任	

23

郑品聪

姓名	性别	年龄	省县	學歷	經歷	備註
郭天乙	男	三七	台湾	日本早稻田大學畢業 中央大學法學院畢業	外交部科員中央特種經濟研究處總幹事台湾同盟會執行委員台湾省党部委員	

17

郭天乙

黃國書 男 四〇 台灣 日本士官學校砲兵科法國砲兵學校畢業 曾任教官連長中校團附上校團長少將副師長參謀長高級參謀独立旅旅長師長中將副軍長等職

8

黄国书

臺灣省警備總司令部用箋

姓名　黃國書

年齡　四十歲

籍貫　台灣新竹北埔

出身　日本士官學校砲兵科畢業
法國砲兵學校畢業

曾任　曾任教官、連長、中校團附、上校團長等職
少將副師長、參謀長、高級參謀、獨立
旅旅長、師長、中將副軍長等職

職務

中華民國　年　月　日

35

黄朝琴	男	四九	台灣	日本早稻田大學政治經濟學士美國伊利諾大學政治碩士中央訓練團高級班第二期	外交部科員科長秘書及情報司帮辦駐舊金山及加爾各答總領事外交部駐甘肅及駐台湾特派員台湾省台北市兼市長

2

黄朝琴

外交部駐臺灣特派員公署
OFFICE OF THE COMMISSIONER
OF THE MINISTRY OF FOREIGN AFFAIRS
Taipeh, Taiwan

簡歷表

姓名 黄朝琴

籍貫 台灣省台北市

年齡 四十九歲

學歷 日本早稲田大學政治經濟學士
美國伊利諾大學政治碩士
中央訓練團高級班第二期

經歷 外交部科員科長秘書及情報司帮辦
駐舊金山及駐加爾各答總領事
外交部駐甘肅及駐台灣特派員(現任)
台灣省台北市兼市長

55

彭清靠 男 五七 台湾

台北医學專门學校畢業

東邦産業會社董事長
高雄信用組合董事元台
湾民众党幹部現鉄廠經
理

28

彭清靠

蔣渭川	男	四七	台灣	台北帝國大學醫學專門部畢業	台北市會議員台灣民众党中央執行委員台灣民众協會總務處長台北市政建設委員會副議長台北市人民自由保障委員會委員台北統商會會長稻江信用組合監事大公企業公司董事三民書局董事長台灣省党部台北市第二區分部書記

16

蒋渭川

氏名　蔣渭川　四七歲　籍貫　台灣省台北市

台灣省黨部台北市第二區分部書記

學歷　初小出身

經歷

台北市会議員

台灣民衆黨中央執行委員

台灣民衆協会總務處長

台北市政建設委員会副議長

台北市人民自由保障委員会委員

台北總商会々長

稻江信用組合監事

大公企業公司董事

三民書局董事長

32

姓名	謝娥
性別	女
年齡	二九
省縣	台湾
學歷	日本東京女子医学専門学校畢業
經歷	日本東京聖路加國際医院医師台北市帝國大学医学部医師康樂外科医院院長青年團台北分團幹事
備註	

43

谢 娥

謝娥，女，二十九歲，台北市，住台北市新起町三ノ四ノ

黨團証 特字86662號

學歷 日本東京女子醫学专校畢業，係日本國醫師

免許証

經歷 日本東京聖路加國際醫院醫師，台北市帝國大学醫学部医師，民國卅三年四月十六日至卅四年九月九日以政治犯被台北地方法院檢舉，自卅四年十月十六日迄今任康樂外科醫院之院長（設在太平町）並任主青年團台北分團幹事

臺灣省行政長官公署民政處稿紙

23

姓名	性別	年齡	省縣	學歷	經歷	備註
謝東閔	男	三九	台灣	台灣台中州立第一中學畢業私立東吳大學肄業國立中山大學畢業	國立中山大學講師香港戰時郵電檢查處日文部主任廣西日報社電訊室主任台灣省黨部執行委員高雄州接管委員會主任委員現任高雄縣長	

7

谢东闵

韓石泉 男 四八 台湾

台北医學専門學校畢 医科大學助手台湾民
業日本熊本大學研究五 衆党台南支部主幹
年医學博士

22

韩石泉